江苏科技大学人文社科优秀学术专著资助计划项目

院系调整与江苏高校的发展

YUANXI TIAOZHENG YU JIANGSU GAOXIAO DE FAZHAN

王瑜 著

上海社会科学院出版社
SHANGHAI ACADEMY OF SOCIAL SCIENCES PRESS

序

Preface

《院系调整与江苏高校的发展》一书,是王瑜博士在其学位论文基础上修改、扩充而完成的力作。全书以翔实的资料为基础,系统论述了20世纪50年代和90年代两次院系调整对江苏高校的影响,具体内容包括:两次院系调整的不同社会背景,江苏高校院系调整的实际进程,江苏高校在院系调整前后的变化,院系调整对江苏高等教育的影响。这部著作是我国院系调整问题研究的一项新成果,不但为院校调整研究提供了一个重要的省域案例,而且也拓展了对两次院校调整内在关联性的探索。

我国20世纪下半叶的两场院系调整,是一个非常奇特的高等教育现象。这种奇特性,不仅表现在调整涉及面之广、变化之大、影响之深远,还表现在调整的社会目的、学科专业结构、实施路径的明显异质性。在社会目的上,50年代的院系调整定向于计划经济和集中统一的管理体制,将私立高校全部改为公办,形成了中央直属高校、行业部委高校和地方高校的"条块"格局,使高等教育成为国民经济计划体系中的构件;90年代的院系调整,定向于社会主义市场经济和高等教育管理体制改革,旨在改"条块分割"为"条块结合",建立中央和省级两级管理、以省级管理为主的新体制。在学科专业结构上,50年代的院系调整旨在专业化,将综合性大学拆分为专门学院和专科学校,确立校、系、室三级组织建制,以口径很小的专业作为基本教育单位,以培养对应于具体行业、具体产品的专门人才;90年代的院系调整,旨在综合化,通过合并专门学院以组建综合大学,实行校、院、系三级建制,扩大专业口径,培养复合型人才。在实施路径上,50年代的院系调整采取了自上而下的强制性方式,在短短两三年时间内就完成了高校的拆分组合,实现了全国范围的院系大洗牌;90年代的院系调整走的是上下结合路径,高校合并既有自上而下的"拉郎配",又有自下而上的"自由恋爱"。可见,两次院系调整的目标和方式基本是相反的。

在不到半个世纪的时间内,我国高校就经历了两次全国性的反向大调整,不仅在中国高等教育史上没有先例,在世界高等教育史上也堪称独一无二。这两次院系调整,从整体上改变了我国高等教育的面貌,无疑是高等教育发展史上的重大事件。然而,对于这个具有独特意义的重大事件,相关的学术研究还比较薄弱,零散而不成体系。已有的很多研究,多囿于公开的政策文本,结论大同小异,诸如"成绩是主要的""得大于失"等。从目的与结果的关系看,这样的结论无可非议。但是,两次院系调整的成绩到底有哪些,失误又在哪里?高等院校到底得到了什么、失去了什么?高等教育到底应该适应什么样的社会需要,以什么方式去适应社会需要?对于涉及到院系调整的这些深层问题,我们其实仍处于若明若暗、语焉不详的状态;要准确评价院系调整的成败得失,还有很长的路要走。学术研究是一个由浅入深、由表及里的探索过程,新的史实需要不断地发现,新的解释需要不断地创立,只有这样,我们对这一重大问题才能获得比较准确而全面的认识,才能真正汲取历史的经验和教训以古观今、鉴往知来。

江苏自古经济繁荣、人文荟萃,近代又由于特殊的政治和经济地位,在南京及苏南地区(早期版图还包括上海)逐渐集中了一批名牌高校,成为近代中国高等教育的重镇。中华人民共和国成立之后,随着政治中心北移,江苏作为一个行政区划,其地位也发生了较大的变化,虽然仍具有地理和经济上的诸多优势,但在计划经济体制之下,很多优势实际上都被平均了。20世纪50年代初,按照全国的院系调整部署,江苏高校经过一年多大刀阔斧的拆分组合,发生了翻天覆地的变化,旧貌换新颜。在90年代新一轮的院系调整中,江苏一些高校走在全国的前列,充当了开路先锋的角色,其中既有高层领导的"月老"作用,也有江苏高校自身的动力,还有对50年代院系调整的补偿心理。江苏的两次院系调整,既是全国棋局的大势所趋,也隐含着江苏特有的地域意蕴,在共性之中打上了特定的"江苏烙印"。探寻院系调整的这种地域意蕴和"江苏烙印",正是《院系调整与江苏高校的发展》一书力求解答的基本问题。

王瑜博士的学位论文主要研究江苏50年代的院系调整,她在博士毕业之后仍自强不息,又对江苏90年代的院系调整进行了梳理和分析,在此基础上完成了《院系调整与江苏高校的发展》一书。这部著作对江苏高校在两次院系调整中的变化发展描绘出了一幅清晰的图景,并对这幅图景背后的历史逻辑做出了解答。尽管这个解答只是初步的,还需要更多的史料来佐证,需要更缜密的思考来完善,但可以肯定的是,这是针对江苏这个特定省域的院系调整问题首次给出的理论解答,具有理论的意义和学术的价值,难能可贵。特别是作者本着实事求是、尊重历史的学术精神,直面院系调整对江苏高等教育发展的某些不利影响,信而有征秉笔直书,这种学术精神在当下是格外值得称道的!

周 川

2025年4月2日

前言
Foreword

很多人对于院系调整的了解和认知都是源于20世纪50年代那次力度大、范围广、影响大的高等教育改革,而对于发生在20世纪90年代的改革多被称为高等教育体制改革。其实20世纪90年代高等教育领域的改革不仅涉及高等教育的内外部管理体系,也涉及高校和院系之间的合并、调整等,也就是说既包括高校的管理体制调整,也包括高校的结构布局调整,"一定程度上可以说是又一次高校院系大调整"。[①] 这两轮院系调整是中华人民共和国成立以后规模最大、社会影响力最大的高等教育领域的改革,对于我国高校建设发展的影响自然也是巨大的。

两轮院系调整虽时隔40年,但都围绕培养适应社会发展需要的人才为中心,分别对全国高等教育的内外部管理体制、院校系科及其专业、教学体系内容方法等进行了改革和调整。从某种角度看,20世纪90年代院系调整可视为20世纪50年代院系调整的延续和递进。第一轮院系调整保证了中华人民共和国成立初期高等教育的平稳过渡,适应社会经济恢复发展对于大量专业对口人才的需要;第二轮院系调整针对前一轮调整后逐步出现的不适应高等教育发展与社会发展的问题进行了调整,满足了社会主义市场经济发展的需要,为国家输送更具社会适应力的专业性和综合性人才。两轮院系调整共同建立完善了我国高等教育管理体制,确立了我国高等教育发展格局,也奠定了我国高等教育高质量发展的基础。

20世纪50年代院系调整遵循"全国一盘棋"的理念,调整范围之广、历时之

---

① 李岚清.李岚清教育访谈录[M].北京:人民教育出版社,2003:80.

长,都是史无前例的。1951年为初步调整阶段,1951—1953年进入大规模的全面调整阶段,当时全国大多数的高校都在调整之列,调整后,原有的私立院校全部变为公立,以专门学院为主的现代高等教育格局基本形成。1955—1957年我国的高等教育还经历了局部调整阶段,主要聚焦支援内地高校建设。长期以来,学界对于此次以苏联模式作为范本的20世纪50年代院系调整一直存在很大的争议,但总的看来,此次改革契合了维护社会政治稳定、发展国民经济的要求,通过对教育资源的统一调配和重组,在对社会需求大的工业、农业、师范等专门学院和学科的发展,以及改善高等教育区域发展不均衡问题等方面起到了积极的作用。

当然,这次调整过程也存在一些问题。1953年,时任高教部长马叙伦在《关于综合大学的方针和任务的报告》中指出,调整过急,未能顾及某些高校原有的优点和系科特长,单纯地调出、合并或取消,而不是有区别有步骤地逐步改造。[1]《中国大百科全书》对20世纪50年代院系调整作出了一番总结:"在院系调整中,大多数省份都有一所综合大学和工、农、医、师等专门学院。这对于改变旧中国高等教育结构不合理的状况,使教育适应经济建设发展,具有深远的战略意义。在旧中国,高等教育中的法律、文科的比重太大,应当适当调整。但是,当时对文科一些专业在经济建设中的重要作用认识不够,不适当地把这些专业砍掉,致使财经、管理、政治、哲学等社会科学多数学科受到严重削弱,这是错误的。在院系调整中,对高等学校的专业也进行了调整,但是也出现了文科与理科、理科与工科分割的现象,有些学校专业过细,专业面过窄,这也是一种缺点。"[2]20世纪50年代院系调整虽然随着时代变迁和高等教育发展,暴露出一些问题,但总的来看是我国高等教育改革的一次成功实践。《中国共产党的九十年》一书中对此轮调整也作出了客观描述与评价:"为适应国家建设的需要,1951年底到1953年,教育部参照苏联的经验,对全国高等学校进行院系调整。调整的方针是:'以培养工业建设人才和师资为重点,发展专门学院,整顿和加强综合性大学。'主要是将综合大学所属工科各院系合并为多科性工学院,新成立航空、钢铁、矿业、地质、石油、化工、林业等专门学院。经过院系调整,我国初步形成学

---

[1] 王德滋,龚放,冒荣.南京大学百年史[M].南京:南京大学出版社,2002:309—310.
[2] 中国大百科全书出版社编辑部.中国大百科全书(教育卷)[M].北京:中国大百科全书出版社,1985: 554.

科、专业设置较为齐全的高等院校体系,原来高等学校布局不合理的状况有所改变。调整后的高等院校大幅度扩大招生,适应了工业化建设对专业人才的急迫需要。"①

发生在20世纪90年代初的高等教育改革被视为中华人民共和国成立后的又一轮大规模院系调整,是改革开放后适应市场经济体制发展的产物。随着《中国教育改革和发展纲要》(中发[1993]3号)的颁布实施,全国掀起了推崇欧美高教模式,回归综合性大学的改革浪潮,我国的高等教育实现了向大众化教育的转变。调整改革中高校的管理体制发生了变化,专门学院纷纷更名为大学,高校纷纷重组、合并。此次改革不仅是社会发展的必然产物,亦可以视作是对20世纪50年代院系调整的递进。首先,尽力补偿综合性大学的发展。这改变了一段时间内综合性大学降格为文理大学的发展尴尬,不少综合性大学在这次调整中实现了急速扩张。其次,改变了高度集权化的外部管理体制,变条块分割管理为中央与地方政府共同管理,从而加速了高校与地方的融合。再次,改变了专业培养口径过窄的问题,转而强调学科的交叉和渗透。高等教育的筹资体制也由国家财政拨款为主转向多渠道筹措教育资金。

20世纪90年代院系调整激活了高校的办学活力,提高了教学质量和办学水平,使得我国高等教育的结构、布局更加合理,更加适应社会、经济、科技和文化发展的需要,也促进了高等教育更好地为国家社会主义现代化建设服务。《中国共产党的九十年》中对始于20世纪90年代的院系调整也有这样一段评价:"教育部采取'共建、调整、合作、合并'等多种方式,合理调整高校布局结构,原国务院部委管理的360多所高校多数改由行业主管部门划归教育部管理,逐步改变了高等教育长期存在的条块分割、重复建设状况,教育资源配置更加合理。"②

江苏高校作为全国高等教育改革调整的一部分,一方面江苏省具有较好的高等教育基础,另一方面江苏高校的改革调整具有一定的典型性和代表性。我们可以从江苏高校两轮院系调整的历程中更为清晰地观察和把握江苏高等教育改革发展的过程,我们也可以从江苏高校在两轮院系调整前后的变化中更好地

---

① 中共中央党史研究室.中国共产党的九十年(社会主义革命和建设时期)[M].北京:中共党史出版社,党建读物出版社,2016:405.
② 中共中央党史研究室.中国共产党的九十年(改革开放和社会主义现代化建设新时期)[M].北京:中共党史出版社,党建读物出版社,2016:826.

分析和了解两轮院系调整的历史意义与影响。

江苏于公元1667年建省，取"江宁府"与"苏州府"的首字而得名。江苏是个地理位置优越，经济、教育发展繁盛之地，历来也是皇家青睐之地。其省会南京是"六朝古都""十朝都会"，也有"天下文枢"的美誉。江苏地势低平、河湖众多，东临黄海、太平洋，地跨长江、淮河、京杭大运河。平原和水面的比例居于全国首位。优越的地理条件决定了江苏具有良好的农业发展基础和水陆交通优势。多项制造业的发展也是历史悠久。在春秋末期，江苏还分属吴、越、楚等国的时期，冶炼、造船、陶瓷等行业都已经非常发达。江苏位于长江入海口，全国海岸线的中部的重要位置也是控制南北的兵家必争之地。江苏地区高等教育素来较为发达，1902年清朝两江总督张之洞在明代国子监旧址，创办三江师范学堂，这是中国近代史上受西方文化影响最早兴办的一批高等院校之一。1927年国民政府建都南京，江苏的高等教育事业发展也优于其他省份。中华人民共和国成立后，随着对高等教育的接管、改造，特别是经历了20世纪50年代和90年代两次大规模的院系调整之后，江苏高校发生了天翻地覆的变化，这两轮院系调整对江苏高校的发展产生了深远的影响，为当代江苏高校建设发展奠定基础的同时，也为江苏高校乃至全国高校的当下建设与未来发展留下了一系列的启示与思考。

本书以江苏高校作为研究对象，细致梳理两轮院系调整中江苏高校的发展变迁，透过江苏高校的改革变化过程及两轮院系调整对江苏高校发展的影响，探寻历史上的高等教育改革对于我国高校当下及未来建设与发展的启示。本书共分为七章：

第一章，民国时期的江苏高校。本章节主要分析民国时期江苏的政治形势、经济状况和高等教育发展格局，梳理民国时期江苏高校影响力颇高、受政府制约、学校和区域发展不均衡等发展概况。通过国立中央大学、私立金陵大学、私立东吴大学、私立江南大学和私立南通学院等案例分析，形象呈现新中国成立前江苏高校的发展状况，客观反映江苏高校改革发展的基础及其存在的问题。

第二章，解放后接管时期的江苏高校。本章节主要梳理解放后接管时期对于江苏高校的接管和初步改造过程。解放后接管时期对高校的接管为院系调整的开展做好了准备，厘清这一过程也是分析院系调整的前提。本部分从对公立高校的接管、私立高校的接管和对旧教育的改造等方面还原接管和改造的过程。

第三章，20世纪50年代院系调整时期的江苏高校。本章节回顾20世纪50年代院系调整的三个阶段——初步开展阶段(1951年)、全面展开阶段(1952—1953年)和局部调整阶段(1955—1957年)的主要特征和任务，还原20世纪50年代院系调整中江苏高校的调整变化过程。

第四章，20世纪90年代院系调整时期的江苏高校。本章节主要通过20世纪90年代院系调整中办学体制改革、管理体制改革、院校合并、校内管理体制改革等改革重点，以及此轮院系调整的特征差异分析，来梳理江苏高校在此轮院系调整中的改革变迁过程。

第五章、第六章，介绍两轮院系调整中江苏高校的发展变化。本部分分两章分别对比分析接管调整前和20世纪50年代院系调整工作结束后、1992年和2000年20世纪90年代院系调整前后江苏高校发生的变化。从院校、系科专业、教育理念、管理体制、师生和教学等视角来分别剖析两轮院系调整前后江苏高校发生的变化。教育理念、管理体制的变化，带来了从高等院校到系科专业、从师生情况到教学方法的一系列连锁变化。这些变化中不乏全国的共性变化，也有些具有鲜明的江苏烙印。此外，还以南京大学、扬州大学、苏州大学等作为案例高校，研究分析其调整前后的具体变化，从案例高校的变迁过程中窥见江苏高等教育在两轮院系调整前后的改革变化情况。对于调整前后江苏高校变化情况的梳理，为之后的影响和启示研究提供素材、打下基础。

第七章，两轮院系调整对江苏高校发展的影响与启示。本章节重点分析两轮院系调整对江苏高校产生的短期影响和持续影响，透过对影响的分析，阐释历史中的院系调整对当下我国高校建设与发展的启示。并通过伴随两轮院系调整的重点高校建设计划、行业特色型高校的起源发展与职能变迁、南京大学的发展变迁与改革变化，以及院系调整对于"双一流"建设的影响等视角，总结出影响制约高校建设发展的关键因素，阐释院系调整对于我国一流大学建设和地方高校发展的启示与建议。

目录
Contents

序   001
前言   001

第一章 民国时期的江苏高校   001
  第一节 民国时期的政治经济形势与江苏高等教育发展   001
    一、民国时期江苏的政治形势与高等教育发展   001
    二、民国时期江苏的经济状况与高等教育发展   003
  第二节 民国时期江苏高等教育发展格局   004
    一、充满矛盾与冲突的高等教育氛围   004
    二、参照欧美模式形成的近代大学制度   005
    三、国民政府的专制控制   006
    四、高校在逆境中求发展   007
    五、抗日民主根据地的办学尝试   013
  第三节 民国时期江苏高校的发展概况   015
    一、社会影响力颇高   016
    二、社会关联性强   017
    三、区域发展不均衡   018
  第四节 民国时期江苏部分高等院校的发展情况   020
    一、国立中央大学   020
    二、私立金陵大学   022
    三、私立东吴大学   023
    四、私立江南大学   025

五、私立南通学院　　026

第二章　解放后接管时期的江苏高校　　029
第一节　高校接管工作的指导方针　　030
第二节　对江苏高校的接管和初步改造　　032
　　一、对公立高校的接管和改造　　033
　　二、对私立高校的接管和改造　　035
第三节　对旧教育的改造　　039
　　一、实现集中统一领导　　040
　　二、促使教育面向工农大众　　041
　　三、确立以苏联为师的发展方向　　042
　　四、加强对旧教育的思想改造　　043

第三章　20世纪50年代院系调整时期的江苏高校　　047
第一节　初步开展阶段(1951年)　　047
第二节　全面展开阶段(1952—1953年)　　053
　　一、调整方针和重点　　053
　　二、调整过程　　056
第三节　局部调整阶段(1955—1957年)　　064
　　一、调整初衷　　064
　　二、调整过程　　065

第四章　20世纪90年代院系调整时期的江苏高校　　069
第一节　20世纪90年代院系调整的特征差异　　070
　　一、特征与差异　　071
　　二、两轮院系调整的关系　　074
第二节　20世纪90年代院系调整的重点　　075
　　一、办学体制改革　　076
　　二、外部管理体制改革　　078
　　三、院校合并与合作　　082

四、高校内部管理体制改革　　087
　　五、招生就业制度改革　　089

第五章　20世纪50年代院系调整后江苏高校的发展变化　　091
第一节　高等院校变化　　091
　　一、高等院校层次结构变化　　093
　　二、高等院校类型结构变化　　094
　　三、高等院校形式结构变化　　098
　　四、高等院校区域结构的变化　　100
第二节　系科专业变化　　102
　　一、专业的引入　　102
　　二、系科调整基础上院校的新建与系科变化　　103
　　三、系科的区域布局变化　　105
第三节　教育理念变化　　107
　　一、调整前后教育思想的转变　　107
　　二、调整过程中出现新的价值判断　　109
第四节　管理体制变化　　110
　　一、外部领导体制变化　　110
　　二、内部管理体制变化　　114
第五节　师生变化　　116
　　一、师资流动和变化　　116
　　二、学生变化　　120
第六节　教学方面变化　　124
　　一、教学组织变化　　124
　　二、教学内容变化　　125
　　三、教辅设备变化　　126
第七节　南京大学的变化　　128
　　一、系科变化　　129
　　二、院系拆分与新校组建　　130
　　三、影响力变化　　131

第六章　20世纪90年代院系调整后江苏高校的发展变化　134
第一节　院校变化　134
　　一、高校类型变化　135
　　二、高校区域布局变化　138
　　三、院校层次变化　140
第二节　学科专业变化　142
　　一、专业口径与适应力拓宽　143
　　二、学科实力提升　144
第三节　师生变化　145
　　一、学生数量大幅增加　146
　　二、教师队伍建设力度加强　146
第四节　管理体制变化　147
　　一、外部管理体制变化　148
　　二、内部管理体制变化　149
第五节　教学变化　150
　　一、持续开展教学改革　150
　　二、加强理论文化教育　152
第六节　苏州大学的改革　152
　　一、实现综合化发展　152
　　二、改革内外部管理体制　154
　　三、定位外向型复合型人才培养方向　155
第七节　扬州大学的发展　156
　　一、由联合办学转向合并办学　156
　　二、重组二级学院　157
　　三、转移工作重心　159

第七章　两轮院系调整对江苏高校的影响与启示　161
第一节　短期影响及其思考　161
　　一、实现了江苏高校的平稳过渡　162

二、推动了江苏高等教育的平民化和大众化发展　　163
　　三、激活了江苏高校的自主办学活力　　164
　　四、提高了江苏高校的人才培养质量　　166
　　五、提升了江苏高校的社会贡献力　　169
　　六、改善了江苏高校区域发展不均衡的现象　　173
　　七、相关思考　　175
第二节　持续影响与启示　　178
　　一、总体影响与相关思考　　179
　　二、院系调整对"双一流"建设的影响与启示　　184
　　三、重点建设计划对地方高校发展的影响与启示　　190
　　四、从院系调整中行业特色型高校的起源发展看其职能变化与
　　　　新时代定位　　196
　　五、从院系调整中南京大学的变迁发展看我国一流大学建设　　202

结语　　207
　　一、学校定位　　211
　　二、人才培养　　212
　　三、学科建设　　213
　　四、教学工作　　214
　　五、社会服务　　216
　　六、内部管理　　217

参考文献　　219
　　一、档案资料　　219
　　二、图书　　222
　　三、期刊　　228
　　四、学位论文　　232

第一章

民国时期的江苏高校

民国时期江苏高校的发展情况是中华人民共和国成立后江苏高等教育的发展基础,也可视作 20 世纪 50 年代江苏开展院系调整的建设和改革基础。虽说民国时期江苏高校处于复杂的政治环境和不景气的经济环境之中,但其却努力在"夹缝"中求得生存,以中央国立大学为代表的综合性大学,以及以金陵大学为代表的私立高校,都具有一定的社会知名度和影响力。在江苏的抗日民主根据地,中国共产党还进行了高等教育的办学尝试。这些都为新中国成立后我国高等教育的改革调整奠定了基础。

第一节 民国时期的政治经济形势与江苏高等教育发展

社会政治经济发展形势与高等教育的发展有着千丝万缕的联系,政治经济环境是高等教育发展的重要基础,而高等教育发展也对政治、经济的发展起到重要的促进作用。民国时期的政治经济发展形势在一定程度上影响和制约了江苏高等教育的发展,而江苏高等教育长期以来形成的积淀和优势,为新中国高等教育的接管、改造等工作和社会政治经济的变革发展奠定了基础。

一、民国时期江苏的政治形势与高等教育发展

1912 年中华民国正式成立,1949 年国民党全线溃败,撤出南京。4 月 23

日,南京解放,宣告了国民党统治的结束,也标志着中国人民革命的决定性胜利。解放初期,江苏地区的情况较为复杂。1949年6月江苏全境解放。苏北是老解放区,早在抗日战争时期,中国共产党领导下的新四军就在苏北地区建立了抗日民主政府,苏南是新解放区,而南京则是原国民政府的政治核心所在地。苏北、苏南、南京的政治基础及发展的重心任务不同,因而中华人民共和国成立初江苏被划分为苏北行政公署、苏南行政公署和南京市三个行政区。苏北行署下辖南通、泰州、盐城、淮阴4个行政区。苏南行署下辖无锡一个直属市,以及镇江、武进、苏州、松江4个行政区。直到1953年1月三个行政区才正式合并,恢复江苏省建制,省会设在南京。

民国时期江苏不管是高校的数量,还是办学的质量方面都是非常显著的。在国民政府的管辖时期和范围之内,高等教育的发展受到国民政府的严密监控,也承担着为国民政府服务的职能。中华人民共和国成立前江苏地区分为苏北、苏南以及南京三种不同的政治格局,不同区域的高等教育发展也表现出差异性。当时,南京地区高校数量最多,且以公立院校为主;苏北地区是共产党领导的抗日民主根据地所在地,高等教育的发展水平虽不及南京和苏南地区,但中国共产党在苏北抗日民主根据地发展的高等教育,不仅为革命事业贡献了力量,更是为中华人民共和国成立后的高等教育接管、改造和发展做出了尝试,积累了经验。

政治上,中华人民共和国成立初期江苏地区面临的形势严峻。国民党全线溃败后,未能撤退的国民党残余势力四处流窜,与江苏当地一些土匪恶霸、封建帮会相互勾结。他们肆意地进行一系列的诸如暗杀、绑架等活动。1949年8月前,苏南地区被发现的大小武装土匪就有200多股约14 000人。[①] 国民党政府南逃时也在南京有计划地留下"敌后情报员"执行潜伏任务。据调查,中华人民共和国成立前南京各派系特务约有8 000人之多。江苏地区其他地方亦有这种情况。中华人民共和国成立初期南京残存的反革命分子的数量较多,1950年全国开始大规模镇压反革命分子,无锡、苏州、镇江、常州、常熟5市,就有4 427名反革命分子登记在册。[②] 可见江苏地区虽已解放,但政治形势依旧十分严峻。

---

① 中共江苏省党史工委,江苏省档案馆. 苏南行政区(1949—1952)[M]. 北京:中共党史出版社,1993:535.
② 杨颖奇. 江苏通史(中华人民共和国卷 1949—1978)[M]. 南京:凤凰出版社,2012:18-20.

第一章　民国时期的江苏高校

江苏历经了北洋军阀、国民党政权、汪伪政权、共产党红色政权,存在着多股政治思潮的涌动,其政治形势是复杂而紧张的。教育本身具有政治功能,而教育改革恰好可以放大这一功能。通过调整,能更好地肃清残留的反动政治思想,坚定共产主义信仰,巩固中央政权,培养具有共产主义素养的建设人才。

二、民国时期江苏的经济状况与高等教育发展

经济上,江苏是全国工农业最为发达的地区之一。农业以棉花、稻谷、蚕桑等种植为主。建立在农业发展基础之上的棉纺织业、缫丝业、面粉工业是当时江苏的三大工业支柱产业,也带动了机械、电力等工业的发展,无锡、常州、南通成为江苏近代重要的工业城市。著名的工业企业以张謇于南通创办的大生纱厂,荣宗敏、荣德生在无锡创办的茂新面粉厂为代表。江苏高等教育与经济发展的关系,首先表现为企业家发起创办私立院校,院校的发展与企业发展相联系。江南大学就是由荣德生创办,南通学院由张謇创办,学校的办学经费多来源于相关企业,学科的开设有些源于企业的需要,学校的教学和人才培养也与企业联合起来。其次,表现为立足江苏当地的经济产业特点,服务当地经济发展。金陵大学的农林学专业就立足于江苏农业经济发展,江南大学的食品加工专业与当地的面粉工业相关联,南通学院服务于当地的纺织业的发展。再次,当时江苏地区不管是农业发展还是工业发展,苏南地区都要明显优于苏北地区。而经济的发展水平是高等教育发展的基础,为高等教育发展提供物质保障,也决定了高等教育的发展水平。因此,苏南地区的高等教育发展水平也明显优于苏北地区。

国民党统治时期由于腐败等因素,导致了资源的流失和浪费,破坏了江苏地区的经济发展基础。抗日战争时期,日军的"三光"政策又极大地伤害了江苏的"元气"。无锡原有80多家缫丝厂,1946年7月底几乎全部停业。抗战胜利后,国民政府并没有给江苏经济恢复"元气"的机会,虽有一度的短暂恢复和发展,但由于又忙于内战,再加之苛捐杂税和各种自然灾害蜂拥而至,作为江苏经济命脉的农业和工业都再次经受了巨大的摧残,物价飞涨,经济走向崩溃。以无锡的缫丝业为例,抗日战争胜利后虽有所恢复,但也抵挡不住成本的急剧增加,使得整个丝业面临全面破产。素有"鱼米之乡"美誉的苏南农村,也进入了前所未有的

绝境。[①] 1949年,国民党军事、政治上的垮台,也使江苏的经济面临深重的危机。教育是社会经济发展的重要推动因素,也是实现生产力,提升经济效益的重要手段。中华人民共和国成立初期高等教育的改革和调整结合了当时全国经济工作的布局和江苏经济产业的发展情况,为江苏经济的休整、复苏积蓄了力量,也为江苏经济的发展、变革打下了基础。

第二节 民国时期江苏高等教育发展格局

民国时期江苏杂乱的政治环境和濒临绝境的经济状况,决定了当时高等教育发展的复杂性。新中国对高等教育接管前,江苏境内的高等教育处于多重思潮冲击的氛围之中。由于政治格局的复杂性,以及连续不断的战争影响,江苏地区高等教育的发展格局也显得较为复杂。国统区的高等教育在国民党的严格控制下和战火的硝烟中寻求生存和发展,而抗日民主根据地的高等教育则在艰苦的环境中积极探索新民主主义的教育道路。

一、充满矛盾与冲突的高等教育氛围

近代江苏高等教育的发端可以追溯到清末民初,鸦片战争不仅打开了中国的国门,也带来了西方教育思潮的涌入,掀起了"经世致用"教育的浪潮,以及一批教会学校的创建。洋务运动、维新变法又推动了洋务教育和新式学堂的兴起。科举制度废止,封建教育瓦解,但其影响依旧存在。当时的江苏高等教育充斥着旧的封建教育思想、体制与西方教育思潮的冲突和对抗。

1912年中华民国成立,在南京建立临时政府。辛亥革命推翻了中国几千年来的封建王朝的统治,中国的高等教育也在此后彻底摆脱了封建统治的束缚,向现代化迈进。《壬子癸丑学制》《壬戌学制》相继出台,推动了中国高等教育近代化的发展进程。值得注意的是《壬子癸丑学制》的内容能依稀看到日本高等教育的影子,而《壬戌学制》则是借鉴美国经验。可见在当时多元化教育思潮的影响

---

① 孙宅巍,王卫星,崔巍.江苏通史(中华民国卷)[M].南京:凤凰出版社,2012:484-505.

下,我国高等教育的发展受到了多元教育文化的冲击与影响。

随着旧民主主义教育的萌芽,西方教育理念的影响更为明显。1919年,杜威曾在南京做了学术演讲,其实用主义教育对江苏教育的影响颇深,认为教育是人类社会进化发展最有效的工具。以严复、黄炎培、陶行知为代表的教育救国观点也因此而盛行。受西方教育思潮影响,民国初年,中国私立高等学校的地位在当时的中国法律中得到承认,出现了竞相办大学的景象。私立大学的发展进入繁盛时期,教育思想可谓百家争鸣,尤为活跃。

1927年南京国民政府成立后,出于对教育的控制目的,实行了党化教育,渗透着法西斯主义的意味。定都南京不久后,由蔡元培主持,效仿法国式的教育制度,实行大学院和大学区制,可不到两年就夭折了。其本意是以"学术辅助行政",使教育行政学术化,来改善北洋军阀时期因时局动荡而造成的教育发展滞后。但这种使教育与政党、政府相脱离的愿景,终究是不切实际、矛盾不断的。诸如此类的高等教育改革尝试就是在各种矛盾与冲突中推进的。紧接着接连发生抗日战争、解放战争,硝烟弥漫。沦陷区的奴化、伪化教育更是使江苏的高等教育笼罩在冲突、矛盾的氛围之中,千疮百孔、停滞不前。中华人民共和国成立前的江苏高校受到北洋军阀、国民党的专制统治,更是历经了绵绵不断的战火摧残,充斥着暴力、冲突,而在教育思想氛围层面也是处于封建守旧思想和西方教育思潮的强烈碰撞之中。

二、参照欧美模式形成的近代大学制度

民国时期的高等教育不管是从教育制度的制定还是教育办学的实践都受到西方思潮的影响,多以欧美模式作为模板。1912年10月颁布的《大学令》,参照了日本模式,而日本的大学又深受欧洲高等教育的影响。其指明了大学的教育方针和组织原则,规定大学"以教授高深学术,养成硕学闳材,应国家需要为宗旨",充斥了反封建的革命精神,去除了"忠君""尊孔""忠孝为本""经史为基"等封建教条,也规定了大学应该是多科的、综合性的,奠定了文、理学科在大学中的主体地位。1922年在新文化运动和五四运动背景下产生的《壬戌学制》则是模仿美国的"六三三学制",标志着中国资产阶级新教育制度的确立,这一学制也一直沿用到中华人民共和国成立前夕。

随着留学西方的人数越来越多,西方先进的教育理念和办学经验也被带回国内。在教育实践方面,例如,蔡元培担任北京大学校长期间,对北大实行了一系列的改革措施,模仿的是德国的洪堡模式。确立"研究高深学问"的办学宗旨,提倡"思想自由""兼容并包";施行教授治校,设立评议会,建立了"文理沟通"的教育制度和"学术自由"的治学氛围。再如,郭秉文主张的学者治校、学术自由、学生自治以及通才与专才平衡、人文与科学平衡、师资与设备平衡、国内与国际平衡的"四个平衡"的办学方针都借鉴了美国高校的办学经验。教会大学在中国曾一度总数超过国内的其他高校,教会大学的兴起虽说带有文化侵略的色彩,但其先进的西方教育理念无疑对我国的大学教育的发展产生了一定的正面影响。我们可以发现,这一时期对于西方高等教育的模仿,并不是一味地生搬硬套,而是部分结合了我国的实际。因此,西方的高等教育理念得以在适宜的土壤中生根发芽,民国时期的高等教育才在局势混乱的环境中得以发展。

三、国民政府的专制控制

1927年国民政府定都南京,同时也加大了对于高等教育的控制力度,高等教育表现出浓重的政治色彩。"以党建国、以党治国"的"党化教育"就是其通过教育进行政治思想渗透的典型。所谓"党化教育"就是鼓吹"一个党""一个主义",以管党的方法来管教育,以训练党员的方式来训练学生,实行教育国民党化,使国民党的思想内化成为学生自己的思想。后来由于党内外的抨击,用"三民主义教育"取代了"党化教育"。虽然名称不同,但实质内容和形式大同小异,只是更进一步明确了教育为实现三民主义的目的。《三民主义教育实施原则》中就明确提出了高等教育的目标,其政治色彩可见一斑。"学生应切实理解三民主义真谛,并且有实用科学的知能,俾克实现三民主义之使命;学校应发挥学术机关之机能,俾成为文化的中心;课程应视国家建设之需要为依据,以收为国家储材之效;训育应以三民主义为中心,养成德、智、体、群、美兼备之人格;设备应力求充实,并与课程训育相关联。"[①]而国立政治大学的成立完全表明了国民政府的政治立场和意图。

---

① 陈乃林,周新国. 江苏教育史[M]. 南京:江苏人民出版社,2007:392-393.

第一章　民国时期的江苏高校

国民政府对于教育的专制统治还表现在一系列严厉的管理制度和措施之上。

1. 整饬学风。1928年10月,南京国民政府发表"训政"时期施政宣言,严令各学校不能放任学生参与政治斗争和政治运动。[①] 教育部训令各所属大学整饬学风,也接二连三发布了整顿学风的命令,例如《整饬全国学风令》《告诫全国学生书》等,用以阻挠学生参与现实政治,镇压师生的爱国行为和民主运动。后一些地方发展成为假借"整饬学风"之名,搜捕共产党、逮捕学生、滥杀无辜。

2. 建立训导制度。国民政府通过整顿学风对学校实行高压制度的同时,又通过建立训导制度对各级各类学校和在校学生实施严格的掌控。有关训导的法令法规多达数十个。训导制度可视为道德教育的范畴,培养学生对于国民党的绝对服从和忠诚,以确保三民主义教育目标的贯彻落实。此外,加强军事训练也是实施训导的重要途径。

3. 设立课程标准和教师资格审查制度。国民政府通过课程标准的确立,实现高校课程的统一性和规范性。教学上限制高校的自主权,将党义、三民主义、军训等作为必修课。课程标准的颁布既保证了高校的教学内容符合政治的要求,确保了教育质量,又强化了政府对于高校教育的掌控和管理。此外,还辅以教科书审查制度,删改违背党义的内容,借助教科书宣扬"三民主义"。颁布《大学及独立学院教员资格审查暂行规定》提升高校教师素质,调动和控制师资力量。

4. 建立考试制度和招生制度,实行统一的入学考试,确保人才质量和对人才的掌控。大专院校的总考制,再加上每年的学业竞试,一方面可以用以考察各校的教学水平和教学质量,从而成为严格控制和管理学校、学生的有效手段,另一方面牵扯学生的精力使他们无暇顾及政治运动和社会斗争。国民政府更通过总考制度,控制学生的求职和就业走向。各项考试制度的贯彻实施无疑更多的是出于政治的意图,保障国民政府对于高等教育的专制控制。

四、高校在逆境中求发展

辛亥革命的爆发,一度导致江苏境内的高等学校除教会大学外全部停办。

---

① 南京大学校庆办公室校史资料编辑组,学报编辑部.南京大学校史资料选辑[M].(内部发行)南京:南京大学,1984:381.

院系调整与江苏高校的发展

1912年江苏省加上新建的大学,总共才8所。但临时政府新的《壬子癸丑学制》的制定,以及《大学令》《专门学校令》等高等教育专门法规和章程的颁布实施,扭转了高等教育的颓废态势,高等教育出现了发展的契机。特别是1912年之后,法律确认了私立高等学校的地位,出现"竞办大学"的盛景,更是推动了我国高等教育的前进步伐。据《江苏教育行政报告书》统计,民国二年(1913年),全省有50余所私立高校,其中80%以上为法政学校。[1] 虽然学校发展质量参差不齐,但也不乏私立南通纺织专门学校、私立南通医学专门学校等办得较为成功的私立高校。这两所学校后合并为南通私立大学,[2]成为由国人创办,成立时间最早、办学时间最长的私立高校。[3] 这些私立高校虽然在院系调整中都经历了国有化,但其在中国高等教育发展史上的地位,以及起到的作用是应该予以肯定的。

表1-1　1912年江苏地区新建及原有高校一览表[4]

校名	建校时间	立案时间	校址	首任院校长或创办人	备注
江苏公立医学专门学校	1912年	1916年	苏州阊门外	蔡文森	1925年改名江苏医科大学 1927年并入第四中山大学
江苏公立政法学校	1912年	1916年	南京	钟福庆	1923年改为江苏法政大学 1927年并入第四中山大学
苏州高等专门垦殖学校	1912年	不详	苏州阊门外	黄家本	由蒙藏事务局举办,停办时间不详
私立南通医学专门学校	1912年	1922年	南通	张謇	1927年改为私立南通医科大学
私立南通专门纺织学校	1912年	1917年	南通唐闸	张謇	1927年改为私立南通纺织大学

---

[1] 陈乃林,周新国. 江苏教育史[M]. 南京:江苏人民出版社,2007:357.
[2] 根据民国政府出台的《大学组织法》,具备三个以上学院的才可称为大学,因此,私立南通大学后因不符合大学条件而改称私立南通学院。
[3] 江苏省地方志编纂委员会. 江苏省志·教育志(上)[M]. 南京:江苏古籍出版社,2000:447-448.
[4] 同[1]:357-358.

第一章　民国时期的江苏高校

(续表)

校名	建校时间	立案时间	校址	首任院校长或创办人	备注
私立江苏法政专门学校	1912年	1913年	苏州海红坊	陈福民	1915年并入上海神州学校
私立东吴大学堂	1901年		苏州天赐庄	孙乐文(美)	传教士兴办的教会大学
私立金陵大学堂	1909年		南京鼓楼	包文(美)	教会大学,1915年改称金陵大学校

后来北洋军阀的连年混战,致使当时江苏地区的高等教育事业停滞不前、举步维艰。从另一个层面来看,北洋军阀又因困于混战,无暇顾及和控制江苏高等教育的发展。而新文化运动和五四运动的爆发,各种先进教育思潮的涌入,抵制了尊孔复古封建思想的回潮,也提供给当时受到摧残的江苏高等教育复苏的"土壤"和"养分",高等教育一度呈现"百花齐放"的态势,大家争相开始了"教育救国"的各种尝试。这一时期新建高校的数量之多、质量之高,令人欣喜,这些大学也成为中华人民共和国成立初期江苏开展院系调整工作的基础。其中,国立南京高等师范学校、国立东南大学、国立河海工程专科学校都是延续下来的著名高校。

表1-2　1912—1927年江苏地区新办大学一览表[①]

校名	建校时间	立案时间	校址	首任院校长或创办人	备注
国立南京高等师范学校	1914年	1915年	南京北极阁	江谦	1923年并入国立东南大学
国立河海工程专科学校	1915年	1919年	南京	许肇南	1924年改为河海工科大学,1927年并入第四中山大学

---

① 陈乃林,周新国.江苏教育史[M].南京:江苏人民出版社,2007:377-378.

(续表)

校名	建校时间	立案时间	校址	首任院校长或创办人	备注
私立金陵女子大学	1915 年	1930 年	南京	德本康	我国最早的女子大学,1930 年改为金陵女子文理学院
私立南通农业大学	1919 年	1927 年	南通	张謇	前身为通州师范农科
私立中华体育专门学校	1919 年	不详	苏州吉庆街	柳成烈	后改为成烈体育专科学校,1937 年停办
国立东南大学	1920 年	1920 年	南京北极阁	郭秉文	1927 年并入第四中山大学
私立无锡国学专修学校	1920 年	1928 年	无锡学前街	唐文治	
私立苏州美术专科学校	1922 年	1932 年	苏州沧浪亭	颜文梁	
苏州工业专科学校	1923 年	1925 年	苏州三元坊	刘勋麟	1927 年并入第四中山大学
南京工业专门学校	1923 年	不详	南京复成桥		由江苏省第一工业学校改办,1927 年并入第四中山大学
私立苏州国医专科学校	1923 年	1935 年	苏州长春巷	唐慎坊	1937 年停办
私立南京文化学院	1924 年	1925 年	南京龙蟠里	邵力子	1928 年迁到北京,1937 年停办
私立中山体育专科学校	1924 年	1932 年	苏州仓米巷	朱了洲	1936 年停办
私立无锡美术专科学校	1925 年	不详	无锡四郎君庙巷	胡汀鹭	1933 年停办

随后的日本全面侵华战争导致南京和江苏大部分地区沦陷,大部分学校被

第一章　民国时期的江苏高校

日军占领，或被迫停办，甚至毁于战火，大批的高等学校迫于形势迁往内地、沿海租界或附近农村。迁移过程中不少图书和教学设备散失或损坏，江苏高等教育遭遇了空前的摧残。据统计，民国期间，江苏高校最多的时期共有公立、私立高校 36 所（包括东吴大学、金陵大学、金陵女子文理学院等教会学校）。直至抗日战争爆发前江苏尚有 17 所高校，分别是：中央大学、戏剧专科学校、药学专科学校、中央国术馆体育专科学校、中央政治学校等 5 所国立高校，教育学院、医政学院、蚕丝专科学校、苏州工业专科学校、镇江银行专科学校等 5 所省立高校，东吴大学、金陵大学、金陵女子文理学院、南通学院、无锡国学专修学校、苏州美术专科学校、苏州成烈体育专科学校等 7 所私立高校。①

抗日战争全面爆发后，江苏高校全数撤出。例如，国立中央大学迁往重庆沙坪坝，省立教育学院迁至桂林，私立金陵大学迁到成都、重庆等地。日军占领的沦陷区则大规模地推行奴化教育。1941 年，汪伪政权在南京成立中央大学，大张旗鼓地实施奴化教育，面向沦陷区招生，学生一度达到 1 100 余人。② 可见，抗日战争初期，江苏的高等教育七零八落、满目疮痍。

从另一个视角来看，时局的动荡反而给了江苏高校自由发展的空间。国民政府利用高校迁移的契机，对高等学校进行了整顿，江苏高等教育在战争的"夹缝"中求得了发展，为江苏高等教育发展奠定了一定的基础。抗日战争全面爆发后，国民党先后颁布了《总动员时督导教育工作办法纲领》和《战时各级教育实施方案纲要》，指明了战时高等教育发展的各项基本政策，也明确了调整和保障高等教育发展的各项制度和措施。战争迫使江苏高校纷纷迁至后方，通过整顿和管理，反而使国统区的高校分布趋于合理化，同时也推动了私立院校的国立化进程。更重要的是通过一系列制度和措施的实施，包括加强学校管理、教师管理、课程管理、教材管理等，确保了教育教学质量；实行救济和公费制度、统一招生制度、毕业考试制度等，确保了人才培养的质量。这一时期，江苏的高等教育不管是从数量上还是质量上都有了较为明显的提升。抗日战争结束后，经过 3 年的恢复发展，到 1948 年江苏共有高等院校 24 所，在校学生 15 966 人，位列全国第 4 位。③ 相较战前的 17 所，规模、数量上有了显著的增加。人才培养方面也为抗

---

① 江苏省地方志编纂委员会.江苏省志·教育志(上)[M].南京:江苏古籍出版社,2000:456.
② 陈乃林,周新国.江苏教育史[M].南京:江苏人民出版社,2007:432.
③ 同②:425.

战胜利输出了人才,为日后的国家建设积蓄了力量。抗战期间,被调往前线从事医护、翻译等工作的对口专业的学生就多达6371人。①

表1-3 1948年江苏地区高等学校概况②

校名	教职工数(人)	在校学生数(人)	校长	校址
国立中央大学	1299	4086	吴有训	南京四牌楼
国立政治大学	445	1811	顾毓琇	南京建邺路
私立东吴大学	190	1626	杨永清	苏州天赐庄
私立金陵大学	296	1084	陈裕光	南京鼓楼
私立江南大学	77	242	张渊若	无锡太湖后山湾
国立社会教育学院	190	720	陈礼江	苏州拙政园、南京栖霞山
国立江苏医学院	113	487	胡定安	镇江北固山麓
江苏省立教育学院	81	455	童润之	无锡社桥
江苏省立江苏学院	108	609	戴克光	徐州民主路30号
私立南通学院	202	878	张渊扬	南通
私立金陵女子文理学院	104	440	吴怡芳	南京宁海路
私立建国法商学院	48	493	萧铮	南京宁海路匡庐路
国立音乐院	80	151	吴伯超	南京西康路古林寺
国立药学专科学校	83	366	丁爕和	南京丁家桥
国立戏剧专科学校	75	123	余上沅	南京大光路
国立东方语文专科学校	101	307	罗良铸	南京三牌楼紫竹林
国立边疆学校	103	263	胡秉正	南京光华门外石门坎

① 薛光前.八年对日抗战中之国民政府[M].台北:台湾商务印书馆,1978:144.
② 江苏省地方志编纂委员会.江苏省志·教育志(上)[M].南京:江苏古籍出版社,2000:461-462.

第一章　民国时期的江苏高校

(续表)

校名	教职工数(人)	在校学生数(人)	校长	校址
江苏省立苏州蚕丝专科学校	26	74	郑辟疆	苏州浒墅关
江苏省立苏州工业专科学校	52	614	邓邦逖	苏州三元坊
私立苏州美术专科学校	40	194	颜文梁	苏州沧浪亭
私立无锡国学专修学校	48	403	唐文治	无锡学前街
私立正则艺术专科学校	37	104	吕凤子	丹阳
私立重辉商业专科学校	35	296	金祖懋	南京朱雀路30号
私立南京工业专科学校		163	费同泽	南京膺府街

五、抗日民主根据地的办学尝试

抗日民主根据地的高等教育在中华人民共和国成立前高等教育发展进程中是不容忽视的重要部分。它是中国共产党在高等教育领域的初步尝试。尽管受到当时战争环境、地域条件等因素的影响,并未建设出有声望的大学,但初步形成了新民主主义的教育理论、制度和办学特点,满足了当时的实际需要,为革命斗争和生产输送了人才,也为中华人民共和国成立后发展高等教育打下了基础,积累了经验。

抗日战争时期,新四军东进,在苏南、苏中、苏北建立抗日民主根据地。抗日战争胜利后,进入解放战争时期,除苏南外,苏中、苏北与淮南、淮北根据地统一,成立了苏皖边区。在发展根据地的政治、经济、文化建设以外,发展教育也是根据地的重要任务之一。从根据地的急需出发,创办高校、设置专业和课程。根据

院系调整与江苏高校的发展

形势,缩短学制,使教育更加灵活多变。苏皖边区抗日民主根据地先后建立了8所高等学校,分别是:鲁迅艺术学院华中分院、南通学院、江淮大学、华中建设大学、苏北工业专门学校、苏北盐垦专门学校、苏皖教育学院、华中新闻专科学校。具体情况如下:

表1-4 苏皖边区高等学校概况①

学校名称	建校时间	学生数	校长	创建时校址	注
鲁迅艺术学院华中分院	1941.3	600	刘少奇	盐城兜率寺	1941年8月停办
南通学院	1942.11	7个班	郑瑜	淮南天长	原为迁至上海复课的私立南通学院
江淮大学	1942.秋	120	韦悫	淮宝县仁和集	1944年8月停办
华中建设大学	1945.3		彭康	盱眙县新浦	
苏北工业专科学校	1945.8			淮安	前身为1941年建立的盐阜区联立中学,后分为联立一中和联立二中,1945年一中改为工专
苏北盐垦专门学校	1945.8		熊梯云(兼)		由盐阜二联中改办
苏皖教育学院	1945.12		白桃	淮安板闸	前身为盐阜师范,1946年并入华中建大
华中新闻专科学校	1946.春		范长江	淮阴	1949年5月迁至无锡

1941年3月在盐城成立的鲁迅艺术学院华中分院,分为文学、戏剧、美术、音乐四个系。学校的成立和学科专业的设立看似与革命事业无关,实则艺术是宣传、发动群众,渲染革命氛围的最有效的手段和最有力的"武器"。该校正是为革命培养了艺术工作干部,对革命舆论的营造,基层群众的组织和发动产生了不可估量的作用。华中新闻专科学校的成立,想必亦是如此。江淮大学是一所理

---

① 江苏省教育志编委会.江苏高校变迁[M].内部印制:24.

工学科的大学,南通学院主要以纺织、农业作为主要专业,苏皖教育学院主要是培养从幼儿教育到高等教育的师资人才。这类高校主要与当地的产业发展相联系,与现实的生产劳动相联系,培养实际发展需要的专业人才。

这些高校虽然不能像普通高等学校一般进行学历教育,而是以干部培养为主要任务,也因为内战而使得教育计划停顿,但却为新中国成立后大规模的社会建设起到了一定的人才储备作用。与国民政府的高等教育不同的是,根据地教育更多的是走群众路线,注重思想教育基础上的自觉参与,而非自上而下的强制执行。抗日民主根据地高等教育开展过程中注重理论联系实际相结合,坚持教育与生产劳动相结合,重视思想政治教育等好的教育经验也被保留和传承下来。

第三节 民国时期江苏高校的发展概况

民国时期,虽然时局动荡,但高等教育的发展却令人欣喜。可以归结为以下四方面的原因:

一是学术自由的治学氛围。蔡元培、蒋梦麟、郭秉文等都是提倡学术自由的代表。例如,当时北大的校园内就是各个学派共存,"尊孔"与"反孔"共存,白话文与文言文共存。在有一定的包容度和自由度的环境中研究"高深学问",充分享有学术自主权,形成浓厚的学术氛围。

二是相对宽松的办学环境。这个时期虽然国民党对高等教育进行了一系列专制控制,但由于战争不断,国民政府有时也无暇顾及。因此,给了高等教育自由发展的机会和空间。各类公立、私立和教会大学纷纷创办起来,学校具有一定的办学自主权。在江苏,私立院校的发展数量一度远远超过公立高校。虽说质量参差,但也诞生了很多知名学府。

三是先进的高校管理理念。教授治校、民主治校等管理理念的贯彻,充分体现了协作管理、民主参与。民国时期的高校大多实行自主招生,招生人数不多,但有着严格却不呆板的标准,确保严进严出,保证了人才培养的质量。

四是相对充足的经费保障。充足的经费保障是高等教育得以发展的重要因素。1946年国民政府颁布的《教育宪法》中规定,"教育、科学、文化之经费,在中央不得少于其预算总额15%,在省不得少于其预算总额25%"。据统计,金陵大学等教会学校接受的外国津贴要远远多于其学杂费的收入。

接管前夕,江苏国民党统治区内共有高等学校24所。国立高校9所,分别是:国立中央大学、国立政治大学、国立社会教育学院、国立江苏医学院、国立音乐院、国立药学专科学校、国立戏剧专科学校、国立东方语文专科学校、国立边疆学校。省立高校4所,分别是:省立教育学院、省立苏州蚕丝专科学校、省立苏州工业专科学校、省立江苏学院。私立高校11所,分别是:东吴大学、金陵大学、江南大学、南通学院、金陵女子文理学院、建国法商学院、苏州美术专科学校、无锡国学专修学校、正则艺术专科学校、重辉商业专科学校、南京工业专科学校,其中金陵大学、金陵文理学院和金陵女子文理学院又属于教会学校。

苏皖边区抗日民主根据地在中华人民共和国成立前创办的10所高校,部分已停办。南通学院为抗日战争期间私立南通学院的部分师生迁至淮南办学。苏中公学、苏北公学、苏北盐垦专门学校、苏皖教育学院等,于中华人民共和国成立前先后并入华中建设大学,而本在淮阴办学的华中建设大学由于战争形势所迫,于1946年北撤山东。苏皖边区抗日民主根据地的高校在中华人民共和国成立前夕只剩下华中新闻专科学校。也就意味着接管调整前江苏境内的高等学校以国民党统治区的高校为主,也是接下来我们研究的主要对象。总的来看,接管调整前江苏地区的高等院校具有较高的社会影响力,能够立足于社会服务、社会发展,但在分布上却显得不合理、不均衡。

一、社会影响力颇高

中华人民共和国成立前,处于国民党统治区内的高等学校有公立的13所,私立的11所,发展水平较高,影响力较大。国立中央大学、东吴大学、金陵大学、江南大学、南通学院是综合性高等院校。其中,国立中央大学在当时是国内首屈一指的名校,一度位列亚洲第一,连清华、北大也"望尘莫及",其学科门类涵盖了文、法、教育、理、工、农、医七大门类。其他专业类院校涉及的专业包括工业、商业、医学、教育、艺术等多个方面,门类齐全。不管是学校类型,还是学科门类,都呈现多元化的发展态势。

金陵大学在当时被评价为"中国最好的教会大学",是中国农林教育的先导。南通学院是我国最早创办农业、医学和纺织专业的高等学校,曾有"中国纺织工程师的摇篮"之美誉。金陵女子文理学院是中国第一所女子大学。省立教育学院是中国教育史上第一所培养民众教育专业人才的高校。

在这些高校的办学过程中也涌现出一批在国内具有较高知名度和声望的教育家和学者。例如,国立中央大学就有李四光、吴有训、傅抱石等数不胜数的"大家"在此执教。还有东吴大学的林语堂、吴经熊、章炳麟,国立戏剧专科学校的田汉、徐悲鸿等等。著名的教育家有金陵女子文理学院的吴贻芳、无锡国学专科学校的唐文治、正则艺术专科学校的吕凤子、省立苏州蚕丝专科学校的郑辟疆等,不胜枚举。此外,还培养出了很多社会知名人士。据统计,在中国科学院学部委员中,曾在中央大学学习工作过的多达60多人。[①] 又如,金陵大学培养出了教育家陶行知、医学家戚寿南、哲学家刘伯明、农学家陈桢等。东吴大学脱颖而出过马寅初、顾维钧、费孝通、孙起孟等等。这些著名的校长、教师、学生是这些高校影响力和教育水平的见证。当然,也不是所有的高校都具有较高的办学水平和影响力,这一时期的高校,特别是私立高校的办学水平还是参差不齐的,有些较为简陋,甚至于难以为继。

二、社会关联性强

中华人民共和国成立前江苏处于国民党统治区的高校中,公立院校多达13所,受到国民政府的严格管理和控制。国立政治大学最为典型,就是当时培养国民党政治干部,储备政治人才的基地。私立院校虽为某些社会组织或个人创办,但也受到国民政府的干预和制约。有些私立院校甚至是由当时的政府官员为积累政治资本而建。1929年以后,先后颁布的《大学组织法》《大学规程》《私立学校规程》等加强了对于高等学校的管控,将私立院校也一并纳入体制内施行管理。虽然这一时期不少教育学家、教育实践者都主张学术自由,追求高校自主权,但高等教育仍然受到国民政府的干涉。而此时高校与政府的联系,因为时局不稳、战争不断,又显得不是特别紧密,江苏的高校反而在战乱中获得了自由发展的空间。但总体来看,当时江苏高校的发展与社会经济、产业发展的关联性较强。

---

① 江苏省教育志编委会.江苏高校变迁[M].内部印制:58.

由赵如珩编写1935年出版的《江苏省鉴》第六章列出了民国时期江苏地区农业和工业的细目。农业主要包括棉作、稻作、麦作、杂谷、园艺、蚕桑等,工业主要包括纺织工业、食品工业、化学工业、机械五金业、日用品工业等。江苏的工业多以轻工业为主。其中棉作物种植居农业首位,纺织工业居工业首位。以棉纺织业和缫丝业为例。江苏产棉区域中以南通的棉田最多。"江苏纱厂之起源以光绪十六年(1890)李鸿章创设机器织布厂(俗称洋布局)于上海杨树浦为嚆矢。光绪二十一年(1895)无锡杨藕舫在无锡亦创办业勤纱厂,是为本省内地设立纱厂之滥觞。其后光绪二十二年苏州纶纱厂成立,二十五年南通大生纱厂继起。其后,自光绪三十一年(1905)日俄战后,苏省各地纱厂,纷纷设立,是为苏省纺织工业发达与勃兴之时期。民国十三年(1924)以后,迄至今日,大战影响,逐渐恢复,棉织品复大量东来倾销,吾国纱厂,乃受损失,整顿改组,停工歇业,时有所闻。此为苏省自有棉纺业以来之简史也。"[①]江苏的棉纺织业历史悠久,为当时的支柱产业之一。南通学院原分为农、医、纺织三科,与南通棉作物经济发展息息相关。苏州工业专科学校建校初就分为土木、染色、机织三科,为江南的纺织工业发展服务。"江浙两省之蚕桑事业素称全国之冠,江苏蚕桑,江南盛于江北,育蚕治丝之地亦为江南多于江北。"[②]苏州蚕丝专科学校则是与江苏当地的缫丝业相关联。再如,江南大学的办学宗旨即发展苏南的工农业,与工厂密切联系是其办学特色。中央大学的罗家伦校长曾提出,大学应承担起"创立民族文化"的使命。可见高等院校纷纷立足于社会服务,确立自身的社会责任意识。高校与社会发展的关联性在私立院校中体现得更为明显。

三、区域发展不均衡

接管前江苏地区高等学校的数量较多,但质量参差不齐。有享誉国内外的名校,如国立中央大学、私立金陵大学等,也有勉强维持、难以生存的院校。这种发展不均衡特别体现于私立高校。由于私立院校的办学背景不一样,有些是国外教会创办,有些则是某些社会团体、个人创办。其中也不乏一些主办者出于沽

---

① 赵如珩.江苏省鉴[M].新中国建设学会,1935:135-136.
② 同上:104.

第一章　民国时期的江苏高校

名钓誉的目的,抑或出于积累政治资本的目的。其经费来源也不一样,教会大学接受国外的教学津贴,而有些院校则接受民族工商业的资助,又或只依靠自身学费维持。有些院校入不敷出,很难维持,何谈提升办学水平和教育质量？南京工业专科学校是由白崇禧、莫德惠等人发起创办的,随着接连不断的战争和国民政府的失势,学校陷入窘境,师资匮乏,校舍是租用私人的,教学所需的仪器设备也是向工厂借用的。私立重辉商业专科学校没有自建校舍,只是租用空闲房屋加以修缮而已。教学设施除课桌椅之外,就只有图书资料。[①] 学校发展水平的不均衡,也增加了新中国高等教育接管工作的难度。

由于有些大学的校址几度更迁,例如,省立江苏学院由于淮海战役,由徐州迁往镇江谏壁和上海闵行,因此,以中华人民共和国成立前夕的校址为准,我们发现南京市的高校有12所,苏南有11所,分布在苏州、无锡、镇江三地,苏北则只有2所:南通学院和抗日民主根据地高校华中新闻专科学校。这样的分布格局显然是不均衡、不合理的。国立高校基本分布在南京,省立和私立高校主要集中于苏南和南京则是与当时当地的经济发展状况紧密相连。但高等教育如此的分布状态,也间接导致江苏地域发展的不均衡,这也是接管后高等学校改革、调整的重点。

表1-5　1949年接管前夕江苏境内高等院校的地区分布情况

	国立院校	省立院校	私立院校	抗日民主根据地院校	合计
南京市	国立中央大学 国立政治大学 国立音乐院 国立药学专科学校 国立戏剧专科学校 国立东方语文专科学校 国立边疆学校		私立金陵大学 私立金陵女子文理学院 私立建国法商学院 私立重辉商业专科学校 私立南京工业专科学校		12
苏北			私立南通学院	华中新闻专科学校	2

---

① 江苏省教育志编委会.江苏高校变迁[M].内部印制:97.

(续表)

		国立院校	省立院校	私立院校	抗日民主根据地院校	合计
苏南	苏州	国立社会教育学院	省立苏州蚕丝专科学校 省立苏州工业专科学校	私立东吴大学 私立苏州美术专科学校		5
	无锡		省立教育学院	私立江南大学 私立无锡国学专修学校		3
	镇江	国立江苏医学院	省立江苏学院	私立正则艺术专科学校		3

注：根据《江苏省志·教育志》等文献资料整理。

第四节　民国时期江苏部分高等院校的发展情况

民国时期，江苏地区高等院校的发展情况总体来看是具有颇高的社会影响力的，但也回避不了良莠不齐的现实。5所综合大学是这一时期江苏高等院校较高水平的代表，也对中华人民共和国成立后的院系调整和江苏高等教育的发展有着深远的影响。

一、国立中央大学

20世纪50年代院系调整也使国立中央大学成为现如今江苏很多高等学府的源头。因此，研究江苏的院系调整，国立中央大学是不可回避的重要部分。国立中央大学在国民政府时期是江苏规模最大，也是全国规模最大、院系最全的高等学府。抗日战争时期，国立中央大学曾迁至重庆沙坪坝，中央大学的医学院迁至成都，战争结束后又迁回南京。中央大学的近代校史可以追溯到1902年的三江师范学堂，经历了两江师范学堂、南京高等师范学校、国立东南大学几次更名。1927年，国民政府在江苏试行大学区制，将上海商科大学、河海工科大学、江苏政法大学、江苏医科大学、苏州工业专门学校、南京工业专门学校、南京农业学

第一章　民国时期的江苏高校

校、上海商业专门学校与国立东南大学合并,组成国立第四中山大学。① 这时的国立中央大学下设文、理、法、教育、农、工、商、医8个学院。除商、医两个学院设于上海外,其余都设在南京。学院的设置达到了《大学组织法》中所规定的上限。② 1928年2月,由国立第四中山大学改名为国立江苏大学,5月又改名为国立中央大学。国立中央大学的名称就此而来,其成立和发展也是高等教育界的一段"传奇佳话",在江苏高等教育史上画下浓墨重彩的一笔。国立中央大学在罗家伦就任校长之后,进入平稳发展的十年"黄金期"。"万人大学"计划在此时提出,虽因战争而未能实现这一宏伟规划,但其发展已足以让世人侧目。1948年在普林斯顿大学的世界大学排名中,中央大学的排名超过日本东京帝国大学(现东京大学),位列亚洲第一。

《国立中央大学十周年纪念》中对中央大学的院、系作了这样的介绍:"本校在纵的方面,自研究院以至幼稚园,各级教育均属齐全。横的方面,则共有七院一专科学校。实为国内学级最全,范围最广之教育机关。"③中央大学注重以国家建设为目的的实用技术学科建设的同时,也注重基础理论学科建设。同时也重视不同学科之间的渗透和联系。④ 师资方面,中央大学有一批诸如李四光、吴有训等"大家"在此执教。人才培养方面更是先后培养了近9 000名学生。据统计,中国科学院学部委员中有60多名曾在中央大学工作或学习过。⑤

1949年5月7日,南京市军管会接管了国立中央大学,同年8月8日,更名为国立南京大学。接管前,中央大学曾有一些学院迁出。例如:商学院于1932年6月迁往上海,命名为上海商学院,也就是今天的上海财经大学的前身。医学院于1935年迁往上海,更名国立上海医学院。中华人民共和国成立后的院系调整中,国立中央大学各学院被拆散,衍生出南京大学、东南大学等12所高校,中央大学也就此正式退出历史舞台。这也意味着中华人民共和国成立初期江苏地区的院系调整中不少的调整部分都是围绕着国立中央大学展开的。因此,也有

---

① 陈乃林,周新国.江苏教育史[M].南京:江苏人民出版社,2007:403-404.
② 江苏省地方志编纂委员会.江苏省志·教育志(上)[M].南京:江苏古籍出版社,2000:452.
③ 南京大学校庆办公室校史资料编辑组,学报编辑部.南京大学校史资料选辑(内部发行)[M].南京:南京大学,1984:266-267.
④ 曲铁华,王丽娟.民国国立中央大学学科变革的历史考察(1928—1937)[J].现代大学教育,2016(5):55-61.
⑤ 江苏省教育志编委会.江苏高校变迁[M].内部印制:58.

了如今南京大学与东南大学、南京师范大学、河海大学、南京工业大学、南京农业大学、南京林业大学、江苏大学、江南大学九所大学共庆百年校庆的盛况。

二、私立金陵大学

金陵大学也是国内著名的教会大学之一,当时被评价为"中国最好的教会大学",又有"江东之雄""钟山之英"的美誉,也是美国在华所办的大学 ABC 编类中,唯一一所 A 类大学,和美国康乃尔大学为姊妹大学。19 世纪末,美国基督教会在南京先后创办了汇文书院、基督书院和益智书院。1907 年,基督书院和益智书院合并为宏育书院,后又于 1910 年与汇文书院合并成立金陵大学堂,并向美国纽约州教育局申请立案,1915 年更名为金陵大学。金陵大学毕业生可同时授予纽约大学的学位。1927 年,收回教育权运动之后,金陵大学向中国政府立案,宗教系被撤销,校董会中中国人占多数,陈裕光成为金陵大学第一任中国校长。抗日战争期间搬迁至成都华西坝办学,汪伪政权在其南京校址上兴办中央大学,直到 1946 年,金陵大学才返宁复课。金陵大学的校园在南京沦陷期间也成为南京人民的避难所。

金陵大学建校初期仅设文科专业,学生人数也只有数十人,学校设施、图书设备以及师资力量都较为简陋和缺乏。后又陆续增添师范专科、医科和专为西方传教士学习汉语而设的华言科。金陵大学也在第一任包文校长的带领下,不断向美国方面筹措资金,扩建校舍,发展学科建设,展开了宏伟的建校蓝图。1914 年创办农科,次年开设林科,1916 年合并为农林科,金陵大学也就此成为中国农林教育的先导。1921 年文科改建为文理科,后于 1930 年按照当时教育部颁布的大学章程,将文理科改建为文、理两学院,农林科改为农学院。至此,金陵大学最有影响力的三个学院形成。同年,建立中国文化研究所,1934 年成立国学研究班,培养国学高级人才,成为中国东南部大学中培养研究生的先锋。抗日战争期间金陵大学西迁,直到 1945 年抗战胜利才开始筹备复员事宜,1946 年 9 月正式复学。

1948 年,金陵大学文、理、农三个学院,共设 22 个系,4 个专修科,6 个研究所,学生多达 1100 人。[①] 具体的院系设置为:文学院,下设中国文学、外国文学、

---

① 江苏省教育志编委会.江苏高校变迁[M].内部印制:61-64.

历史学、社会学(附设社会福利行政组)、政治经济学、哲学心理学、教育学等系和国文专修科;理学院,下设数学、物理、化学、生物、化学工程、电机工程6系和电化教学专修科、教育电影部;农学院,下设农业经济、农艺、森林学、植物、园艺、植物病虫害、农业教育、蚕桑8系和农业专修科、园艺专修科、农业推广部。① 中华人民共和国成立后,金陵大学并没有像东吴大学那样迁校台湾,而是选择留在南京继续办学,为新中国建设发展服务。

金陵大学的农林学科享誉国内外,使得南京成为民国时期中国农业教育和研究的中心。美国学者杰西·卢茨所著的《中国教会大学史》中记载,1949年前,金陵大学的毕业生一度"领导"着中国的农业发展,例如:中国农林部7个技术部门中的5个,5所国立研究所中的3所,十多所国立大学农学院中的7所都是由金陵大学的毕业生担任主要领导。金陵大学在其他方面也颇有建树,例如,开创了中国电影教育和中国医科七年制教育及博士教育的先河。金陵大学由于起初是美国人办学,教师也多为美国人,其教学、日常生活均使用英文交流,因此,金陵大学学生的英语水平也是非常突出的,频频在教会大学举办的各类英语比赛中夺冠,甚至引起国民政府教育部对此的关注和调查。② 1952年的院系调整中,金陵大学主体并入南京大学,其他院系分别并入或组成其他高校,金陵大学在历史上画上句点。虽然金陵大学在高等教育历史上只存在了短短64年,但培养出了一批闻名世界的学生,如陶行知、戚寿南、谢家声、陈裕光、王应睐、李方训、戴安邦、李景均、左天觉、程千帆、刘国钧、程抱一、赛珍珠、南怀瑾、王绳祖、杭立武、蒋彦士、彭珮云等,其办学精神和学科发展经验影响至今。

三、私立东吴大学

美国基督教监理公会于1900年在苏州天赐庄博习书院旧址,以宫巷书院为基础,扩建为东吴大学,报请美国田纳西州州政府立案。1901年3月正式开学,1911年上海中西书院并入。东吴大学是一所教会大学,也是中国第一所民办大学。建校之初,只开设中学班。1905年开始教授大学课程,招收大学学生。

---

① 江苏省地方志编纂委员会. 江苏省志·教育志(上)[M]. 南京:江苏古籍出版社,2000:513.
② 张宪文,张生,申晓云,等. 金陵大学史[M]. 南京:南京大学出版社,2002:565-568.

院系调整与江苏高校的发展

1937年抗日战争全面爆发后，东吴大学文理学院迁至浙江湖州，法学院迁至上海租界，直到1945年抗战胜利后才陆续迁回原校复学。① 20世纪20年代掀起的收回教育权运动，也推动了东吴大学的中国化进程。校董会2/3的成员改由中国人担任，教师队伍中本国教师的人数也不断增加。1927年杨永清担任东吴大学校长，他也是继三位美籍华人校长之后的第一位中国籍校长。"养天地正气，法古今完人"的校训也由那时沿用至今。但这一时期的中国化并未完全消除帝国主义对教会大学的控制和影响，直到中华人民共和国成立以后，才算是真正收回了中国的教育主权。

东吴大学所设学科包括文、理、医等，1915年在上海增设法科。1948年，东吴大学的院系设置为：文学院，下设中文、英文、政治、经济学、社会学5系；理学院，下设物理、化学、化工、生物（医预组、护预组）4系；法学院，下设法律系、司法组、行政法学组、会计组。② 其理科、法科和体育科都处于当时国内的顶尖水平。东吴大学诞生了中国最早的化学硕士和生物学硕士，1928年开启了国内最早的法学研究生教育的先河，体育专修学科也推动了我国体育事业的发展。③ 从1907年首届毕业生一人，被授予学士学位，到培养出费孝通、谈家桢、雷洁琼、赵朴初、马寅初、顾维钧等知名学生，东吴大学的办学历程和学科发展不容小觑。

虽为教会大学，但大学治学严谨，学风优良。据统计，"解放前担任大学校长的近20人，解放后曾任或现任的不下30人。至于教授、研究员、高级工程师以及教务长和院、系负责人等为数较多。中科院学部委员十人以上，主要在化学部和生物学部。七届人大常委会副委员长三人（费孝通、孙起孟、雷洁琼）；全国政协副主席一人（赵朴初）。八个民主党派中，民盟、民建、民进和致公四个民主党派的主席都是东吴校友，另有三人任副主席（民盟主席为费孝通，副主席为谈家桢；民建主席为孙起孟，副主席为冯梯云；民进主席为雷洁琼，副主席为赵朴初；致公党主席为董寅初）"④。20世纪50年代院系调整中，东吴大学与苏南文化教育学院和江南大学合并成为现在的苏州大学，部分专业分别并入如今的华东政法大学、上海财经大学等。随着院系调整，一些优势专业被划分出去，1951年东

---

① 江苏省教育志编委会.江苏高校变迁[M].内部印制:123-124.
② 江苏省地方志编纂委员会.江苏省志·教育志（上）[M].南京:江苏古籍出版社,2000:513.
③ 石鸥.中国教会大学——东吴大学[J].书屋,2009(1):1.
④ 江苏省教育志编委会.江苏高校变迁[M].内部印制:128.

吴大学在台湾复校。苏州大学校园内的一些建筑还依稀印刻着"东吴大学"的痕迹。苏州大学和台湾的东吴大学可谓是"同宗同源"。

四、私立江南大学

私立江南大学是由民族资本家荣德生父子于1947年发起创办的,以"笃学尚行、止于至善"作为校训,以服务苏南地区工农业发展为宗旨的综合大学,建校于无锡。中华人民共和国成立前与中央大学、金陵大学、东吴大学并称为国民"江苏四大名校"。开设有文、农、理工三个学院。文学院下设中国文学、外国语文、史地、经济四系,农学院下设农艺、农产制造二系,理工学院下设机电、化工、数理三系。共有学生300人。[①] 1948年应荣氏企业面粉生产发展需要增设的面粉专修科是我国最早的粮食加工专业,1949年,也是根据荣氏企业内部管理的需要,将经济系改成工业管理系,成为全国最早设立此系的高校之一。

江南大学虽以为国家发展培养工农业方面的专门技术人才为办学宗旨,但也未忽视文科建设,提倡文理并重。文学院聘请了著名的国史学家钱穆担任院长。学校聘请的各专业教授也是大家云集,比如,物理学家周同庆,化学家张泽尧,古典文学家朱东润,食品工业专家朱宝镛,数学家金圣一、樊映川等。江南大学的教学注重理论学习与实践相结合。"早在解放前,文学院各系就组织学生到附近农村进行调查研究,了解农民生产、生活的情况;工业管理系曾对荣家所属申新、茂新、福新各工厂的基本情况进行统计和调查;化工系的学生还自己生产了一批化工产品,如'江南牙膏';面粉专修科的学生在面粉厂实习时,除对生产工艺进行技术咨询外,还自己出版了《面粉通讯》,这是我国第一本面粉专业技术刊物,受到面粉厂和粮食公司的欢迎。"[②]江南大学的经费主要来源于荣氏企业,荣氏家族以轻工业起家,主营面粉和纺织工业,其办学也与家族企业紧密联系起来。与家族的工厂相互配合,定期组织学生到工厂实习,培养学生的实践动手能力。同时,学校的相关专业课程也会由企业的工程师或技术人员兼任。

1952年私立江南大学撤销,虽然只有短短5年的办学历史,却培养出了

---

① 江苏省教育志编委会.江苏高校变迁[M].内部印制:110-111.
② 周萍,金其桢.私立江南大学的办学特色[J].高等工程教育研究,2004(1):70-72.

1000多名工业企业管理和食品工业方面的专业人才。在中华人民共和国成立初期的院系调整中,其下设系科并入多所大学,因此也成为如今多所国家或省属重点大学的"始祖",为这些大学的相关学科、专业发展打下基础。如今的江南大学就延续了其食品相关专业的优势。

五、私立南通学院

私立南通学院原为私立南通大学,1928年由私立南通医科大学、私立南通纺织大学和私立南通农业大学合并组建而成。因此,南通大学分为农、医、纺织三科。后因《大学组织法》中没有纺织学院,达不到大学最低三个学院的标准,而改称私立南通学院。其中,农科源于1906年张謇创办的师范农科,开始规模较小,后因江苏沿海盐垦事业的发展需要,于1919年改为南通农业大学。医科源于1912年张謇和其兄创办的医学专门学校,于1927年改为南通医科大学,后因抗日战争迁至湖南、四川等地,导致医科中辍。纺织科始于张謇1912年创办的纺织染传习所,1913年定名为南通纺织专门学校。抗战爆发时,和农科一起迁至上海。1946年农科和纺织科分批迁回南通,医科也于当年复办。[①] 1948年,私立南通学院的科系设置为:农科,下设农艺系、农艺化学系、畜牧兽医系、农业经济系;医科,下设医本科;纺织科,下设纺织工程、染化工程。[②]

南通学院是江苏创办最早的大学之一,是中国人在江苏创办的第一所大学。据《第一次中国教育年鉴》统计,当时全国仅有公立大学3所、私立大学7所。南通大学起步较早,和南开大学、厦门大学等同属于我国最早的一批大学。[③] 美国历史学家费正清在《剑桥中华民国史》中将南通大学视为中国私立科技大学的代表。私立南通大学也是我国最早创办的农业、医学和纺织的高等院校之一,被誉为"中国纺织工程师的摇篮""中国纺织黄埔军校"。

"1912年黄炎培任江苏省教育司司长、江苏省教育会副会长,首创教育与学生生活、与社会实际相联系的实验主义,对江苏的实业教育影响很大。"[④]私立南

---

① 江苏省教育志编委会.江苏高校变迁[M].内部印制:149-151.
② 江苏省地方志编纂委员会.江苏省志·教育志(上)[M].南京:江苏古籍出版社,2000:451.
③ 季震,秦玉清.中国近代私立技术大学的代表——南通大学[J].江苏高教,2002(2):126-127.
④ 陈乃林,周新国.江苏教育史[M].南京:江苏人民出版社,2007:358.

通大学也算得上是江苏实业教育发展的"先行者"。张謇的办学过程与南通地方发展和经济发展的实际需求相关,三个系科成立和发展均是如此。私立南通大学中纺织科最为有名,建立之初选址在大生纱厂南边,仅一墙之隔,便于实践教学和学生的实习,其办学经费也来源于大生各纱厂,"故其进展之历程常随纺织事业之兴衰而又迟速"[①]。20世纪50年代院系调整中,南通大学被拆分、外迁,农科迁至扬州,纺织科迁至上海,医科又于1957年迁至苏州。多年后,纺科、医科得以复建,于2004年重新组建公立南通大学,私立南通大学的"生命"得以延续。

总的来看,民国时期江苏的高等教育虽身处于多元思潮的冲突、矛盾氛围之中,又经过了多场战争的洗礼,但其发展并未因此而停止前进的步伐,而是在"夹缝"中求得了生存和发展。江苏处于国民政府的核心,其教育发展必然受到国民政府的严格掌控,江苏的高校也一度成为国民政府施政的工具和平台。国民党的政治方针和党义对江苏高校渗透式的影响力深不可测。新中国接管之后,如何化解国民政府对于高等院校的残余影响,开展包括教育理念改革、高等教育体制改革、院校拆分等在内的院系调整可视为方法之一。中华人民共和国成立前,抗日民主根据地大学的办学经验也为新中国高等教育的发展提供了经验和思路。

纵观当时江苏地区高等院校的发展,中华人民共和国成立前夕江苏的25所高校,基本处于国民党统治地区。虽有些参差不齐、地域不均,但总体发展水平和人才培养质量都是较为出色的。特别是以国立中央大学为代表的公立大学,和以金陵大学为代表的私立大学,都属于当时国内顶尖,且具有很高知名度和影响力的高校,培养出众多社会名流。国立中央大学作为当时一流的顶尖高校,不论是办学经验、学科发展,还是人才培养,都留给后人很多宝贵的财富,只可惜这艘高等教育院校的"航母"不复存在。这些高校较好的发展基础保障了新中国成立后各项改革调整工作的顺利开展。江苏高校在接管前暴露出的发展不均衡、地域布局不合理等问题,也是通过随后的改革调整得到了一定程度的解决。

通过对中华人民共和国成立前江苏高等学校的细致挖掘,我们发现,江苏高校中也有不少具有品牌和优势的学科。例如,金陵大学的农林学科,东吴大学的

---

① 高鹏程.民国私立高校的地方性及其超越——以民国南通大学为例[J].高教探索,2016(9):98-103.

化学、生物学科,江南大学的食品加工学科,南通学院的纺织学科等。这些强势学科是高校发展的基石,也为20世纪50年代院系调整中发展专门学院等重点工作奠定了坚实的基础。这些高校有着各自成功的办学经验和教育方法。其间,也有很多"大家"在此管理、执教,这些"大家"的教育思想成为一道道"风景"。这些院校的治学精神、优秀的办学经验和"大家"的教育思想仍然是一笔无形的财富,值得我们去研究、去继承。

第二章

解放后接管时期的江苏高校

1949年4月21日中国人民解放军渡过长江,同日,苏北人民行政公署成立。4月23日南京解放,4月26日苏南人民行政公署成立,5月10日南京人民政府成立。从此宣告了江苏新的历史篇章的开启,对于江苏的高等教育而言也是一个全新的开端。[①] 中华人民共和国成立前,江苏高等教育的基础扎实,拥有丰富的办学管理和育人经验。院校方面,以国内首屈一指的国立中央大学为代表,学科发展方面以金陵大学的农林专业为代表。不少高校都具备雄厚的师资力量和人才培养能力。但解放初的江苏高等教育因与国民政府的渊源,处于政治斗争的"风口浪尖"。南京、苏北、苏南的政治基础和经济基础都各不相同。分地区、分类型地对原国民党统治区的高等教育进行接管,也可进一步厘清江苏高等教育复杂的状况。

中华人民共和国成立初期,全国划分了五大行政区,1950年1月,华东军政委员会在上海成立。南京市、苏北区、苏南区属于华东军政委员会的管辖范围。高校的相关接管工作是在中央人民政府教育部统筹领导下,由各大行政区教育部或文教部具体执行实施的。新中国对于高校的接管与初步改造可以视为20世纪50年代院系调整工作正式开展的前奏与准备。

[①] 1953年1月,南京、苏北行署、苏南行署合并,恢复江苏建制。本文中的"江苏"不因行政区划的改变而做调整,包括:南京市、苏北和苏南三个区域。建国初期划分为南京、苏北行署、苏南行署的这一时期,本文用"江苏地区"表述。

第一节　高校接管工作的指导方针

随着解放战争国民党军队的节节败退,国民政府不仅在军事上濒临绝境,统治区的政治、经济形势也陷入一片混乱之中。国民政府不得不筹划撤离南京,逃往台湾的计划。在计划的实施过程中,国民党不仅安排特务分子潜伏大陆伺机进行破坏和反攻行动,也积极阻止知识分子投靠共产党,将高校的东迁列入逃亡计划之中。面对国民党的挑唆、威逼、利诱,江苏地区高等院校的师生都投入"应变、护校"的斗争之中。

1948年12月中旬,平津前线司令部就曾发出《布告》,宣布"保护学校、医院、文化教育机关、体育场所,及其他一切公共建筑,任何人不得破坏。学校教职员、文化教育机关,及其他社会公益机关供职的人员,均望照常供职,本军一律保护,不受侵犯。"1949年4月25日毛泽东、朱德签署的由中国人民解放军总部发出的《中国人民解放军布告》,即《约法八章》中再次重申"保护一切公私立学校、医院、文化教育机关、体育场所和其他一切公益事业"。[1] 同时,中共地下组织也在国民党统治的多所高校中间开展了"反迁校"行动,采取"争取、团结、改造知识分子"的策略。1949年9月发布的"关于教职员工聘任原则"的通知中,规定大学教师的聘任,"必须注意选择学问笃实,在政治上至少不反动,且能力求进步者"。[2] 这样的举措,正是为了团结和维护教师队伍的稳定。高校接管工作更像是一场人才争夺的战役,也意味着中国的高等教育从半封建、半殖民地向新民主主义和社会主义的方向转变。

中华人民共和国成立前夕,召开了中国人民政治协商会议第一次全体会议,会议上通过了《中国人民政治协商会议共同纲领》。其中对我国的文化教育政策作了如下规定:"中华人民共和国的文化教育为新民主主义的,即民族的、科学的、大众的文化教育。人民政府的文化教育工作,应以提高人民文化水平,培养建设人才,肃清封建的、买办的、法西斯主义的思想,发展为人民服务的思想为主

---

[1] 郝维谦,龙正中,张晋峰. 中华人民共和国高等教育史[M]. 北京:新世界出版社,2011:33.
[2] [日]大塚丰. 现代中国高等教育的形成[M]. 黄福涛,译. 北京:北京师范大学出版社,1998:208.

要任务。"①这也规定了新中国高等教育的发展基调。时任教育部副部长钱俊瑞在《当前教育建设的方针》一文中,对新民主主义的教育方针做了进一步的阐释。其中心方针是为工农服务,为生产建设服务。② 1950 年 6 月在北京召开的第一次全国高等教育工作会议上又明确了我国高等教育的发展方针。教育部部长马叙伦在会议的开幕致辞中指出了今后我国整顿和加强高等教育的方针:"必须密切配合国家经济、政治、文化、国防建设的需要,而首先要为经济建设服务,因为经济建设乃是整个国家建设之本。我们的高等学校从现在起就应该准备和开始为工农开门,以便及时地为我们的国家培养大批工农出身的知识分子。我们的高等教育应该随着国家建设逐渐走上轨道,逐步走向计划化。"③这些教育方针的制定,也成为对旧教育接管、改造和开展院系调整的重要依据。

中华人民共和国成立初期教育界的这两次重要的会议不仅确定了新中国高等教育发展的基本方针和政策,也对旧教育的接管和改造做出了规范,给出了具体的实施方法。第一次全国教育工作会议上确定的教育改革的方针是"以老解放区教育经验为基础,吸收旧教育有用经验,借助苏联经验,建设新民主主义教育"。④ 马叙伦在全国高等教育会议开幕词中表明:"我们对于旧教育不能不做根本的改革,而这种改革正如我们的共同纲领所规定,必须是有计划有步骤地来进行。"⑤钱俊瑞也在会议的结论中表示:"我们要坚决地同时是有步骤地和谨慎地改革旧的高等学校。"⑥

中华人民共和国成立之初,江苏面临的高等教育的格局是较为复杂的,有老解放区和新解放区之分,而高等学校又以新解放区居多。新解放区的高等学校又有公立和私立之分,还有接受外国津贴的教会大学。新解放区为原国民党统治区,受到国民政府党化教育的影响颇深,新中国成立后江苏地区知识分子对于新中国的高等教育方针的理解和认同不尽一致。再加上共产党与国民党之间的"人才之争",新政府对于江苏地区旧教育的接管和改造工作也是较为复杂的。

---

① 江苏省教育志编纂委员会. 教育大事记 1949—1988[M]. 南京:江苏教育出版社,1989:1.
② 钱俊瑞. 当前教育建设的方针[J]. 人民教育,1950(1):10-16.
③ 马叙伦. 第一次全国高等教育会议开幕词[J]. 人民教育,1950(3):11-14.
④ 王红岩. 20 世纪 50 年代中国高等学校院系调整的历史考察[M]. 北京:高等教育出版社,2004:100.
⑤ 中华人民共和国教育部办公厅. 教育文献法令汇编(1949—1952)[G]. 1958(6):5.
⑥ 钱俊瑞. 培养国家高级建设人才而奋斗团结一致,为贯彻新高等教育的方针——一九五〇年六月九日在全国高等教育会议上的结论[J]. 人民教育,1950(8):8-14.

唯有遵循"维持现状,逐步改造"的指导方针,确保新旧教育的平稳过渡。苏北行署文教处处长李俊民在《苏北日报》上发表的题为《苏北一年来教育工作上的成就》一文中指出了江苏地区在接管、改造工作上的具体措施,"对老区的教育是巩固与提高,对新区的教育则是维持改造,逐步前进"①。

"改造旧教育和建设新教育是两个密切联系和不可分开的过程。前者要在后者的指导下进行;而新教育的建设也必须从旧教育吸取合理的成分。"②中国新教育的发展是建立在对旧教育的接管和改造基础上的。中华人民共和国成立初期,高等教育方面有关指导方针的制定,也为新教育的发展做好了准备,为20世纪50年代院系调整工作的开展指明了方向。

第二节 对江苏高校的接管和初步改造

中华人民共和国成立前,江苏处于国民党统治区的高等学校有24所。其中省立江苏学院于中华人民共和国成立前夕迁至上海闵行,1949年停办。因此,新中国对江苏高等院校正式接管前,新解放区共有23所高校。老解放区,原苏皖边区抗日民主根据地的华中新闻专科学校于1949年4月随军南下,迁至无锡,后改名为苏南新闻专科学校,1950年3月停办。至此,接管前夕,江苏境内共有高等学校24所,具体情况如下:

表2-1 1949年接管前夕江苏境内高等院校一览表

	国立院校	省立院校	私立院校	抗日民主根据地院校	合计
南京	国立中央大学 国立政治大学 国立音乐院 国立药学专科学校 国立戏剧专科学校 国立东方语文专科学校 国立边疆学校		私立金陵大学 私立金陵女子文理学院 私立建国法商学院 私立重辉商业专科学校 私立南京工业专科学校		12

---

① 江苏省教育志编纂委员会.教育大事记1949—1988[M].南京:江苏教育出版社,1989:17.
② 中华人民共和国教育部办公厅.教育文献法令汇编(1949—1952)[G].1958(6):11.

第二章　解放后接管时期的江苏高校

（续表）

	国立院校	省立院校	私立院校	抗日民主根据地院校	合计
苏北			私立南通学院	华中新闻专科学校	2
苏南	国立社会教育学院 国立江苏医学院	省立苏州蚕丝专科学校 省立苏州工业专科学校 省立教育学院	私立东吴大学 私立苏州美术专科学校 私立江南大学 私立无锡国学专修学校 私立正则艺术专科学校		10

注：根据《江苏省志·教育志》等文献资料整理。

江苏地区解放后，各地人民解放军军事管制委员会就开始了原国民党统治的高等院校的接管工作。接管工作主要是针对新解放区的23所高校。接管前，江苏境内的高等院校基本集中于新解放区中，以南京的数量最多。南京12所，苏南10所，苏北1所。其中公立13所，私立10所（教会大学3所）。在平稳过渡的基础上，分类别、分阶段地对这些高等院校进行接管和改造，以保证高等教育实现平稳过渡和发展。

一、对公立高校的接管和改造

接管前江苏地区公立院校的分布为：南京7所，苏南7所。随着国民党的垮台，公立高校处于无主管的状态，因此对于各类高校的接管，首先是从公立院校开始的。江苏地区各市先后成立了军事管制委员会，下设文化教育接管委员会，负责接管原国民党统治下的各类学校。按中央"先接后管"的要求，逐步开展对公立院校的接管工作。

1949年5月7日，中国人民解放军南京军事管制委员会主任刘伯承和副主任宋任穷派赵卓接管了国立中央大学和国立政治大学。[1] 与此同时，苏南、苏北行署相继成立负责接管文化教育事业的文教处，苏州、无锡等地也传达了军管会文教处有关"暂维现状，立即开学"的方针。各高校都成立了接管工作组，主要负责："收缴国民党散兵游勇丢弃的枪支弹药及单位、个人收藏的武器；清点公

---

[1] 江苏省教育志编委会.江苏高校变迁[M].内部印制:25.

共财产,造具清册;维护正常教学秩序,确保教学工作的顺利进行等"。① 至1949年6月下旬,各地基本完成了原国民党统治的14所公立高等院校的接管工作。

接管之后,各地军事管制委员会对这些公立高校做出了初步的调整。调整的举措主要包括:

1. 撤销、停办。由于国立政治大学的属性和培养目标,撤销了该学校。

2. 更名。1950年6月国立药学专科学校划归华东军政委员会卫生部领导,更名为华东药学专科学校。1950年10月接华东军政委员会吴有训签发的通知,除私立学校名前加"私立"外,其他各级学校校名前概不加国立、省立、市立字样。于是,国立南京大学又更名为南京大学。

3. 迁出。将国立戏剧专科学校并入中央戏剧学院,国立边疆学校并入中央民族学院,国立东方语文专科学校并入北京大学。国立音乐院迁至天津,与鲁迅艺术学院音乐工作团、北京艺术专科学校音乐系合并,成立中央音乐院(1958年迁至北京)。

4. 合并。1950年1月,苏南行署为集中人力物力培养和改造教育人员,经华东军政委员会及中央教育部同意,将国立社会教育学院与江苏省立教育学院合并为公立文化教育学院,同年更名为苏南文化教育学院。② 1950年3月,江苏省立蚕丝专科学校与江苏省立女子蚕丝职业学校合并,改名为公立苏南蚕丝专科学校。

5. 迁入。上海国立师范专科学校、上海市体育专科学校、上海市幼儿教育专科学校三校并入南京大学师范学院。③ 安徽大学土木、艺术两系并入南京大学。④

6. 新建。1950年7月,华东水利部决定,苏北建设学校水利科与华东水利部的水文技术人员训练班合并,在南京成立淮河水利工程专科学校。⑤

对接管的公立院校除做了初步调整之外,也进行了初步的改造,改造的措施

---

① 陈乃林,周新国. 江苏教育史[M]. 南京:江苏人民出版社,2007:592.
② 苏南区高等学校院系调整工作总结(未定稿)[A]. 江苏省档案馆,档案号:4013-002-0637.
③ 江苏省教育志编纂委员会. 教育大事记1949—1988[M]. 南京:江苏教育出版社,1989:2,8.
④ 南京大学校庆办公室校史资料编辑组、学报编辑部. 南京大学校史资料选辑[M](内部发行),1984:496.
⑤ 同④:10.

包括:取消反动的思想政治课程;取缔国民党的训导制度;开设新民主主义理论和社会主义理论的相关思想政治教育课程;组建校务委员会等。① 各地的军管会派出干部到各学校,加强学校的管理,帮助各学校顺利完成过渡工作。

二、对私立高校的接管和改造

民国初年,法律上对于私立高校地位的认可,使得国内出现了"竞办大学"的现象。私立院校的数量一下激增,发展却参差不齐。民国政府不得不出台相应的政策,严格控制私立院校的"泛滥",监管其发展。新中国接管前,江苏境内还有私立高校11所,数量之多与公立院校一般,但质量却是差别很大。其中还包括三所接受外国津贴的教会大学。因此,对私立院校的接管和改造工作分为两类进行:一类是国人创办的私立高校,另一类是外国宗教团体创办的教会大学。

(一) 对国人创办的私立高校的接管和改造

国人创办的私立院校多为个人、企业或者社会组织发起创办。办学初衷多为服务自身经营的产业和当地经济的发展,但其中也不乏办学目的不纯者,或为沽名钓誉,或为积累政治资本。不纯的办学动机,自然也无法办好学校。学校的经费来源有些靠民族资本家或企业赞助,有些则完全依靠学费收入,入不敷出。新中国成立后,由于官僚资本和地主经济存在的基础随着解放而逐渐被推翻、瓦解,原先接受补助的私立院校的经费来源受到限制,再加之生源减少,私立院校面临的形势更为严峻。特别是原先一些基础较差,经费来源单一的私立院校,更是难以为继。私立院校面临的困境也使得部分师生因为前路不明而失去信心,导致私立院校中出现人心不稳、思想涣散的情况。

鉴于上述情况,新政府提出"积极维持,逐步改造,重点补助"的方针,"'积极维持',这就是说,除了极少数过去为反动派所创办,而现在仍然为反动分子所控制,以及个别办得太腐败,成绩太坏的私立学校予以停办和合并外,一般的应由政府很关心地帮助他们维持下去。'逐步改造'这就是说,私立学校应根据人民

---

① 郝维谦,龙正中,张晋峰. 中华人民共和国高等教育史[M]. 北京:新世界出版社,2011:33.

政府的方针政策,以国家主人翁的责任感,积极和主动地,并有计划有步骤地改革学校的制度、教育内容和教学法。'重点补助'这就是说,对于办理成绩特别优良或者为当前建设所十分需要的私立学校的校、院或系,如因经费困难不能维持或不能发展的,政府可制定专款予以补助,逐步地把它们纳入国家建设的正轨,发挥更大的效能"①。在这一方针的指导下,江苏地区采取了"管而不接"的办法。② 一方面,考虑尽快稳住私立院校师生的心,尽快恢复正常的教学秩序,引导其为国家发展服务。另一方面,也是由于当时紧张的国际形势,抗美援朝战争一触即发。这可视为国家对于高等教育统一化管理进程中的过渡策略。全国第一次高等教育会议通过了《私立高等学校管理暂行办法》,制定该《办法》的目的是加强领导并积极扶植和改造私立高等学校,以适应国家建设的需要。其中规定私立高等学校的行政权、财政权及财产所有权均应由中国人掌握。办理成绩优良而经费困难的可申请补助。③

江苏地区的维持、补助措施的具体表现例如,"继续打通和巩固自力更生的思想,帮助改组校董会,有条件地举办工农教育班,使学校面向群众,获得群众的支持。在这基础上,再给予一定的物质援助。本期计发出补助费大米 2 041 205 斤,较上期增加 67.5%。"④私立南通学院的经费除大生纱厂辅助 2/3 外,政府拟津贴 1/3 及 5% 的人民助学金。⑤

政府对于这些学校的初步改造主要是通过改组、健全董事会和重新立案两个步骤来具体实施的。⑥ 一些私立院校的董事会已不起作用,通过改组调整,使其更加健全,有利于私立院校的正常运行。重新立案,便于有关部门掌握和了解私立高校的情况,使私立高校获取合法地位,从而增加其办学积极性。在"积极维持,逐步改造,重点补助""只接不管"方针的指引下,根据《私立高等学校管理暂行办法》,也对这些私立院校做出了一些初步的微调。撤销了私立建国法商学院;私立重辉商业专科学校于中华人民共和国成立前夕在杭州成立分校,原在南

---

① 钱俊瑞.培养国家高级建设人才而奋斗团结一致,为贯彻新高等教育的方针——一九五〇年六月九日在全国高等教育会议上的结论[J].人民教育,1950(8):8-14.
② 陈乃林,周新国.江苏教育史[M].南京:江苏人民出版社,2007:593.
③ 私立高等学校管理暂行办法[J].人民教育,1950(5):71.
④ 苏南人民行署文教处1951年上半年工作综合报告[A].江苏省档案馆,档案号:4013-002-0637.
⑤ 苏北教育概况(1949)[A].江苏省档案馆,档案号:7011-001-0092.
⑥ 余立.中国高等教育史(下册)[M].上海:华东师范大学出版社,1994:18.

第二章 解放后接管时期的江苏高校

京的本部停办;1949年9月,南京军管会决定,私立南京工业专科学校迁入上海的部分由上海市军管会接管,南京的部分予以停办;无锡国学专修学校于1950年秋,并入苏南文化教育学院。①

(二) 对教会大学的接管和调整

当时江苏地区有三所教会大学,位于南京的金陵大学、金陵女子文理学院和位于苏州的东吴大学,均是由美国教会创办,接受来自美国教会的经费补助。五四运动之后,特别是1922年开始掀起反对帝国主义奴化教育的热潮,导致了"收回教育权运动",最终迫使中华基督教教育会于1925年4月,不得不对外承认:"应向政府注册、遵守政府之规定,采用政府之标准,受政府之监督指导。"从那时开始,中国境内的教会大学就走上了中国化的进程。中国人开始担任教会大学的校长,校董会的成员和教师队伍也不断充实了越来越多的中国人,但实质上教会大学的性质仍未改变。"在解放以前数十年来媚外的反动政府之下,帝国主义在中国是横行无忌的,在教会大学里也毫不例外。而反动政府对教会学校也唯外籍'校长'的话是听,凡是与中国人校长谈话,必须外籍校长在座。因此,外籍校长更是气焰万丈,看不起中国人的校长,更看不起中国的教师与学生。"②帝国主义对于教会大学的控制一直存在,成为其文化侵略的重要途径。

1949年4月,随着南京的解放,金陵大学和金陵女子文理学院被中国人民解放军接管,但此时并未与教会断绝联系。根据人民解放军总部发出的"保护一切公私立学校、医院、文化教育机关、体育场所和其他一切公益事业"的《布告》,对教会大学采取了维持现状的做法,只是对其与宗教相关的课程做了规范和调整,仍然允许其接受来自美国教会的津贴补助。同中国人创办的私立高校一样,教会大学也遵循"积极维持,逐步改造,重点补助"的方针,遵照《私立高等学校管理暂行办法》的相关规定。

直到朝鲜战争爆发,中美关系愈发对立,才加速了政府对于教会大学的全面接管和改造进程。金陵大学和金陵女子文理学院的三名美籍教师公开为美国侵略朝鲜的行为辩护,诽谤我国的抗美援朝运动,从而激起了教会大学师生的愤

---

① 江苏省教育志编委会. 江苏高校变迁[M]. 内部印制:72、118.
② 纪晓. 全国接受外国津贴的高等学校的概况[J]. 人民教育,1951(2):60-61.

怒。金陵大学、金陵女子文理学院全体师生举行"反侮辱、反诽谤"控诉大会,控诉美籍教师费睿思污蔑中国人民的行径。东吴大学的师生也举行了反美爱国大会,声援金陵大学和金陵女子文理学院师生的斗争。① 1950 年 12 月 17 日,美国政府突然宣布冻结中国在美国的全部财产,停止对金陵大学、金陵女子文理学院和东吴大学的一切津贴补助,学校顿时陷入困境。中国政府采取冻结美国在华财产的方式作以回应。29 日,政务院发布《关于处理接受美国津贴的文化教育救济机关及宗教团体的方针的决定》,以肃清美国帝国主义在中国的文化侵略。三所教会大学的师生立即致电周总理或者发表宣言,表示拥护政务院的决定。②《决定》明确指出"接受美国津贴之文化教育医疗机关,应分别情况或由政府予以接办,改为国家事业;或由私人团体继续经营,改为中国人民完全自办之事业,而在经费上确有困难者,得由政府予以适当补助"③。其间,美国各教会联合托事部来电,要求金陵大学派代表前往香港商谈经费事宜。金大学生通过决议,决定不予回复,从此断绝与美国教会的联系,在任的美国人也陆续离开中国。④

江苏地区的教会大学真正被接管是在 1951 年。1 月,中央教育部颁布了《关于处理接受美国津贴的教会学校及其他教育机关的指示》,制定了接管的相关原则和措施,要求 1951 年将所有接受美国津贴的各级学校处理完毕。⑤ 并于当月召开处理接受外国津贴的高等学校会议,明确将接受美国津贴的高校,变为中国人自己办理的高等学校,要让这些学校不仅能继续办下去,还要办得更好。⑥ 1951 年 3 月 28 日、4 月 23 日、7 月 14 日,苏南文教处、苏北文教处和南京市文教局分别召开处理接受外资津贴学校的会议。出席会议的代表纷纷表示拥护政府的措施,坚决割断与美帝国主义的一切联系,收回教育主权。⑦ 1951 年 1 月,华东军政委员会教育部决定,将私立金陵大学和私立金陵女子文理学院合并

---

① 江苏省教育志编纂委员会. 教育大事记 1949—1988[M]. 南京:江苏教育出版社,1989:14.
② 陈乃林,周新国. 江苏教育史[M]. 江苏人民出版社,2007:594.
③ 中央人民政府政务院关于处理接受美国津贴文化教育救济机关及宗教团体的方针的决定[A]. 江苏省档案馆,档案号:7014-002-0860.
④ 江苏省教育志编纂委员会. 教育大事记 1949—1988[M]. 南京:江苏教育出版社,1989:15.
⑤ 高等教育部办公厅. 高等教育文献法令汇编(1949—1952 年)[Z]. 1958:36.
⑥ 马叙伦. 处理接受外国津贴的高等学校会议的开幕词(代社论)[J]. 人民教育,1951(2):5-6.
⑦ 同④:18-19.

为金陵大学,改为公立,由南京市人民政府接管。私立东吴大学也在会议之后,在华东军政委员会教育部设立的登记处登记,自春季学期起停止接受美国的津贴,转为人民政府给予补助,但仍旧维持私立。① 至此,江苏地区的三所教会大学才真正意义上被中国人民政府接管。

经过1949年至1950年对原国民政府统治下各高校的接管和初步的调整,到1950年下半年,江苏境内共有高等院校15所,苏南区的高校数量超过南京,南京由原先的12所"缩水"成6所,苏南8所,苏北只有1所。

表2-2 江苏地区公私立专科以上学校校数②

1950年下半年

省市别	共计	大学	专门学院	专科学校	大学	专门学院	专科学校
南京市	6	2	2	2	国立:南京大学 私立:金陵大学	私立:金陵女子文理学院	私立:华东药学专科 淮河水利专科
苏北	1		1			私立:南通学院	
苏南	8	2	2	4	私立:江南大学 东吴大学	国立:江苏医学院 公立:文化教育学院	省立:工业专科 公立:蚕丝专科 私立:正则艺术专科 苏州美术专科

第三节 对旧教育的改造

对旧教育的改造可以视为是新中国对于新教育改革和发展的一种准备。接管过程中便开始了对于旧教育的初步改造工作,包括实现集中统一的外部领导体制,确定了以苏联为师的改革方向,促进高等教育面向普通大众。其中,思想

---

① 江苏省教育志编纂委员会.教育大事记1949—1988[M].南京:江苏教育出版社,1989:17-18.
② 华东文教概况(1951).华东区公私立专科以上学校校数(二)[A].江苏省档案馆,档案号:7014-003-0881.

层面的改造是重中之重。

一、实现集中统一领导

新中国在高等教育领域推行集中统一的领导体制。集中统一化的领导,是新旧教育得以顺利过渡的保障,也是高等教育大规模改革和院系大范围调整得以实现的推动力。首先,体现为统一的领导机构的建立。1949年10月19日,中央人民政府委员会任命郭沫若为政务院文化教育委员会主任,马叙伦、陈伯达、陆定一、沈雁冰为副主任。任命马叙伦为教育部部长,钱俊瑞、韦悫为副部长。同年11月1日,中央人民政府教育部举办成立庆典,[①]从而宣布了教育界最高领导机构的诞生。1950年1月7日,华东军政委员会成立,舒同任文化教育委员会主任,孟宪承任教育部部长。南京市、苏北行署、苏南行署先后成立教育局、文教处(教育处)。高等教育集中统一化的领导体制由此拉开序幕。

集中统一的领导其次体现为各项规程、制度的制定和实施。《中国人民政治协商会议共同纲领》的制定规定了中华人民共和国成立初期我国教育发展的总的方针。随后颁布的一系列有关高等教育的规程,例如《关于高等教育领导关系的决定》《高等学校暂行规程》《专科学校暂行规程》《私立高等学校管理暂行办法》《关于实施高等学校课程改革的决定》等,为旧教育的接管、改造和后来的院系调整提供了重要的依据。《关于高等教育领导关系的决定》中规定:"中央人民政府教育部对全国高等学校(军事学校除外)均负有领导的责任,各大行政区人民政府或军政委员会教育部或文教部均有根据中央统一的方针政策,领导本区高等学校的责任。"[②]确立以中央人民政府教育部统一领导为原则,奠定了集中统一领导的基调。《高等学校暂行规程》规定了我国高等学校的宗旨是"以理论与实际一致的教育方法,培养具有高级文化水平,掌握现代科学和技术的成就,全心全意为人民服务的高级建设人才"[③],也明确了高等学校进行政治及思想教育,适应国家建设需要开展教学工作等任务。《专科学校暂行规

---

① 余立.中国高等教育史(下册)[M].上海:华东师范大学出版社,1994:9.
② 关于高等学校领导关系的决定[J].人民教育,1950(5):67.
③ 高等学校暂行规程[J].人民教育,1950(5):68.

第二章 解放后接管时期的江苏高校

程》《私立高等学校管理暂行办法》是在《高等学校暂行规程》的基础上对专科学校和私立院校的具体要求和任务作了进一步的说明。《关于实施高等学校课程改革的决定》则是明确了高校课程适应经济发展和建设需要的改革方向。这些政策制度的制定和实施,统一了新中国高等教育改革发展的步调。20世纪50年代的院系调整是有计划的、自上而下的,也是由集中统一的领导体制决定的。

二、促使教育面向工农大众

国民党统治时期由于经济落后,民生凋倒,而无论公立、私立学校的学费都较为昂贵,因此,这个时期的教育只为少数富有的阶层服务,广大的劳苦大众望尘莫及。这与新教育为工农服务的方针是相违背的。1950年6月9日,钱俊瑞在全国高等教育会议上说:"为了巩固和发展由工人阶级领导的、以工农联盟为基础的人民民主专政,为了胜利地进行新民主主义的建设,并保证新民主主义向社会主义的顺利发展,我们的高等学校必须为工农开门,以培养工农出身的知识分子。"[1]在这一方针的指引下,中央又提出创办工农速成中学。1950年12月政务院发布了《关于举办工农速成中学和工农干部文化补习学校的指示》,使高等教育向工农开门得以具体化地实施。创办的目的在于,用三到四年时间将工农干部、青年的文化水平提升至中学程度,再升入大学学习。截至1950年底,全国共设立了24所工农速成中学,招收了4 400名学生。[2]

江苏地区也不例外,例如苏南区为贯彻全国教育会议及苏南教代会的决议,于1950年上半年试办工农速成中学1所,于5月10日开学,容纳学生100人,由党政军工、农会各机关选调优秀的工农干部参加学习。举办机关干部业余学校,截至1950年上半年,陆续举办了12所,教师有171人,学员达到2 757人。[3]

高等教育向工农大众开门的方向性转折,遵循了当前教育为工农服务的方针,着力培养工农出身的新型知识分子,拓展了高等教育的生源面向,也是旧教育改造、高等教育改革的重要内容之一。

---

[1] 余立.中国高等教育史(下册)[M].上海:华东师范大学出版社,1994:18.
[2] 王红岩.20世纪50年代中国高等学校院系调整的历史考察[M].北京:高等教育出版社,2004:70.
[3] 1950年上半年苏南教育工作概况[A].江苏省档案馆,档案号:4013-002-0637.

三、确立以苏联为师的发展方向

鉴于中华人民共和国成立后的国际环境,以及国家自身的情况,新中国选择了以苏联为师的发展道路。国家领导人多次在不同场合发起向苏联学习的倡议,提出向苏联学习的必要性。这种学习覆盖了国家发展的方方面面,自然也包括高等教育在内。钱俊瑞在第一次全国教育工作总结报告中指出"以老解放区新教育经验为基础,吸收旧教育有用经验,借助苏联经验,建设新民主主义教育"[①],是在新中国成立后第一次教育界的正式会议上首提以苏联为师的教育改革发展方向。1950年第一次全国高等教育会议正式拉开了高等教育以苏联为师的序幕,会议上专门邀请了苏联专家做专题报告,讨论了苏联高等教育的发展经验,形成了以苏联为师的改革发展思路。《人民教育》上曾从苏联高等教育的发展和现状、高等学校的行政领导和教育实施、高等学校的学科研究工作和研究生的培养、高等教育的行政机构和领导方法四个方面对苏联高等教育的情况做了详细的介绍。[②]《人民教育》上也曾刊登有关苏联高等教育成就的相关报道。可见,教育类的主流媒体上也多是对于苏联高等教育经验的学习导向的介绍。

苏联的高等教育具有为工农大众服务的特点,其管理体制实行由中央政府部门和加盟共和国政府部门直接管理,专业按照管理部门的要求进行划分,高校则实行校、系、教研室三级管理。[③] 我国高等教育对于苏联的学习,在大规模的院系调整开始以后达到顶峰,从高等教育的领导方式到高等学校的结构类型,都成为学习的对象,可谓是全面移植苏联高等教育的经验。其间聘请苏联专家多达512人,人数较之前有了大幅的增加,专家的类型也从开始的教授俄文的专家居多转变为工科专家占多数,达到240人,占总人数的40%。[④] 20世纪50年代院系调整对于苏联的学习和借鉴主要表现在:确立集中统一的管理体制、明确为

---

① 中华人民共和国教育部办公厅. 教育文献法令汇编(1949—1952)[G].1958(6):8.
② 程今吾. 苏联高等教育情况介绍[J]. 人民教育,1951(2):24 - 28.
③ 王红岩. 20世纪50年代中国高等学校院系调整的历史考察[M]. 北京:高等教育出版社,2004:126 - 127.
④ 胡建华. 现代中国大学制度的原点:50年代初期的大学改革[M]. 南京:南京师范大学出版社,2001:73.

第二章　解放后接管时期的江苏高校

国家经济发展和工农大众服务的人才培养方向、建立大学—系—教研组的高校内部组织体系。其中,重点发展为培养生产建设某一方面的专门人才而设的专门学院,其"专才模式"成为此轮院系调整中学习、借鉴的重点。

四、加强对旧教育的思想改造

新中国接管了高等院校之后,师生群体呈现出思想状态不一,有些情况不容乐观。苏北区曾在新中国成立后对教师的思想进行过调查分析。新区的教师群体中存在怀疑人民力量的思想,在工作上表现出撞钟态度、雇佣观念。老区在调查中也反映出厌倦疲惫、乐守田园、自由散漫、漠视纪律等情况。[①] 因此,接管高校的同时,新中国也开展了一系列针对旧教育的初步的思想改造。1950年6月23日,毛泽东在一届政协二次会议上号召文教战线的知识分子运用批评与自我批评的方法开展一次自我教育和自我改造运动。这些初步的思想改造可视为知识分子思想改造的前奏。这一时期,针对旧教育的思想改造主要通过以下五种形式开展:

1. 召开教育工作者会议、师生座谈会等。1949年的5月至7月间,南京市和苏北、苏南区先后召开师生座谈会。"南京市市长刘伯承在会上要求大家加强学习,改造自己,与人民结合,为人民服务。苏南行署主任管文蔚在会上讲了当前形势与任务,批判了教育脱离政治、脱离实际的错误;副主任刘季平号召大家团结起来,有计划有步骤地改造旧教育,建设新教育。"1950年1月28日,南京市军管会文教处在南京大学礼堂召开了本市高等教育工作者会议,千余人参会,传达全国教育工作会议的精神和决议。[②] 此类会议的形式可以面对面地与被接管高校的师生交流新中国的高等教育发展,端正他们的思想,增强他们的信心,提升他们的积极性。

2. 举行教代会、学代会。苏北、苏南区第一届学生代表大会分别在扬州和无锡召开,成立苏北、苏南学生联合会,确定当前学生工作的主要任务是开展新民主主义学习运动。例如,苏南区于1950年2月召开第一届教育工作者代表大

---

① 苏北教育概况(1949)[A].江苏省档案馆,档案号:7011-001-0092.
② 江苏省教育志编纂委员会.教育大事记1949—1988[M].南京:江苏教育出版社,1989:2,6.

会,出席代表 474 人,会议以公私立学校的维持和改造问题作为中心内容。①

3. 举办政治思想教育研究会。南京市及苏南、苏北行署利用寒暑假时间,举办政治思想教育研究会,培养和提升政治教师的政治素质,以提高各个高校政治教育的质量和效果。苏南行署教育处利用寒假时间集中公私立中等以上学校政治课教师和助教,举行政治思想教育研究会,为期一个月,总结交流工作经验的同时,也制定今后学校政治教育的具体计划。② 南京和苏北区也举办了教师暑期讲习会或暑期教育研究会等,③提高政治教师对于政治思想教育工作的认识,加强教师队伍的品质和修养教育。

4. 开设政治理论类的课程。1950 年 2 月,根据教育部决定,南京市、苏南区和苏北区各高等学校废除国民党政府设立的"党义"和"公民"课程,开设"新民主主义论""社会发展史""政治经济学"等马列主义课程,④摈弃旧教育中的反动内容,学习新民主主义和社会主义理论。例如,私立东吴大学早在接管前就开始关注和着手准备此类思想政治教育课程。当时的校长杨永清曾写信给在美国哥伦比亚大学进修的毕业生张梦白,建议他多选读政治思想发展史、社会主义、共产主义发展史之类的相关课程,对于他回国后负责东吴大学政治系的课程会大有帮助。⑤ 政治理论类课程的开设,帮助接管高校的师生接受新民主主义和社会主义思想的教育和熏陶,从思想认知领域对新的政府、新的政权、新的教育管理体制和改革措施产生认同感。

5. 各校组织开展各种形式的政治理论学习和爱国主义教育。比如,1950 年 3 月,南京大学的师生集中用一个月的时间,系统地进行了思想政治教育。学校成立政治教学委员会,各院系成立政治教学小组。⑥ 私立东吴大学也成立了校内的政治学习委员会,用以加强对师生的政治思想教育。组织爱国主义教育学习的同时,还将爱国主义思想与专业学习结合起来,无形中强化了师生的国家意识和民族情结。

这一系列学习、改造的措施,是从思想根源出发,采用对知识分子群体的争

---

① 江苏省教育志编纂委员会. 教育大事记 1949—1988[M]. 南京:江苏教育出版社,1989:3,8.
② 1950 年上半年苏南教育工作概况[A]. 江苏省档案馆,档案号:4013 - 002 - 0637.
③ 同①:2.
④ 江苏省教育志编纂委员会. 教育大事记 1949—1988[M]. 南京:江苏教育出版社,1989:7.
⑤ 转引自:曹宇. 新中国对教会大学的接收与改造——以东吴大学为例[D]. 苏州:苏州大学,2016.
⑥ 陈乃林,周新国. 江苏教育史[M]. 南京:江苏人民出版社,2007:643.

取和团结的手段,稳定了过渡期知识分子中间的困惑、质疑等情绪,消除"亲美""崇美""恐美"等倾向,帮助他们尽快认清旧教育的本质,摈弃旧教育中的"糟粕"思想,与新教育的思想产生共鸣,真正认同新民主主义和社会主义的教育理念。

1949年接管时到1950年这一段时间可以视作是20世纪50年代院系调整的前奏和准备,这一时期国家明确了高等教育的方针和领导管理体制。江苏地区完成了对于原国民党统治的各级各类高校的接管和初步调整工作,也在这一阶段基本完成了对于旧教育的改造,实现了新旧教育的平稳过渡,在维持稳定的基础上,向新的高等教育发展方向迈进。并呈现出以下三种特征:

1. 以方针政策制定为基础

新中国成立后,第一次全国教育会议和高等教育会议的陆续召开,对于我国高等教育的发展具有里程碑式的意义。会议确定了高等教育的方针,通过了《关于高等教育领导关系的决定》《高等学校暂行规程》《专科学校暂行规程》《私立高等学校管理暂行办法》《关于实施高等学校课程改革的决定》等高等教育规程。随着政权的更迭,高等教育也面临着转型和改革,高等教育方针的酝酿、出台,明确了高等教育院系调整的根本性原则和方向。系列高等教育政策法规的出台则明晰了院系调整的规则,为院系调整的顺利进行提供了政策依据和保障。

2. 以维持高等教育稳定为前提

这个调整阶段处于中华人民共和国刚刚成立的时期,彼时政权还不稳固,经济也百废待兴。此外,受到封建思想、西方思潮以及共产主义思想的多重影响和冲击,国内民众的思想氛围也较为复杂,反映到高等教育领域也是如此。特别是知识分子群体中间不乏部分人不认可高等教育的方针和改革策略,也有些人因为对于教育前景的迷茫、恐惧而不支持建国初的高等教育改革,这种思想也会反映到其工作态度之上,反作用于高等教育的发展。因此,中华人民共和国成立初期的高等教育发展必须以稳定为前提,稳定知识分子的情绪和态度,稳定各高校正常的教学秩序,在稳定的基础上实现对于知识分子的争取与思想改造,通过对于各类高校的接管,在实现新旧教育的平稳过渡的基础上寻求高等教育的改革和发展。

3. 以逐步调整改造为方法

这一阶段的调整我们可以发现是"和风细雨"式的,在维持稳定的基础之上逐步进行的。例如,对私立高校的接管,首先是区分为国人自办和接受外国津贴的私立高校分别开展接管工作。而对于接受美国津贴的教会大学从1949年的"管而不接"到1951年真正意义上的接管,接管工作是逐步展开的。这一时期也根据高等教育的方针和相关规定对于江苏地区的高等院校进行了停办、合并、迁出和新建等部分初步调整。新中国的高等教育发展朝着既定方向稳步迈进。

第三章

20世纪50年代院系调整时期的江苏高校

　　1949年至1950年期间,新中国完成了对江苏高校的接管工作,厘清了江苏高等教育的基本情况,去除了旧教育中的一些"糟粕",实现了旧教育向新教育的平稳过渡,明确了高等教育发展的总方针和具体的各项规定,规范了新教育的发展路径,使高等教育的发展与国家发展的方向统一起来,使其更好地为工农大众、国家建设和社会主义发展服务,同时也为院系调整的正式开展做好准备。1951年起,20世纪50年代院系调整正式开启,进入了初步开展阶段,开始实施有重点、有计划的调整。

第一节　初步开展阶段(1951年)

　　经过接管和调整之后,江苏境内截至1950年底共有高等学校14所。南京市:南京大学、金陵大学、金陵女子文理学院、华东药学专科学校、淮河水利专科学校。苏北区:南通学院。苏南区:江苏医学院、工业专科学校、文化教育学院、蚕丝专科学校、江南大学、东吴大学、正则艺术专科学校和苏州美术专科学校。这些高校虽然经过初步改造和调整,但与接管前的格局变化不大,仍存在一些问题,需要进一步地进行调整。

　　1. 高等学校的结构类型和系科设置不能满足国家建设发展的需要

　　高等教育发展配合国家建设的首要任务就是服务于经济的恢复和建设。而工业和农业又是经济发展的两大支柱产业。调整前,江苏地区的14所高校中,综合大学4所,专门学院4所,专科学校6所。工业类的高校仅有2所:淮河水利专科学校和工业专科学校。农业类的高校仅有1所:蚕丝专科学校。南京大学的学院设置很全,有工学院和农学院。金陵大学和江南大学下设有农学院,南通学院设有农科和纺织科。以各高校中的工学具体系科的分布为例,南京大学的工学院设有土木工程、电机工程、机械工程、航空工程、水利工程、化学工程、建筑工程等系科,南通学院设有纺织系科,工业专科学校设有纺织、机械、土木、建筑系科,淮河水利专科学校设有水利相关的系科。① 总体来看,以纺织、机械、水利、建筑等系科为主,这与江苏当时的工业结构相关——以棉纺织业、缫丝业、面粉工业等作为工业支柱产业。而建国初期,国家经济建设所急需的采矿、冶金等系科在江苏地区似乎还属于空白,江苏高等教育短时间内无法适应国家大规模发展工业,特别是基础重工业和国防科技的需要。此外,公立文化教育学院是1950年为有针对性地培养和改造教育人员合并而成,江苏境内的师范类院校是相对较为缺乏的,无法满足国家对师范类系科的需求。

2. 系科设置偏重文、理,且系科重复率高

文、理等基础学科的设置很普遍,南京大学、金陵大学、东吴大学、江南大学四所综合类高校及金陵女子文理学院均设有文、理基础系科,重视基础学科的研究。总的来看,江苏地区的高校较为偏重文、法、财经等系科的设置。此外,各校系科设置的重复率也是比较高的,上述四所高校都设有中文系科。苏州美术专科学校和正则艺术专科学校都是以美术类系科为主的高校。南京大学、金陵大学、江南大学、南通学院都设有农艺系科。机电工程、化学工程等都属于重复率较高的系科。

3. 高校的人才产量无法满足实际建设发展需要

据统计,1950年下半年南京市各高校的学生人数总和为4685人,其中大学4204人,专门学院221人,专科学校260人。苏南区学生总人数为3794人,其中大学1328人,专门学院1085人,专科学校1381人。苏北区学生总人数为759人。② 大学和学院的学生人数远多于专科学校的人数。随着国家第一个五年计划的执行,仅工业、运输业和地质勘探等方面所需的技术人员保守估计就要

---

① 江苏省地方志编纂委员会. 江苏省志·教育志(上)[M]. 南京:江苏古籍出版社,2000:511-513.
② 华东区公私立专科以上学校学生数. 华东文教概况(1951)[A]. 江苏省档案馆,档案号:7014-003-0881.

第三章　20世纪50年代院系调整时期的江苏高校

达到30万人。整个江苏地区各高校在校学生的总量也就为8 638人,如果只计算毕业生人数的话,是远远无法满足国家经济建设对于人才的需求量的。

4. 高等学校分布格局不均衡

虽经过一系列微调,但苏北地区只有一所私立属性的南通学院,其系科也只涉及农、医、纺织三个方面。而苏南则有8所,南京高校的数量下降为5所,远多于整个苏北区的高校数量。江苏地区如此的高校分布格局,显然是极度失衡的。对于本就经济发展较为落后的苏北地区而言,高等教育的现状根本无法密切配合其经济发展的需要。

鉴于上述这些问题,高等院校、系科的改革和调整显得迫切而必要。1951年5月18日,马叙伦在政务院第85次政务会议上作了《关于1950年全国教育工作总结和1951年全国教育工作的方针和任务的报告》,报告中指出1951年全国高等教育的任务之一是"配合国家建设的需要,适当地、有步骤地从事和调整原有高等学校的院系。首先调整工学院各系,或增设新系,此项工作先从华北和华东作起,调整航空系;与政法委员会配合,举办政法干部训练班,整顿与加强各高等学校的政治、法律等系。以各大学现有的师范学校、教育学院、教育系和个别的文理学院为基础,加以调整,向着每一大行政区办一所师范学院,每一省或两三个省办一所师范专科学校的方向发展,分别培养初中高级中等学校师资"。[①] 1951年开始的初步调整实现了对接受美国津贴的教会大学的真正意义上的接管。华东军政委员会教育部在1951年初对私立高校进行了整顿,停办和降格了部分私立高校。7月开始在教育部的统一领导下,江苏地区开展了初步的院系调整工作,主要是停止办学条件差和不急切需要的系科,调整和充实工科院校,增加师范类高校。

1. 院校的调整

1951年,华东军政委员会教育部决定将私立金陵大学和私立金陵女子文理学院合并为金陵大学,改为公立,由人民政府接管。私立正则艺术专科学校改为中等技术学校,更名为丹阳艺术师范学校。私立南京工业专科学校以沪校为基础,调整合并为华东交通专科学校,定址上海。苏州工业专科学校更名为苏南工业专科学校。苏州美术专科学校的沪校也在本年度迁并回苏州。此外,还计划

[①] 中华人民共和国教育部办公厅. 教育文献法令汇编(1949—1952)[G]. 1958(6):18.

院系调整与江苏高校的发展

筹建两所高校。中央重工业部航空工业局决定在南京筹办南京航空工业专科学校,苏北区计划设立一所师范专科学校。[①] 淮河水利工程专科学校更名为华东水利专科学校。

2. 系科的调整

南京大学、金陵大学的农经系停止招生;东吴大学社会学并入复旦大学;苏南文教学院的语言教育系和电化教育专修科、江南大学的面粉专修科自行停止招生。南京大学新设师范专修科(地理组);苏南行署文教处委托苏南文化教育学院代办数理、文史、音乐、体育等师范专修班。[②]

表 3-1 初步调整后南京市、苏北、苏南高等学校分类统计表[③]

	数量	大学	专门学院	专科学校
南京	4	公立:南京大学 金陵大学		公立:华东药学专科学校 华东水利专科学校
苏北	1		私立:南通学院	
苏南	7	私立:东吴大学 江南大学	公立:江苏医学院 文化教育学院	公立:苏南工业专科学校 苏南蚕丝专科学校 私立:苏州美术专科学校
合计	12	公立2所,私立2所	公立2所,私立1所	公立4所,私立1所

经过这次调整之后,江苏地区的高等学校变为12所。南京市4所,全部改为公立院校,其中大学2所,专科学校2所。苏北区1所专门学院。苏南区共7所,公立4所,私立3所,大专2所,专门学院2所,专科学校3所。计划分别筹办航空工业专科学校和师范专科学校各1所。

经过接管和初步调整之后江苏地区的高等教育也凸显出不少问题。《1951年华东高等学校院系调整工作总结》中指出:"华东高等学校虽已经过接管时期和今年的两次较大规模的调整,但还存在许多工作不合乎国家建设需要的地方。

[①] 江苏省教育志编纂委员会.教育大事记 1949—1988[M].南京:江苏教育出版社,1989:17-22;江苏省教育志编委会.江苏高校变迁[M].内部参考:26;1951年华东高等学校院系调整工作总结[A].江苏省档案馆,档案号:7014-002-0892.

[②] 宋旭峰.地方高等教育发展轨迹——江苏高等教育结构演变实证研究[M].南京:南京师范大学出版社,2008:15-16.

[③] 1951年华东高等学校院系调整工作总结[A].江苏省档案馆,档案号:7014-002-0892.

第三章 20世纪50年代院系调整时期的江苏高校

譬如,目前的59所高等学校中尚有17所旧型综合大学或学院,这些学校由于院系庞杂,缺乏重点,既不利于领导,也难以适应为国家培养大批高级专门人才的要求,因此必须对这些学校进行进一步的调整和划分。其次,华东中等学校师资缺乏甚为严重,仅据不完全统计,目前至少缺乏两千名中学教师,其中最缺乏的是数理化师资。因此,必须进一步加强现有高等师范学校并增设一些新的高等师范学校。再次,专门培养某种高级专门人才的专门学院(如纺织工学院、航空学院、医学院、美术学院)太少,现有的工学院也还是包罗各种工程系科的综合性质。而为了密切配合国家建设要求,今后则需要增设各种各样的单一化的专门学院,例如建筑、机械、航空、水利、电讯、测量等。"[1]

1951年10月,国务院公布了《关于改革学制的决定》,规定了我国的高等教育分为大学、专门学院和专科学校。11月,教育部召开全国工学院院长会议。会议召开的目的是讨论全国工学院院系的调整方案,也由此开启了全国范围内大规模全面调整阶段。因此,这次会议的召开也可以看作是大规模院校改革调整的筹备,通过会议更加明晰了我国高等教育改革的重点和方向。

马叙伦部长在11月30日,政务院第一百一十三次政务会议上《关于全国工学院调整方案的报告》中指出,"目前全国共有工学院四十二所,大学设有工程系科的六所,工业专科学校十七所。这些学校共有四十二种系和四十四种专科与专修科。学生总共四万二千多人。这些院校存在着很多严重的缺点:在地区分布上很不合理;师资设备分散,使用极不经济;系科庞杂,教学不切实际,培养人才不够专精;学生数量更远不能适应国家当前工业建设的迫切需要。因此,高等工业学校的院系设置与分工,必须作有计划的适当的调整。"[2]高等学校工学院院长会议肯定了工学院必须单独办,把同一地区相同的科系合并成独立学院等观点。[3]《关于全国工学院调整方案的报告》在分析问题的同时,也明确了1952年全国工学院的调整重点。其中涉及江苏的部分为:1. 将南京大学的工学院划分出来和金陵大学的电机工程系、化学工程系及之江大学的建筑系合并成为独立的工学院。2. 将南京大学、浙江大学两个航空工程系合并于交通大学,成立航

---

[1] 1951年华东高等学校院系调整工作总结[A]. 江苏省档案馆,档案号:7014-002-0892.
[2] 关于全国工学院调整方案的报告. 中央华东苏北行署关于高教工作的指示(1952年1月至同年8月)[A]. 江苏省档案馆,档案号:7011-003-0450.
[3] 张宗麟. 改革高等工业教育的开端[J]. 人民教育,1952(1):9-12.

空工程学院。报告中还拟定了1952年全国高等学校招收50 000名新生的招生规模,其中工学院本科升级专修科学校学生共招29 500人,如不经调整,只能招收15 000人。1952年全国的高中毕业生只有36 000人,全部投考也无法满足招生计划,于是采取从在职干部或其他人员中抽调年轻的、具有相当文化水平的人员进行补充。全国工学院当时助教人数为1 300名,远不能满足逐年递增的学生人数,因此,提议1952年将大部分助教提升为讲师,教授工程类的基础课程,另外从毕业生中挑选留用1 500人作为助教,其中917名为工学院助教,其余为理学院及政治课助教。① 方案中还拟定了5 000亿元人民币的经费预算来保障调整的顺利开展。

1951年12月,《人民教育》上刊登了钱俊瑞题为《高等教育改革的关键》的文章,文章中提到,"新中国的高等教育担负着为国家培养大批能够全心全意为人民服务的高级建设人才的巨大任务。在今后的五六年内全国高等学校必须为祖国培养出工业、农业、交通运输、医药等方面的高级建设干部十五至二十万人。否则,我们的高等教育,就不能说是很好地为国家建设服务。"高等教育面临的最为迫切的工作就是包含院系调整的制度改革,"我们的高等学院应该适应国家建设的需要,按照中央人民政府政务院公布的《关于改革学制的决定》的规定,在政府的统一计划下,分别地就大学、专门学院和专科学校,加以调整和整顿"。② 1951年4月,华东区率先召开区内各公立高等学校工学院院系调整会议,决定对交通大学和复旦大学两大名校进行调整,为华东区院系调整的全面展开作出示范和表率。这些计划方案实则是进一步明确了我国高等教育改革的方向,为1952年开始的涉及全国3/4高校的大规模的调整做好了充分的准备。

1949年开始的对于高等教育的接管和改造,为大规模院系调整的全面展开做好了前期的准备和铺垫。相比较之前的"和风细雨"式的调整,1952年至1953年的调整可谓是"疾风骤雨"式的。提到中华人民共和国成立初期的院系调整,可能大多数人想到的都是1952年的调整,因为这次调整的力度之大、覆盖面之广、影响之深,可谓是我国高等教育发展史上浓墨重彩的一笔。

---

① 关于全国工学院调整方案的报告.中央华东苏北行署关于高教工作的指示(1952年1月至同年8月)[A].江苏省档案馆,档案号:7011-003-0450.
② 钱俊瑞.高等教育改革的关键[J].人民教育,1951(12):6-7.

第二节 全面展开阶段(1952—1953年)

一、调整方针和重点

1952年8月华东地区高等学校院系调整委员会成立,舒同任委员长,冯定、孟宪承任副委员长,其职责是负责制定华东区高等院校的调整方案和相关政策,协调师生的调配和图书、设备的搬迁等。随后,各省、市和各高校的调整委员会也相继成立。在中央的统一调度下,在华东地区院系调整委员会的领导下,中华人民共和国成立初期的院系调整正式全面展开。

中央人民政府教育部正式提出院系调整的方针,"以培养工业建设人才和师资为重点,发展专门学院,整顿和加强综合大学"[①]。1952年的调整主要从京、津、沪、杭、宁等大城市的高等学校开始。高等院校的调整方面,参照苏联的高等学校类型,主要发展和调整专门学院和综合大学,保留一些专科学校,特别是强化工业类的专门学院和师范类院校的发展,将所有私立高校改为公立。在系科、专业调整方面,对各类院校改组系科、设置专业,对相同、相近的系科进行整合,重点加强工业类系科、专业的调整、设置和发展。此外,专修科的设立和发展也伴随着院系调整展开,在1952年的全面调整阶段达到顶峰。全面的院系调整计划用两年时间,有计划、分步骤地完成,使高等教育能真正密切配合国家建设,为工农大众服务。从院系调整的指导方针当中,我们不难看出调整的重点主要聚焦于以下四点:

(一) 调整工科院校

国家经济建设的复苏和发展需要大量的工业建设人才,而中华人民共和国成立初期,工业类院校的数量以及培养的人才数量根本满足不了现实经济发展的需要。因此,对于工科院校的调整和增设成为当务之急。马叙伦在政务院第

---

① 高等教育部关于高等学校院系调整计划、改订高等学校领导关系和加强高等学校及中等技术学校学生生产实习工作的报告[A].江苏省档案馆,档案号:4013-002-0138.

85次政务会议上提出,"配合国家建设的需要,适当地、有步骤地充实和调整原有高等学校的院系。首先调整工学院各系,或增设新系,此项工作先从华北和华东作起,调整航空系"①。"工学院是这次院系调整的重点,以少办或不办多科性的工学院,多办专业性的工学院为原则。"②经过前期的调整之后,江苏地区的工科院校只有两所,分别是华东水利专科学校和苏南工业专科学校。南京大学和南通学院下设工科类院系,南京大学工学院系科设置相对较为全面,下设土木工程系、电机工程系、机械工程系、航空工程系、水利工程系、化学工程系、建筑工程系,南通学院下设只有纺织系科。这样的院系格局显然是无法支撑江苏地区工业经济的快速发展的。因此,主要针对多科性工业高等院校和工业类专门学院的调整,对现有的工科院校的调整、加强,以及以南京大学工科院系为基础的工科专门院校的调整、新建,就成为1952年开始的正式调整的重中之重。

(二)调整师范院校

加强工科院校建设的同时,培养工科人才的师资建设也自然成为重点。1951年的《全国工学院调整方案》中就曾提到当时工学院助教人数为1300名,远不能满足逐年递增的学生人数。③ 1951年师范教育的发展任务为,"以各大学现有的师范学校、教育学院、教育系和个别的文理学院为基础,加以调整,向着每一大行政区办一所师范学院,每一省或两三个省办一所师范专科学校的方向发展,分别培养初中高级中等学校师资"④。《一九五二年全国高等学校院系调整计划》中对高等师范院校提出了进一步的调整要求,"每一大行政区必须办好一所至三所师范学院,培养高中师资;各省可办专科,培养初中师资"⑤。"师范学院设系应严格遵照中等学校教学计划所需要的系科,纠正过去与大学同学科设系的倾向。"⑥江苏地区培养工科类师资的专门院校基本是缺失的。苏南文化教

---

① 中华人民共和国教育部办公厅.教育文献法令汇编(1949—1952)[Z].1958(6):18.
② 转引自:苏渭昌.五十年代的院系调整[J].高等教育学报,1989(4):9-19.
③ 关于全国工学院调整方案的报告.中央华东苏北行署关于高教工作的指示(1952年1月至同年8月)[A].江苏省档案馆,档案号:7011-003-0450.
④ 中华人民共和国教育部办公厅.教育文献法令汇编(1949—1952)[G].1958(6):18.
⑤ 转引自:王红岩.20世纪50年代中国高等学校院系调整的历史考察[M].北京:高等教育出版社,2004:193.
⑥ 转引自:苏渭昌.五十年代的院系调整[J].高等教育学报,1989(4):9-19.

育学院主要是培养文科类、农业类等教育人才。综合类大学中也只有南京大学下设师范学院，培养教育类、艺术类、体育类等师资。师范类高等院校的重组和新建成为全面院系调整阶段的又一重点。

(三) 发展专门学院

苏联高等学校中的专门学院，其任务是"培养生产建设某一方面的专门人才"。"比起技术学院来，更加专门化了。例如：建筑就专设建筑学院，冶金就专设冶金学院；其他如农业、交通、纺织、石油、矿业、语言、图书馆、医学等，都单独设立专门学院。院内再分成许多系，例如建筑学院则分为：工厂建筑系、城市交通系、公路建设系、民用建筑系等。这一类的高等学校，多设在工业发达、某些产业规模巨大的地区，培养某一方面的专门人才急需要办一所以至一所以上大规模的专门学院。这样力量更加集中，学习也更加专精。"①我国在院系调整阶段大力发展专门学院，按工、农、医、师范、财经、政法、艺术、语言、体育等学科分别设置，特别以工科学院为主。单科性的专门学院是师法苏联的行为，也契合了培养专门的工科人才的调整重点。全面调整前，江苏地区只有江苏医学院和苏南文教学院属于专门学院的性质，其他均为专科学校和综合性大学。工科类专门学院的建立和发展成为20世纪50年代院系调整中江苏高等教育最大的变化之一。

(四) 整顿综合大学

20世纪50年代院系调整以大行政区为单位，在大行政区范围内进行，"大学(指综合大学)为培养科学研究人才及培养师资的高等学校，全国各大行政区最少有1所，最多目前不得超过4所，大学行政组织取消院一级，以系为教学行政单位。"②1952年的全面调整按照苏联综合大学的任务要求进行调整。调整前，江苏地区的综合性大学有五所，分别是南京大学、金陵大学、东吴大学、江南大学和南通学院。因此，江苏地区对于综合大学的调整首先就是通过系科独立、合并、整合等方式将综合大学进行分解，从而削减其数量。院系调整以苏联为模

---

① 程今吾.苏联高等教育情况介绍[J].人民教育，1951(2)：24-28.
② 转引自：苏渭昌.五十年代的院系调整[J].高等教育学报，1989(4)：9-19.

板,综合大学的改造也是参照苏联。苏联的综合大学主要是培养自然科学、人文科学的科学研究干部和一部分中学教师。教授的内容以理论研究为主。① 而调整前江苏的综合大学中,例如南京大学就设有七个学院,系科庞杂。明确综合大学调整的任务,将其除文、理系科之外的系科进行迁出、调整,建设文理综合大学,是对综合大学进行调整的重要内容。

二、调整过程

20世纪50年代院系调整的全面展开阶段可分为1952年的全面调整阶段和1953年以专业调整为主的补充调整阶段。1952年全面调整阶段,江苏地区被划分为三个省级行政区,在中央和华东区军政委员会的领导和调配下,分别执行、开展院系调整工作。1953年1月,南京市、苏北行署区和苏南行署区正式合并,恢复了江苏省的建制。因此,1953年的补充调整阶段江苏地区作为一个整体统一开展调整工作。1955年开始,高等教育的工作中心变为提高教育质量,使高等教育布局与国防建设和经济建设相适应。② 中央提出"提高质量,重点发展,合理部署,统筹安排"③的文教工作方针。院系调整的局部调整阶段也自1955年正式拉开帷幕。

(一) 1952年全面调整阶段④

经过了1951年到1952年上半年的政策方针和调整计划重点的酝酿,1952年江苏地区院系的全面调整在8月到10月间在南京、苏北和苏南正式分阶段展开。例如,苏南地区调整过程分为两个阶段。准备阶段(8.20—9.19),苏南高等学校调整分会成立并开展工作。根据华东颁布的院系调整方案(草案)及关于人事、物资调配的各项规定及办法,订出具体工作计划,从下而上拟定调整方案。"各调整院校经过多次联系与协商以及分会派人到各校进行具体指导,自九月五

---

① 程今吾.苏联高等教育情况介绍[J].人民教育,1951(2):24-28.
② 高等教育部办公厅.高等教育文献法令汇编(第三辑)[G].1956:8.
③ 江苏省教育工作的回顾与今后规划意见(初稿)[A].江苏省档案馆,档案号:4013-002-0590.
④ 调整过程的资料参照:江苏省教育志编纂委员会.教育大事记1949—1988[M].南京:江苏教育出版社,1989:33-36.

第三章 20世纪50年代院系调整时期的江苏高校

日起各校陆续送来人事调整方案,物资调拨清册及师范学院人事配备名单,继即进行审查,经报准后先后分别成批宣布。"实施阶段(9.20—10.25),"关于物资调拨方案经审查协商后,于九月二十日分别通知各校执行,在办理交接时,分会派人或托人监交,随即分批起运。这一工作到十月十五日基本结束。"[①]

1. 南京市的院系调整过程

调整前,南京市全部都是公立院校,综合大学两所:南京大学、金陵大学。专科学校两所:华东药学专科学校和华东水利专科学校。调整后,综合大学一所,专门学院7所,专科学校一所。此外,还有一所单科性大学:中国人民解放军第五军医大学,是以南京大学医学院为基础建立而成。[②]

(1) 综合大学的调整

取消金陵大学,其文理学院并入南京大学,其他系科分别与相同、相近系科合并,并入其他专门学院。南京市保留一所综合大学:南京大学。以南京大学和金陵大学的文理学院为主体,将复旦大学外文系德文组、齐鲁大学天文系、中山大学天文系以及浙江大学部分系科并入该校(四川大学地学系于1953年并入),形成一所文理科综合大学。下设中文、西方语言文学、俄文、历史、数学、物理、化学、生物、心理、地质、地理、气象、天文等13个系,18个专业,并附设3个专修科。

(2) 专门学院的调整和建立

调整前,南京市没有一所专门学院,经过1952年的调整后,设有7所专门学院。其中,工科类的高校3所(单科性工业学院2所,多科性工业学院一所),农学院、师范学院、林学院、药学院各一所。

南京工学院:以南京大学工学院的电机、机械、土木工程、建筑、化工5个系为基础,农学院的农化系,金陵大学的电机、化工2个系,江南大学的机械、电机、食品工业3个系,武汉大学的园艺系农产品加工组和农化系的农产制造组,浙江大学的农化系,复旦大学的农化系并入其中(浙江大学、山东工学院的无线电通讯和广播专业,厦门大学工学院的机械、电机2系于1953年并入)。调整后成为一所多科性的工业高等院校。设有土木工程、建筑工程、机械工程、电力工程、电

[①] 苏南区高等学校院系调整工作总结(未定稿)[A].江苏省档案馆,档案号:4013-002-0637.
[②] 宋旭峰.地方高等教育发展轨迹——江苏高等教育结构演变实证研究[M].南京:南京师范大学出版社,2008:19.

信工程、化学工程、食品工业等7个系,23个本、专科专业。

华东水利学院:由南京大学、交通大学的水利系,同济大学、浙江大学、厦门大学、武汉大学、山东农学院、华东水利专科学校、淮河水利学校的有关系、科(组)合并建立。下设河川结构及水电站的水利技术建筑工程、水道及港口的水利技术建筑工程、中小型水电站建筑、水利土壤改良4个系,以及水土结构、水力发电土木、水利土壤改良、陆地水文4个专修科。

华东航空学院:由南京大学、交通大学、浙江大学的航空系合并而成。设有飞机、发动机两个系。

华东林学院:由南京大学森林系和金陵大学森林系合并成立,同年9月,改名为南京林学院。

南京农学院:以南京大学农学院和金陵大学农学院为基础,浙江大学农学院的畜牧兽医系和农业化学系的土壤组并入其中建立而成。设有畜牧兽医、农学、植保、土壤农化、农业机械化、农业经济6个系。

华东药学院:由华东药学专科学校、齐鲁大学药学系和东吴大学药学专修科合并建立(1956年更名为南京药学院),设有药剂学系、药物化学系、分析鉴定系、生药学系和药学专修科。

南京师范学院:以南京大学师范学院为主体,与金陵大学部分系科、私立上海震旦大学托儿专修科、私立广州岭南大学社会福利系儿童福利组等系科合并而成。下设中国语文系、数学系、理化系、教育系、幼儿教育系、音乐系、美术系及生物科、地理科。附设工农速成中学一所,幼儿师范学校一所,幼儿园3所。[①]

(3) 专科学校的调整

原华东药学专科学校和华东水利专科学校,分别并入华东药学院和华东水利学院。新成立一所专科学校:南京航空工业专科学校(1956年更名为南京航空学院)。学校于1952年10月成立,是一所以南京511厂为依托建立的技术专科学校,归属重工业部航空工业局领导。

2. 苏南区的院系调整过程

苏南高等学院在调整前有苏南文化教育学院、东吴大学、江南大学、苏州美

---

① 建国初期全国高等学校院系调整文献选载(一九五一年——一九五三年)[J]. 党的文献,2002(6):59-71.

术专科学校、苏南工业专科学校、苏南蚕丝专科学校、江苏医学院7所高校。其中公立4所,私立3所;综合大学2所,专科学校3所,专门学院2所。1952年的调整中,除苏南工专、苏南蚕专和江苏医学院因较为专业尚未进行调整外,其余院校均进行了全面的调整。① 调整后,苏南区只有公立院校,没有综合大学,专门学院和专科学校的数量不变,高校总数变为5所。

(1) 综合大学的调整

原私立东吴大学和江南大学被撤销,其院系被撤并。至此,苏南区没有综合大学。

(2) 专门学院的调整

苏南区原有专门学院两所,调整之后仍为两所。江苏医学院在调整中维持原状,苏南文教学院与其他院校合并,成立苏南师范学院。

苏南师范学院:以苏南文化教育学院为主体,东吴大学的中国语文系、物理系、化学系和江南大学的数理系并入其中建立而成。设有教育、中文、数学、物理、化学、生物、艺术等7个系,教育、中文、数学、理化、生物、俄文、历史、地理、音乐、美术等10个专修科。同年12月,改名为江苏师范学院。

江苏医学院:维持原状,设有内科学、公共卫生学、眼科、外科、小儿科等5个系,及公共卫生、小儿科、外科3个专修科。

(3) 专科学校的调整

苏南区原有专科学校3所,调整后仍为3所,其中两所维持原状。

苏南工业专科学校:维持原状,设纺织、机械、土木、建筑4个专修科。

苏南蚕丝专科学校:维持原状,设蚕丝、制丝两个专修科。

华东艺术专科学校:由上海美术专科学校、苏州美术专科学校和山东大学艺术系合并建成,设有音乐、美术两个专修科。

3. 苏北区的院系调整过程

苏北区的高等学校原只有私立南通学院一所,属于综合大学,调整后变为专门学院两所,专科学校一所,且都附设了一所工农速成中学,南通学院被撤并。

苏北农学院:由南通学院农科、江南大学农艺系和苏南文教学院农教系合并

---

① 苏南区高等学校院系调整工作总结(未定稿)[A].江苏省档案馆,档案号:4013-002-0637.

而成。设有农学、畜牧兽医两个系。

苏北医学院：由南通学院的医科扩建而成，属卫生部领导。

苏北师范专科学校：经教育部批准，在扬州成立该校，学制为2年。集中了苏北行署文教处委托扬州中学代办的数理专修科、私立通州师范学校代办的文史专修科、丹阳艺术师范学校代办的艺术专修科，以及苏北师资训练学校代办的教育专修科。设有教育、艺术、史地、中文、数理、数学、理化7个专科。

4. 调整到外省的系科

南京大学法学院的政治系、法律系调整到华东政法学院，经济系调整到复旦大学，哲学系调整到北京大学；东吴大学的经济系、工业管理系调整到上海财经学院，法学院（沪校）并入华东政法学院，化工系调整到华东化工学院；南通学院的纺织科并入华东纺织学院；江南大学的化工系调整到华东化工学院；苏州美术专科学校的动画科调整到上海艺术专科学校；金陵大学的电影播音专修科和苏南文教学院的电化教育专修科调整到北京电影学院。

教育部对于1952年的全面院系调整做了这样的总结："至一九五二年年底止，全国高等学校已有四分之三进行了院系调整和建设专业的工作。其中以华北、东北、华东等三区调整得较为彻底……经过一九五二年的调整后，私立高等学校已全部改为公立，各院校的性质和任务均较前明确，打下了发展专门学院、巩固和加强综合大学的基础，特别是加强和发展了高等工业学校，新设了钢铁、地质、矿冶、水利等十二个工业专门学院，基本上符合了国家建设的需要。……"全国的高等院校"大多数已按照苏联经验改组了系科，设置了专业，而多数工科及一部分理科的专业，已基本上走上适应国家需要的途径"。[①] 江苏地区经过调整之后，共有高校18所，高校类型与苏联基本趋于一致，以专门学院和综合大学为主。所有的高校全部变为公立高校。其中，新建高校多达14所，综合大学一所，专门院校12所，专科学校5所，工科院校5所，农林类院校4所，师范类院校3所。经过1952年的全面调整之后，江苏地区的现代高等教育格局基本形成，进入"整顿巩固、重点发展、提高质量、稳步前进"的高等教育改革发展时期。

---

① 高等教育部关于高等学校院系调整计划、改订高等学校领导关系和加强高等学校及中等技术学校学生生产实习工作的报告[A].江苏省档案馆，档案号：4013-002-0138.

第三章　20世纪50年代院系调整时期的江苏高校

表3-2　1952年下半年江苏境内高等学校统计表①

领导机关	校名	校址	负责人	院系名称	学生数	教员数	职员数	工友数
			总计　16校		12 203	1 617	1 107	1 702
			小计　8校		7 443	927	500	802
大行政区领导	南京大学	南京天津路	潘菽	13系：中国语文系、历史、西方语文（英、德、法）、俄语系、数学、物理、化学、生物、心理、地质、地理、气象、天文。	1 772	254	119	145
	南京工学院	南京四牌楼	汪海粟	7系：土木、机械、电讯、电力、化工、建筑、食品工业。	1 948	265	131	283
	南京农学院	南京丁家桥	金善宝	5系：农学系、植物保护系、农业机械、土壤、畜牧兽医（二年）。	722	145	55	198
	南京林学院	南京丁家桥	郑万钧	3专业：林业经营、造林专业、森林工程专业。	236	20	8	26
	华东航空学院	南京四牌楼		2系：飞机系、发动机系。	453	51	45	14
	华东水利学院	南京四牌楼		4系：水力发电、水土结构、水文、土壤改良（专科二年）。	1 022	61	43	30
	华东药学院	南京丁家桥		4系：药剂学系、生药学系、分析鉴定系、药物化学系（药学专修科二年）附药剂学校二年。	896	62	53	57
	华东艺术专科学校	江苏无锡市		2科：音乐科、美术科。	394	69	46	49

① 本省教育事业概况（一九五二年十二月十一日至一九五三年五月）[A].江苏省档案馆,档案号:012-001-0002.档案资料中南京航空工业专科学校、中国人民解放军第五军医大学未列入内。

(续表)

领导机关	校名	校址	负责人	院系名称	学生数	教员数	职员数	工友数
				小计 8校	4 760	690	607	900
委托省领导	南京师范学院	南京宁海路	陈鹤琴	6系3专修科：教育、幼教、美术、音乐、中文、理化（史地科、数学科、生物科）。	638	106	49	60
	苏南师范学院	苏州市天赐庄	吴天石	8系：教育、中国语文、物理、化学、数学、生物、艺术（音乐、美术）。10专科，专修科：教育、语文、地理、历史、俄语、理化、数学、生物、音乐、美术。	974	115	74	85
	苏北医学院	苏北南通市	顾尔镛	医本科、医专科。	307	81	49	79
	苏北农学院	苏北扬州市	冯焕文	2系1专修科：农学系、畜牧兽医、畜牧兽医专修科。	323	85	125	134
	江苏医学院	镇江解放路医政路	邵象伊	5系：内科学、公共卫生学、眼科、外科、小儿科。3专修科：公共卫生、小儿科、外科。	610	111	153	103
	苏南工业专科学校	苏州三元坊	邓邦逖	4科：纺织科、机械科、土木科、建筑科。	1 350	113	61	99
	苏南蚕丝专科学校	沪宁线浒墅关	郑辟疆	2科：养蚕科、制丝科。	76	34	57	292
	苏北师范专科学校	扬州市	孙蔚民	7科：艺术、数理、教育、中国语文、史地、数学、理化。	482	45	39	48

(二) 1953 年补充调整阶段

鉴于 1953 年是"一五"计划的开局之年,启动了大规模、有计划的经济建设,且时值中央高等教育部成立不久,"为使高等学校院系分布进一步趋于合理,人力物力的使用更为集中,各类专门人才的培养目标更为明确,拟于一九五三年继续开展院系调整工作。调整的原则,仍着重改组旧的庞杂的大学,加强和增设工业高等学校并适当地增设高等师范学校;对政法、财经各院系采取适当集中、大力整顿及加强培养与改造师资的办法,为今后发展准备条件。今年院系调整工作以中南区为重点。华北、东北、华东三区因去年已基本上完成了院系调整工作,今年主要是进行专业的调整"①。1953 年的调整对于江苏省而言,是继 1952 年大规模的全面调整后的补充,主要针对的是专业的调整。专业设置上还存在例如未能结合专业设置考虑院系调整工作,而是在调整之后再根据条件拟定专业设置;性质相近或相同的专业设置过于分散,华东区 5 所高等工科院校都有电信方面的专业;专业缺乏设置的基础条件;专修科的设置比较泛滥等等问题。②

涉及江苏的调整有:1. 厦门大学工学院的电信及火力发电部分并入南京工学院;水利部分并入华东水利学院。2. 山东农学院农田水利系并入华东水利学院。3. 华东交通专科学校校名取消,师生分别转入浙江大学、南京工学院、北京铁道学院、苏南工业专科学校、华东纺织工学院、山东工学院及青岛工学院等院校。4. 苏南蚕丝专科学校改为中等技术学校,校名取消,其专科部分并入浙江农学院。5. 中南卫生专科学校改为卫生干部学校,校名取消,原有专修科各科学生分别转入中南同济医学院、华东药学院等校。6. 四川大学地理学系并入南京大学。③

高等教育部《关于一九五三年高等学校院系调整工作的总结报告》中总结了 1953 年调整的成绩,"一、基本取消了原有系科庞杂、不能适应培养国家建设干部需要的旧制大学,改组成为培养目标明确的新制大学。二、为国家建设所迫切需要的系科或专业,予以分别集中或独立,建立了新的专门学院,使其在师资、设

---

① 高等教育部关于高等学校院系调整计划、改订高等学校领导关系和加强高等学校及中等技术学校学生生产实习工作的报告[A]. 江苏省档案馆,档案号:4013 - 002 - 0138.
② 胡建华. 现代中国大学制度的原点:50 年代初期的大学改革[M]. 南京:南京师范大学出版社,2001:73.
③ 中央人民政府高等教育部关于一九五三年全国高等学校院系调整的计划[A]. 江苏省档案馆,档案号:4013 - 002 - 0138.

备上更多发挥潜力,在培养干部质量上更能符合国家建设的需要。三、将原来设置过多或过散的摊子,予以适当集中,以便进行整顿。四、原来学校条件太差,而一时又难予加强,不宜单独继续办下去的……予以撤销或归并,以利于整顿和发展。吸取了一九五二年的经验教训,一九五三年的院系专业调整工作,进行得较有步骤,准备较早,时间较从容,思想酝酿较成熟,故工作较前一年更顺利,人员物资的调配也比较有条理。"①但也存在对于条件的估计和准备仍然不足,具体行动延迟,调整方案不够周密,少数教师的调配不够适当等问题。1953年的调整中,涉及江苏的调整较少,主要是其他大行政区院系、专业调整中涉及系科、专业的迁入、合并,以及师生的接收。苏南蚕丝专科学校改为中等技术学校则是效仿苏联中等技术学校,符合减少高等专科院校的调整初衷。至此,江苏的全面院系调整告一段落。

第三节 局部调整阶段(1955—1957年)

一、调整初衷

1955年中央在修订国民经济第一个五年计划时发出指示,"高等教育建设必须符合社会主义建设及国防建设的要求,必须和国民经济的发展计划相配合;学校的设置分布应避免过分集中,学校的发展规模,一般不宜过大;高等工业学校应逐步地和工业基地相结合。"②这个时期全国的高等学校虽然经过了全面的大调整,但区域分布不均衡的现象还是比较突出,高校多集中于沿海的大、中城市。据1955年统计,北京、天津、南京、上海、苏州、杭州等17个沿海或接近沿海的城市共有高校97所,占全国高校总数的51%;学生159 920人,占全国在校生总数的61.9%;正副教授4 723人,占全国同级教师总数的61%。1949年至1954年,全国共新建高校校舍424万平方米,上述城市高校共占260万平方米,占61.5%。同一时期,全国高校共补充教学设备经费1.5亿元,上述城市高校占

---

① 中央人民政府高等教育办公厅编. 高等教育文献法令汇编(第一辑)[G]. 1954:61.
② 高等教育部办公厅. 高等教育文献法令汇编(第三辑)[G]. 1956:39.

第三章 20世纪50年代院系调整时期的江苏高校

1亿元。① 此外,原计划的高校规模过大。原定扩建143所高校,其中发展规模2 500人—5 000人的57所,5 000人—7 000人的31所,10 000人以上的13所,而这些规模较大的高校只是集中于17个城市之中。②

根据指示精神,高等教育部制订出1955—1957年高等工业学校院系、专业调整,新建学校及迁校方案。其初衷很明显,就是为了改变高校分布的不合理,控制学校的发展规模,使高校与内地建设发展结合起来,特别是加强工业院校与工业基地的紧密度。1955年,院系调整的战略性转移阶段正式展开,江苏作为"全国一盘棋"上的一隅,也随之开始了一系列的调整。此次调整的指导思想是:"贯彻精简节约的方针,既要逐步加强内地学校,又要注意充分发挥沿海和接近沿海城市学校现有校舍、教学设备等各方面的潜力。在调整的步骤上既要克服安于现状的保守思想,又要防止急躁冒进的偏向。"③

二、调整过程

根据高等教育部针对调整计划所提出的原则意见,上海、杭州、福州、厦门、广州、青岛、大连等七个沿海城市现有的高等学校,除造船、海运和水产等高校因学校性质必须设于沿海城市之外,其他的学校一般不再扩建。南京、镇江、扬州、合肥、苏州、北京、天津、唐山、沈阳等9个接近沿海的城市的现有高校应缩小原计划的最大发展规模,提升教育质量,支援内地新建或扩建高校。④ 沿海地区原有的高校应充分发挥潜力,以"提高教学质量、为新校培养师资和干部、总结交流经验"⑤为中心任务。江苏省的南京、镇江、扬州、苏州在9个接近沿海的城市之列。在院系调整的局部调整阶段,江苏省的调整主要体现为通过迁出的方式来支援内地的高校建设。专业方面,采取重点专业继续发展,一般专业适当压缩,着重提高质量的方针。⑥

在局部调整阶段开始之前,江苏境内的高校已经有部分内迁。中国人民解

---

① 转引自:苏渭昌.五十年代的院系调整[J].高等教育学报,1989(4):9-19.
② 郝维谦,龙正中,张晋峰.中华人民共和国高等教育史[M].北京:新世界出版社,2011:95.
③ 同②:96.
④ 苏渭昌.五十年代的院系调整[J].高等教育学报,1989(4):9-19.
⑤ 中华人民共和国高等教育部1956年工作计划要点[A].江苏省档案馆,档案号:4013-002-0425.
⑥ 关于编制1957年度高等教育计划(草案)的通知[A].江苏省档案馆,档案号:4013-008-0055.

院系调整与江苏高校的发展

放军第五军医大学于1954年迁至西安,与第四军医大学合并,在留下的部分师资和设备的基础上与解放军三所医学专科学校合并,组成中国人民解放军第六军医学校。[①]

调整开始之后,江苏省的高等学校、系科专业主要进行了以下的调整:[②]

1. 华东航空学院于1956年迁至西安,成为西部大开发的先行者,1957年与原西北工学院合并组建西北工业大学。

2. 苏南工业专科学校于1956年迁至西安,并入西安交通大学。1954年时,为适应国家建设的需要高等教育部曾决定将苏南工业专科学校在原有的基础上发展成为设置机械、土木两类专业的多科性工学院,并计划于1956年暑假开始招收四年制本科学生。[③] 为配合1955年开始的院系调整,苏州工业专科学校也放弃原定计划,内迁支援西部发展。在其原址上筹建苏州航空工业专科学校。苏州航空工业专科学校于1956年并入南京航空学院。

3. 华东水利学院的水利土壤改良专业于1955年与武汉水利学院的水道及港口水工专业对调。

4. 苏北医学院于1956年改名为南通医学院,1957年8月迁往苏州,改名为苏州医学院。1957年12月,江苏省人民委员会决定,以南通医学院留在南通的师资、设备和附属医院为基础成立苏州医学院南通分部。

5. 1955年,南京师范学院的数学、物理和数学专修科调整到江苏师范学院,江苏师范学院的中文、生物科系调整到南京师范学院。

6. 根据高等教育部、教育部和林业部通知,华中农学院林业系于1955年合并到南京林学院。

7. 苏北师范专科学校,于1956年在高邮设立分部,招收中文、史地、数学3个班,1000名新生,学制一年,培养初中教师。

8. 南京工学院的无线电工程系于1955年西迁成都,与交通大学、华南工学院相关系科共同组建成都电讯工程学院。1956年江苏省委决定将其化学工程

---

① 宋旭峰. 地方高等教育发展轨迹——江苏高等教育结构演变实证研究[M]. 南京:南京师范大学出版社,2008:19.
② 江苏省教育志编纂委员会. 教育大事记 1949—1988[M]. 南京:江苏教育出版社,1989:35,61-79.
③ 对你校发展方向、专业设置、发展规模及师资设备、基建等有关问题的批复[A]. 江苏省档案馆,档案号:4013-002-0252.

第三章　20世纪50年代院系调整时期的江苏高校

系独立出来筹建南京化工学院。

9. 江苏医学院于1957年由镇江迁至南京,改名南京医学院。

10. 1956年,华东药学院更名为南京药学院;南京航空工业专科学校改名为南京航空学院。

从调整的内容中我们可以发现,江苏院系调整的局部调整阶段具有以下两方面的特点:

一是以内迁为主。由于江苏省的某些城市处于接近沿海地区,所以这一阶段江苏省高校的调整幅度没有同属华东区的上海来得那么明显。但华东航空学院、苏南工业专科学校和南京工学院的无线电工程系的内迁,符合了支援内地高校建设的调整初衷。华东航空学院的内迁,也由于江苏还有一所学科性质相同的南京航空学院,为避免同一地区学科设置的重复。经过这次的局部调整之后,内地的高校数量由1951年的87所,增加至115所。西安作为新兴的工业基地,高校的数量由1951年的8所,猛增至22所,[1]其中也包含了江苏省对其高等教育的支援。

二是注重重点专业的整合、发展。除了对于内地高等教育事业的援助之外,江苏省在这一阶段的调整中还重视系科、专业的整合,以及对工科类、师范类院校和专业的强化。南京作为接近沿海的城市,按指示精神,学校一般不予扩建,但南京化工学院的筹建,则契合了重点专业继续发展的精神。南京师范学院、江苏师范学院和苏北师范专科学校的调整举措,也是为了提升师资培育能力,从而更好地为本地及内地的工业人才培养工作服务。

截至1957年年底,历经几阶段的调整之后,江苏共有高等学校15所(筹建状态的南京化工学院也列入内),性质全部是公立高校,分别为:南京大学、南京工学院、南京农学院、南京林学院、华东水利学院、华东药学院、南京师范学院、南京医学院、南京航空学院、苏南师范学院、苏州医学院、苏北农学院、华东艺术专科学校、苏北师范专科学校、南京化工学院(筹建)。其中,综合大学一所,工业院校4所,师范院校3所,农林院校3所,医药院校3所,艺术院校一所。

历经了20世纪50年代院系调整,虽说江苏高等学校的总数缩水不少,但专业门类变得更为齐全,高校的地域布局也进一步得到优化,高等教育与社会发展

---

[1] 郝维谦,龙正中,张晋峰. 中华人民共和国高等教育史[M]. 北京:新世界出版社,2011:97.

和经济建设的联系更加紧密起来。中华人民共和国成立前江苏的高等教育系科、专业门类不全,且分布散乱,高等学校的布局、区域高等教育的实力也呈现不均衡的状态。调整后,重复、分散的院校、专业得以整合,师资、图书、设备等资源得以相对集中利用,工科、师范、农林、医药等专门院校得到了显著发展,调整中也关照了相对落后的苏北地区高等教育发展实力的提升。

第四章

20世纪90年代院系调整时期的江苏高校

《中共中央关于教育体制改革的决定》于1985年颁布,拉开了探索高等教育体制改革的序幕。1992年11月,原国家教委在北京召开了第四次高等教育工作会议。会上认真学习了邓小平南方谈话和党的十四大精神,也在高等教育改革发展方面取得了共识:"体制改革是关键,教学改革是核心,更新教育观念是先导,发展规模、提高质量和效益是目的。"①

1993年1月,《国家教委关于加快改革和积极发展普通高等教育的意见》中指出了当时高等教育改革发展的主要任务为:"坚持社会主义办学方向,改革高等教育办学和管理体制,转变政府管理部门职能,扩大学校办学自主权,改革学校内部管理体制和运行机制,深化教育和教学改革,探索高等教育发展的新路子。"并计划通过改革达到"规模有较大发展,结构更加合理,质量上一个台阶,效益有明显提高,到本世纪末,初步建立起有中国特色的社会主义高等教育体系"②的目的。

1993年2月8日,国家教委、国务院学位委员会将1992年底召开的全国普通高等教育工作会议上通过的《关于中央部门所属普通高等学校深化领导管理体制和改革的若干意见》《关于普通高等学校招生和毕业生就业制度改革的意见》《关于普通高等学校内部管理体制改革的意见》等六个子文件予以发布。13日,中共中央、国务院印发了《中国教育发展和改革纲要》,这是进入20世纪90

---

① 郝维谦,龙正中,张晋峰.中华人民共和国高等教育史[M].北京:新世界出版社,2011:506.
② 何东昌.中华人民共和国重要教育文献(1991—1997)[M].海口:海南出版社,1998:3450-3453.

年代后党和国家出台的指导教育改革发展的重要的纲领性政策文件,是在当时国家经济体制、科技体制、教育体制改革全面推进的背景之下产生的。"在20世纪90年代,随着经济体制、政治体制和科技体制改革的深化,教育体制改革要采取综合配套、分步推进的方针,加快步伐,改革包得过多、统得过死的体制,初步建立起与社会主义市场经济体制和政治体制、科技体制改革相适应的教育新体制。只有这样,才能增强主动适应经济和社会发展的活力,走出教育发展的新路子,为建立具有中国特色的社会主义教育体系奠定基础。"[1]

针对高等教育体制改革,《纲要》指出,改革办学体制,高等教育要逐步形成以中央、省(自治区、直辖市)两级政府为主,社会各界参与办学的新格局;要深化高等教育体制改革,"主要是解决政府与高等学校、中央与地方、国家教委与中央各业务部门之间的关系,逐步建立政府宏观管理、学校面向社会自主办学的体制。"[2]同时,改革高校的招生制度、就业制度和财政拨款机制等。为贯彻落实《纲要》精神,1994年6月,中共中央、国务院召开全国教育工作会议,有力推动了我国高等教育的改革和发展。从1993年开始,在《纲要》的指引下,遵循着"共建、调整、合作、合并"的基本思路,"我国对高等教育进行了重大的体制改革和结构调整,一定程度上可以说是又一次高校院系大调整。"[3]

第一节 20世纪90年代院系调整的特征差异

20世纪90年代的院系调整也是特定时代的特定产物。原国家教委主任朱开轩曾在《对当前若干教育热点问题的认识》一文中写道,我国原有的高等教育体制与建国初期的计划经济体制相适应,在当时的历史条件下,对促进当年社会经济发展起到了重要作用,若延续则不适应于现行的社会主义市场经济体制;建国初期高等教育基础比较薄弱的情况下调整形成了一批适应当时经济建设要求的单科性院校,但经过40年发展,学科单薄、专业狭窄将不利于人才培养和学术发展;管理体制上部门与地方"条块分割",造成了重复设置、大而全、小而全、规

---

[1] 何东昌. 中华人民共和国重要教育文献(1991—1997)[M]. 海口:海南出版社,1998:3467-3473.
[2] 同[1].
[3] 李岚清. 李岚清教育访谈录[M]. 北京:人民教育出版社,2003:80.

模效益低、教育质量不高等问题和粗放型的教育发展模式,只有通过调整布局结构,改革管理体制,才能适应现代化发展和高等教育内涵发展的需要。[①] 20 世纪 50 年代第一轮院系调整,奠定了我国高等教育的发展格局,也在一段时间内促进了高等教育的发展,促进了社会经济建设。随着时代的发展,20 世纪 50 年代院系调整完成了自身的历史使命,为适应社会主义市场经济体制和高等教育的发展需要,新一轮高等教育领域的改革调整应运而生。

一、特征与差异

20 世纪 90 年代的又一轮院系调整,发生在第一轮调整的 40 年以后。20 世纪 50 年代调整时大力发展的专门学院和对于综合性大学的改造等改革举措,随着时间推移逐步暴露出不适应社会发展形势和需要的情况。因此,20 世纪 90 年代院系调整针对前一轮调整后逐步暴露出的问题进行了改革调整,也采取了一系列符合社会、经济和高等教育发展需要的改革举措。与第一轮调整一样,20 世纪 90 年代的院系调整也具有鲜明的时代烙印,表现出特征差异。

(一) 以适应和服务社会主义市场经济发展为调整目标

20 世纪 50 年代的院系调整是建立在社会主义计划经济体制基础之上,通过建设多科性工学院、发展专门学院、整顿加强综合性大学、重点培养工业建设人才和师资等改革调整举措,来适应社会主义计划经济的发展,培养各行各业急需人才,服务社会建设发展需要。20 世纪 90 年代院系调整则是以社会主义市场经济体制作为社会基础,也以适应与服务社会主义市场经济发展需要作为改革的社会目标。

1992 年邓小平同志在南方谈话时提出要建立社会主义市场经济体制,是一次理论创新和实践创举。20 世纪 90 年代初期,我国高校自成体系、封闭僵化、与社会发展脱节的问题逐渐暴露,与社会主义市场经济的发展显得格格不入。《全国教育事业 10 年规划和"八五"计划要点》中明确了我国 90 年代教育工作的基本方针之一为"坚定不移地把教育放在优先发展的战略地位,使教育同经济协

[①] 朱开轩. 对当前若干教育热点问题的认识[J]. 课程·教材·教法,1997(8):2-5.

调发展并适当超前",并指出"八五"期间我国高等教育的重点任务是抓好普通院校的调整,优化高等教育布局和专业结构,使教学质量和办学效益得到提高。[1] 因此,90年代院系调整是当时社会发展的一种必然选择。通过共建、划转、合并、调整等方式,"改革原有的由国家包办高等教育的单一体制和模式,探索适应社会主义市场经济体制、调动社会办学积极性、多种形式和途径发展高等教育的路子"[2],逐步建立中央和地方共同管理、以地方管理为主的新型高等教育管理体制,达到提升高校面向社会自主办学的主动性,增强高校为地方经济社会发展服务的能力。

两轮院系调整的社会目标是不一样的,第一轮以服务社会主义计划经济体制发展为目标,而第二轮则是立足服务社会主义市场经济的改革与发展。两轮院系调整都是社会发展不同阶段的历史选择,也是必然选择。虽然随着社会发展,高等教育改革的相关举措渐渐会暴露出一些问题,但在当时特定的社会发展背景之下,两轮院系调整均是符合和满足社会发展需要的,也都完成了各自不同的社会使命与历史使命,对不同年代社会经济的建设发展和高等教育的探索改革具有重大的历史与现实意义,也对当下我国高等教育的发展格局和方向具有决定性的意义和深远的影响。

(二) 以综合化的专业结构为调整重点

20世纪50年代的院系调整中主要将综合大学所属工科各院系合并为多科性工学院,新成立航空、钢铁、矿业、地质、石油、化工、林业等专门学院。经过调整,我国专门学院的数量急剧增加,综合性大学的院系被拆分,成为只保留文理基础学科的综合高校。此轮院系调整为建国初期我国各行各业输送了大量专门人才。但随着时间推移,人才培养口径窄、适应力弱等问题日益显现,逐渐无法满足社会主义市场经济体制下对于人才综合素质和职业流动的需求,也无法适应学科综合、交叉发展的趋势。同时,高校小而全的格局也影响了办学效益,造成了高等教育资源的浪费。

20世纪50年代院系调整的重点是高校的专业化,从专门学校、专业细化到

---

[1] 何东昌.中华人民共和国重要教育文献(1991—1997)[M].海口:海南出版社,1998:3258-3264.
[2] 同上:3540-3543.

培养专门人才;而90年代院系调整的重点则是专业化基础之上的综合化,具体包括通过院校合并实现高校的综合化发展,通过系科专业的重组促进专业口径扩展和学科融合,实现高校专业的综合化发展。1986年国务院颁布《普通高等学校设置暂行条例》,其中要求,称为大学的,须符合下列规定:1.主要培养本科及本科以上人才;2.在文科(含文学、历史、哲学、艺术)、政法、财经、教育(含体育)、理科、工科、农林、医药等8个学科门类中,以3个以上不同学科为主要学科;3.具有较强的教学、科学研究力量和较高的教学科学研究水平;4.全日制在校生计划规模在5000人以上。这也成为20世纪90年代高校综合化发展的重要政策依据。综合化的院系调整是基于前一轮的专业化改革基础之上的改革调整,符合社会发展和学科发展规律的选择,也对专业、学科和院校发展起到了积极的推动作用。

(三) 以欧美模式为调整参照

20世纪50年代院系调整主要师法苏联,系统学习苏联的高等教育发展经验和模式,从高校设置、系科专业建设、教学内容等方面全方位地复制学习苏联模式。而20世纪90年代的调整则是在广泛借鉴和学习国外高等教育的先进经验基础上,着重以欧美模式作为调整参照。一方面欧美高等教育模式更符合市场经济发展的特点,更能适应我国社会主义市场经济体制的发展需要,另一方面其也代表了世界高等教育的较高水平,具有一定的引领和示范作用。我们可以发现,此轮院系调整中综合性大学的发展、高校设立分校和校区、校院系建制、成立校董事会等,都是参照欧美高等教育模式的结果。

(四) 以上下双向结合为调整动力

20世纪50年代院系调整完全是国家统一部署实施的自上而下的调整,因此这么大规模的调整,得以在短时间内、分步骤地高效完成。而20世纪90年代的院系调整则是在国家政策指引和大思路的引导下,高校自主的改革调整,兼具了自上而下和自下而上两股相互结合的调整动力。调整中的院校合并、系科合并、内部管理体制调整等都是以基层高校作为主体来推进和完成的。20世纪90年代院系调整的时间跨度虽显得比第一轮长一些,效率低一些,但此轮调整的动力机制赋予了高校改革调整的自主权,也激发了高校自主管理和追求发展的积极性,长远来看,更有利于高校的健康发展。

二、两轮院系调整的关系

20世纪50年代与90年代两次院系调整从调整的社会目标、调整重点、参照系以及调整动力等方面都具有较大差异,但实则两轮调整却存在一定的内在关联性。其内在关系主要表现在以下三方面。

一是第二轮院系调整针对第一轮调整后高等教育逐渐出现的与社会发展不相适应的问题进行了改革与调整。1995年11月国家召开的全国高教管理体制改革座谈会上提到,"中国现行的高等教育办学体制和管理体制是50年代形成的,适应了当时高度集中的计划经济体制。随着社会主义市场经济的建立,这种体制已经越来越不适应。"主要表现为条块分割、单科性学校较多、不适应社会主义市场经济的走向、规模结构不合理等四方面问题。[1] 20世纪50年代院系调整中侧重专门院校建立、专业细化和文理科综合性大学改造等方面的调整,长期来看,逐渐形成了学科壁垒,阻碍了学科专业之间的交叉融合,也逐渐出现培养的专业人才无法适应社会主义市场经济发展的需要,窄化的专业培养口径无法满足社会职业对于复合型人才的需求,影响了人才的社会适应力,阻碍了人才的社会流动等问题。

从解决这些问题的角度出发,20世纪90年代院系调整的侧重点选择了综合化的方向,无论是院校合并、专业重组,还是内部管理体制改革,都遵循着综合化的改革方向,以增强高校、系科专业、教师、学生的综合实力,全面提升高校及高校内部各主体的自我发展能力、社会适应能力和社会服务能力。因此,第二轮调整基于第一轮调整后逐步暴露出的高等教育与社会发展不相适应的问题开展一系列改革调整举措,使得我国的高等教育发展与社会发展更加紧密地联系在一起,也使得我国的高等教育发展更加适应社会主义市场经济体制发展和社会现代化建设需要。

二是两轮调整具有内在规律性。通过对两轮调整背景的相关研究,我们不难发现,两轮调整都是社会发展的必然产物,是社会发展的不同历史阶段对于高

---

[1] 《中国教育年鉴》编辑部.中国教育年鉴(1996)[M].北京:人民教育出版社,1997:192.

第四章　20世纪90年代院系调整时期的江苏高校

等教育改革发展提出的必然要求。建国初期的第一轮调整,面临政权巩固、经济建设恢复发展的需要,各行各业急需大量对口的专业建设人才,因此,第一轮调整推进了高等教育面向普通大众,从高校管理体制、院校调整、系科调整、教育理念、教学内容方式等诸多方面入手,着力培育专业型人才,极大满足了新中国成立后社会发展的需求。

同样,20世纪90年代的院系调整也是建立在适应和满足社会现代化建设发展需要基础之上的,管理体制的变革、院系合并、内部管理体制调整等举措,都顺应和满足了社会主义市场经济体制改革发展的需要,为社会输送综合素质强、社会适应面宽且适应力强的复合型人才。因此,两轮调整背后,社会发展是最大的"推手",两轮调整都遵循着社会发展的内在规律,具有历史发展的必然性。

三是高等教育改革的递进。经过20世纪50年代第一轮院系调整,我国的高等教育发生了巨大的变革发展,社会主义教育制度基本确立,为社会主义建设培养了大批人才,形成了规模较大的教师队伍,提升了办学的物质条件和教学质量。如果说第一轮调整帮助我国建立了社会主义高等教育制度的话,那么20世纪90年代的第二轮调整则是帮助建立了中国特色的社会主义高等教育体系。从我国高等教育制度和体系建设完善的角度来看,第二轮院系调整建立在第一轮调整的基础之上,两轮调整之间存在明显的递进关系。

第二节　20世纪90年代院系调整的重点

《关于中央部门所属普通高等学校深化领导管理体制改革的若干意见》中对当时高校面临的困难和问题进行了剖析,"随着部门企业的下放和非经营性投资的减少,大多数部门所属高等学校的教育投入下降,经费严重不足;中央部门所属的一些重点大学的办学条件难以改善,与其承担的任务不相适应,原有一些专业设置难以适应实践需要,毕业生难以在行业内部对口就业,等等。"[①]20世纪90年代的调整正是针对这些困难与问题"对症下药",使得高等教育的发展适应

---

① 何东昌. 中华人民共和国重要教育文献(1991—1997)[M]. 海口:海南出版社,1998:3455-3456.

社会现代化发展形势和需要。

1994年国务院关于《中国教育改革和发展纲要》的实施意见提出,"从1994年起,选择若干类型学校进行部属院校管理体制改革的试点,1997年条件成熟的学校进入新体制运行,争取到2000年或稍长一点时间基本形成以省级政府为主办学与管理的条块结合的新体制的框架。"[①]以高等教育管理体制改革为主线,勾勒出20世纪90年代院系调整的时间轮廓。1998年11月,在扬州召开了高教体制改革经验交流会,李岚清同志把原来的"共建、合作、合并、协作、划转"五种改革形式归结为"共建、调整、合作、合并"的八字方针。"共建"是将部委属高校条块分割的管理机制转变为条块有机结合的方式,实行与地方政府共同管理;"调整"是针对高等教育区域、层次、学科设置、内部管理体制机制不合理等情况,有步骤地实施调整;"合作"是指高校之间开展教学、科研、管理等方面的合作,实现优势互补、资源共享;"合并"是院校之间的合并融合。

此外,这轮院系调整中涌现出不少新建高校。江苏省在这一期间出台了《江苏省高等教育管理体制改革和布局结构调整方案》,组建了江苏省高等教育管理体制改革、布局结构调整工作评议委员会,并成立领导小组,按照八字方针,积极推进江苏省高等教育改革调整工作。总的来看,此番院系调整将提高高等教育质量、办学效益和优化结构摆在突出位置,主要改革调整涉及办学体制、管理体制、院校合并、招生就业制度、校内管理体制等方面。

一、办学体制改革

经历了20世纪50年代院系调整之后,我国取消了私立高校,所有的私立高校全部改为由政府公办。直到1982年3月,由资深教育工作者联合创办的中华社会大学,被视为我国民办高等教育恢复的标志。同年,第五届全国人民代表大会第五次会议通过的《中华人民共和国宪法》中也明确规定,"国家鼓励集体经济组织、国家企业事业组织和其他社会力量依照法律规定举办各种教育事业"。1992年,党的十四大报告明确指出"鼓励多渠道、多形式社会集资办学和民间办学,改变国家包办教育的做法"。1993年国家教委发布《民办高等学校设置暂

---

① 何东昌.中华人民共和国重要教育文献(1991—1997)[M].海口:海南出版社,1998:3664.

第四章　20世纪90年代院系调整时期的江苏高校

行规定》。至此,我国民办教育进入了快速发展阶段。据统计,1998年,全国有国家承认学历的民办高校22所,实行国家学历文凭考试的民办高校120多所。[①]

1993年,江苏省依据"积极鼓励、大力支持、正确引导、加强管理"的方针,出台了《关于社会力量举办民办高等学校的暂行办法(试行)》,民办高校陆续建立起来。1997年国务院发布的《社会力量办学条例》中明确"实施高等学历教育的学校的设置标准,由国务院教育行政部门制定"[②],为促进社会力量办学事业健康发展提供了政策保障。到1999年江苏省经教育部批准独立设置的民办高校2所,省政府批准筹建的民办高校8所,不具备颁发学历文凭资格的高校70所,普通高校的民办二级学院25所。[③] 到21世纪初,也基本形成了公办与民办高校共同发展的新格局。2001年全国经教育部或教育部授权省批准的具有颁发学历文凭资格的民办高校多达89所。[④] 1992年3月,东南大学陶永德、戚焕林,南京大学丁承慜,南京职工大学谢明才四位退休和即将退休的教授、干部发起并创办三江大学,1993年6月筹建并试招生,1995年4月被批准正式建校,2002年2月经教育部批准升格为本科高校,定名为三江学院。三江学院成为江苏省首家民办本科高校,也是全国最早的四所民办本科高校之一。

为探索适应社会主义市场经济体制的新办学模式,江苏率先在公办高校中引入民办机制,建立公有民办二级学院,又称独立学院。独立学院采取民办机制,并要求具有独立校园和办学设施,独立教学组织和管理,以及独立进行招生、独立颁发学历证书、独立财务核算、独立法人资格等。江苏本科院校大多陆续建立起了民办二级学院,到2006年底,江苏的民办二级学院数量达到26所,江南大学、东南大学、中国矿业大学、南京大学、南京理工大学、南京航空航天大学、中国传媒大学(南广学院)、南京工业大学、南京师范大学、南京医科大学、南京中医药大学、南京信息工程大学、苏州大学、苏州科技学院、江苏大学、扬州大学、徐州师范大学、南京邮电大学、南京财经大学、江苏工业学院、南通大学、南京审计学院、常熟理工学院等高校的民办二级学院相继成立。

---

① 郝维谦,龙正中,张晋峰.中华人民共和国高等教育史[M].北京:新世界出版社,2011:534.
② 何东昌.中华人民共和国重要教育文献(1991—1997)[M].海口:海南出版社,1998:4247.
③ 言午.江苏省办教育事业的发展现状及对策研究[J].科技与经济,2000(3):23—26.
④ 《中国教育年鉴》编辑部.中国教育年鉴(2002)[M].北京:人民教育出版社,2002:125.

二、外部管理体制改革

社会主义市场经济体制的发展，将社会主义制度与市场经济有机结合起来，在充分发挥市场在资源配置中的决定性作用的同时，也更好地发挥了政府的作用。经济体制由计划经济转变为市场经济，经济发展从行业经济转向地方经济的同时，计划经济下的高等教育体制应向社会主义市场经济下的高等教育体制转变，高校也应由行业部门管理转变为中央和省两级管理、以省级政府管理为主的管理体制。当时全国高教管理体制条块分割，有中央部属高校300多所，也有地方为适应本地经济和社会发展办了一批直接由地方管理的学校，这些学校又分属于省级教育部门和其他业务厅局管理。这种条块分割的体制造成了高校的重复设置和封闭隔离，也造成了高校在地区结构、层次结构和学科结构等方面的不合理。

20世纪90年代院系调整的重点正是通过共建、划转的方式，改变高校单一的隶属关系，打破条块分割、重复设置、结构不合理等局面，探索建立了政府宏观调控，高校面向社会依法办学、自主办学，中央和省级政府两级管理、以省级政府统筹为主的管理体制。《中国教育改革和发展纲要》中指出，高等教育体制改革"主要是解决政府与高校、中央与地方、国家教委与中央各业务部门之间的关系，逐步建立政府宏观管理、学校面向社会自主办学的体制"。[①] 通过高校管理体制改革来调动地方政府办学积极性的同时，激发高校面向社会、面向市场自主办学的积极性，增强其为本地区经济和社会发展的服务能力，促进中央、地方和高校共同办好高等教育。

1993年1月国务院批转国家教委《关于加快改革和积极发展普通高等教育意见的通知》中提出"高等教育管理体制的改革方向是逐步实行中央与省、自治区、直辖市两级管理、两级负责为主的管理体制"。[②] 原国家教委于1994—1996年连续三年分别在上海、南昌、北戴河召开高教管理体制改革座谈会。会议明确了加强省级人民政府的统筹，变条块分割为条块有机结合等改革思路。据统计，

[①] 何东昌.中华人民共和国重要教育文献(1991—1997)[M].海口:海南出版社,1998:3470.
[②] 同上:3540-3543.

第四章　20世纪90年代院系调整时期的江苏高校

到1997年底,全国已有86所部委属高校实行与地方政府共建共管,其中有8所高校已完全划归地方政府管理。①

1998年3月,九届全国人大一次会议审议通过了《关于国务院机构改革的决定》。从1998年开始,国务院机构改革率先开始,随后其他党中央部门和国家机关的机构改革也陆续展开。这一年中,国务院颁发了《国务院关于调整撤并部门所属学校管理体制改革的决定》,对原机械部、煤炭工业部等9个部委属211所院校进行了管理体制的调整。其中161所高校实行了划转,14所高校进行了共建,到1998年底,全国已有31个省、自治区、直辖市,50多个部委,640多所高校参与了改革。这一年,国务院各部委机构改革后撤并部门的所属高校几乎都实行了中央与地方共建,共建形式包括:中央部委与省、中央部委与市、省与市、部与部、省与市与部等。

1999年,根据《国务院办公厅转发教育部等部门关于调整五大军工总公司所属学校管理体制实施意见的通知》精神,对原国防科工委等五大军工总公司所属院校进行了管理体制调整,涉及普通高校25所。2000年初,国务院决定对高等教育管理体制做进一步的重大调整,153所普通高校改变了隶属关系,其中中国政法大学、中央财经大学等55所高校划归教育部管理,其余98所高校划转给省(自治区、直辖市)政府管理。②

2000年是自1992年高教管理体制改革和布局结构调整工作以来改革力度最大,调整学校最多的一年,标志着我国高教管理由中央和省级政府两级办学、以地方管理为主的新体制的框架基本确立。至此,400余所高校由原先部委管理变为省级政府管理,"原来由62个国务院部门管理的367所高校,减少为10余个部门管理120所左右,其中教育部直接管理71所,其他少数部门管理50所左右。"③前后历经8年多时间,原国务院有关部门直接管理的367所高校,有近250所实行了省级政府管理、中央与地方共建的管理体制,克服了条块分割、重复建设等状况,实现了条块有机结合,中央和省级政府两级管理、以省级政府管理为主的高等教育管理新体制。④

---

① 周川.新一轮院系调整的特征与问题[J].高等教育研究,1998(2):25-28.
② 王根顺.新中国成立后两次高等教育管理体制改革的理性反思[J].高等理科教育,2006(6):1-4.
③ 相关数据来源于中华人民共和国教育部网站.
④ 《中国教育年鉴》编辑部.中国教育年鉴(2001)[M].北京:人民教育出版社,2001:163.

院系调整与江苏高校的发展

随着国务院机构改革和部委职能调整,全国上下开启了高等教育管理体制改革,江苏以"联合""共建"作为改革突破口,打破条块分割,逐步实行三级办学、两级管理、以省为主的条块有机结合的管理体制。1997年江苏成立高等教育管理体制改革和布局结构调整工作领导小组,并制定了江苏高等教育管理体制改革和布局结构调整的规划方案(草案)。20世纪90年代初江苏省共有31所部委属普通高校,分别是:南京大学、东南大学、南京航空航天大学、南京理工大学、镇江船舶学院、中国矿业大学、南京化工大学、南京邮电学院、河海大学、无锡轻工业学院、苏州丝绸工学院、南京建筑工程学院、江苏理工大学、南京气象学院、连云港化学高等专科学校、南京交通高等专科学校、苏州城建环保学院、南京机械专科学校、南京动力高等专科学校、南京农业大学、南京林业大学、苏州医学院、南通医学院、南京铁道医学院、中国药科大学、苏州铁道师范学院、南京经济学院、南京审计学院、南京金融专科学校、江苏石油化工学院、南京电力专科学校。

表4-1 江苏部委属高校划转情况(1996年—2000年)

1990年校名	现校名	原主管部门	现主管部门	划转时间
南京大学	南京大学	教育部	教育部	
东南大学	东南大学	教育部	教育部	
南京航空航天大学	南京航空航天大学	原航空航天部	工业和信息化部	1999年
南京理工大学	南京理工大学	原兵器部	工业和信息化部	1999年
镇江船舶学院	江苏科技大学	原中国船舶工业总公司	江苏省	1999年
中国矿业大学	中国矿业大学	原煤炭部	教育部	2000年
南京化工大学	南京工业大学	原化工部	江苏省	1998年
南京邮电学院	南京邮电大学	原信息产业部	江苏省	2000年
河海大学	河海大学	原水利电力部	教育部	2000年
无锡轻工业学院	江南大学	原轻工业部	教育部	1998年

第四章 20世纪90年代院系调整时期的江苏高校

(续表)

1990年校名	现校名	原主管部门	现主管部门	划转时间
苏州丝绸工学院	苏州大学	原纺织总会	江苏省	1996年
南京建筑工程学院	南京工业大学	原建设部	江苏省	2000年
江苏理工大学	江苏大学	原机械工业部	江苏省	1998年
南京气象学院	南京信息工程大学	国家气象局	江苏省	2000年
连云港化学高等专科学校	淮海工学院	原化工部	江苏省	1998年
南京交通高等专科学校	东南大学	原交通部	教育部	2000年
苏州城市建设环境保护学院	苏州科技大学	原建设部	江苏省	2000年
南京机械高等专科学校	南京工程学院	原机械工业部	江苏省	1998年
南京动力高等专科学校	南京师范大学	原化工部	江苏省	1998年
南京农业大学	南京农业大学	原农业部	教育部	2000年
南京林业大学	南京林业大学	原林业部	江苏省	2000年
苏州医学院	苏州大学	原核工业总公司	江苏省	1999年
南通医学院	南通大学	原交通部	江苏省	2000年
南京铁道医学院	东南大学	原铁道部	教育部	2000年
中国药科大学	中国药科大学	原药品监督局	教育部	2000年
苏州铁道师范学院	苏州科技大学	原铁道部	江苏省	2000年
南京经济学院	南京财经大学	原商业部	江苏省	1998年
南京审计学院	南京审计大学	国家审计署	江苏省	2000年
南京金融专科学校	南京审计大学	中国人民银行	江苏省	2000年
江苏石油化工学院	常州大学	原石油化工集团公司	江苏省	2000年
南京电力专科学校	南京工程学院	原电力公司	江苏省	2000年

注：根据各高校官网等信息整理。

2000年以后,江苏省71所普通高校中仅有南京大学、东南大学、南京航空航天大学、南京理工大学、中国矿业大学、河海大学、江南大学、南京农业大学、中国药科大学、南京森林公安高等专科学校(南京警察学院)10所高校为部属高校,其余都为省属高校,省属地方高校的比例占据了85%以上,江苏至此也形成了以地方高校为主的高等教育发展格局。部属高校也纷纷与地方政府进行共建,其中南京大学、东南大学于1994年11月,无锡轻工大学于1994年11月,南京农业大学于1996年3月与江苏省政府达成共建。① 1995年对苏州大学实行省市共建;东南大学与金坛市、启东市政府合作办学。② 南京大学与东南大学实行国家教委和江苏省双重领导、以国家教委为主的领导体制,在原有投资渠道不变的情况下,江苏省政府把这两所高校的发展列入江苏省经济和社会发展规划,并以多种形式支持两校的建设与发展。不少高校也选择与地方企业进行合作,例如:1994年东南大学与南京汽车集团联合成立了东南大学汽车工程学院;江苏理工大学以院、系为单位先后与镇江市润州区、江苏长江电器集团等地方政府和企业联合办学。③

三、院校合并与合作

1992年《国家教委关于在普通高等学校充实整顿工作中加强学校布局结构调整工作的通知》中指出,高校布局结构调整时要考虑高等教育发展总规模应与本地区、本行业经济社会发展水平相适应;层次比例、科类结构要符合经济社会发展的实际需要;一般情况下不设置科类单一、规模过小的高校,现有的科类单一、人才需求量小、学校规模偏低的学校应考虑调整撤并。④ 院校合并是为了发挥规模效益,实现学科优势互补和资源配置优化,从而提升办学效益和办学质量。2002年10月中国高教学会和三峡大学联合召开了"合并院校经验交流暨发展战略研讨会",会上原国家教委副主任张孝文总结道:"1992年以来,共有493所普通高校参与了合并工作,组建成278所普通高校,为1999年扩招打下了较好的基础,规模效益大为提高。"⑤通过合并,我国出现了一大批文、理、工、农、医等学科门类齐全的综合性大学。

---

① 《中国教育年鉴》编辑部. 中国教育年鉴(1997)[M]. 北京:人民教育出版社,1997:182-184.
② 《中国教育年鉴》编辑部. 中国教育年鉴(1996)[M]. 北京:人民教育出版社,1997:550.
③ 《中国教育年鉴》编辑部. 中国教育年鉴(1995)[M]. 北京:人民教育出版社,1995:459-460.
④ 何东昌. 中华人民共和国重要教育文献(1991—1997)[M]. 海口:海南出版社,1998:3264-3265.
⑤ 张朔,王小梅. 合并院校实质性融合与跨越式发展——全国合并院校经验交流暨发展战略研讨会文集[C]. 武汉:武汉大学出版社,2003:2.

第四章 20世纪90年代院系调整时期的江苏高校

江苏的院校合并也是始于1991年,南京市师范专科学校和南京教育学院合并为南京市师范专科学校。大规模的合并从1992年开始,1992年至2001年间,江苏省先后出现40次院校合并,有些院校也进行了多次合并,例如苏州大学就先后三次与苏州蚕桑专科学校、苏州丝绸工学院、苏州医学院等院校进行了合并。

表4-2 1992年—2001年江苏省高校合并情况

序号	合并后学校名称	主管部门	合并学校名称	合并时间
1	镇江市高等专科学校	江苏省	镇江市职业大学 镇江教育学院 江苏省广播电视大学镇江分校	1992年
2	扬州大学	江苏省	扬州工学院 扬州师范学院 江苏农学院 扬州医学院 江苏商业专科学校 江苏水利工程专科学校 国家税务局扬州培训中心	1992年
3	苏州市职业大学	江苏省	苏州经济管理干部学院	1992年
4	苏州市职工大学	江苏省	苏州市电子工业局职工大学 苏州市商业职工大学 苏州市业余美术专科学校 苏州市化学工业局职工大学 苏州市工艺美术职工大学	1992年
5	无锡市职工大学	江苏省	无锡市电子仪表工业局职工大学 无锡市机械工业联合职工大学 无锡市轻工业局职工大学 无锡市化学工业局职工大学 无锡机床厂职工大学	1992年
6	常州市职工大学	江苏省	常州市纺织工业职工大学 常州市建筑职工大学 常州市建材职工大学	1992年
7	徐州经济管理干部学院	江苏省	徐州市职工大学	1992年
8	南通市职工大学	江苏省	南通工业管理干部学院	1992年
9	苏州大学	江苏省	苏州蚕桑专科学校	1995年

(续表)

序号	合并后学校名称	主管部门	合并学校名称	合并时间
10	盐城工学院	江苏省	盐城工业专科学校 盐城职业大学 盐城市纺织职工大学	1996年
11	淮阴师范学院	江苏省	淮阴师范专科学校 淮阴教育学院	1997年
12	苏州大学	江苏省	苏州丝绸工学院	1997年
13	中国矿业大学	国家煤炭工业局	北京煤炭管理干部学院	1998年
14	南京气象学院	江苏省	北京气象学院	1998年
15	常州工业技术学院	江苏省	常州市轻工业职工大学	1999年
16	连云港职业技术学院	江苏省	连云港职业大学 连云港市职业技术教育中心	1999年
17	盐城师范学院	江苏省	盐城师范专科学校 盐城教育学院	1999年
18	南通师范学院	江苏省	南通师范专科学校 南通教育学院	1999年
19	徐州师范大学	江苏省	徐州工业学校	1999年
20	淮海工学院	江苏省	连云港水产学校	1999年
21	南京经济学院	江苏省	南京物资学校	1999年
22	南京经济学院	江苏省	江苏财经高等专科学校 江苏经济管理干部学院	2000年
23	河海大学	教育部	常州水电机械制造职工大学	2000年
24	常州工学院	江苏省	常州工业技术学院 常州市机械冶金职工大学	2000年
25	淮阴工学院	江苏省	淮阴工业专科学校 江苏省农垦职工大学 淮阴市机械工业职工大学	2000年
26	南京晓庄学院	江苏省	南京师范专科学校 南京教育学院 南京市晓庄师范学校	2000年

第四章　20世纪90年代院系调整时期的江苏高校

(续表)

序号	合并后学校名称	主管部门	合并学校名称	合并时间
27	苏州大学	江苏省	苏州医学院	2000年
28	东南大学	教育部	南京铁道医学院 南京交通高等专科学校 南京地质学校	2000年
29	南京工程学院	江苏省	南京机械高等专科学校 南京电力高等专科学校	2000年
30	盐城工学院	江苏省	盐城会计学校	2000年
31	江苏理工大学	江苏省	江苏冶金经济管理学院	2000年
32	华东船舶工业学院	江苏省	江苏江海贸易学校	2000年
33	连云港师范高等专科学校	江苏省	连云港教育学院 连云港师范学校 海州师范学校	2000年
34	徐州医学院	江苏省	徐州卫校	2000年
35	南京师范大学	江苏省	南京动力高等专科学校	2000年
36	江南大学	教育部	无锡轻工大学 江南学院 无锡教育学院	2001年
37	苏州科技学院	江苏省	苏州城市建设环境保护学院 苏州铁道师范学院	2001年
38	南京工业大学	江苏省	南京建筑工程学院	2001年
39	江苏大学	江苏省	江苏理工大学 镇江医学院 镇江师范专科学校	2001年
40	中国药科大学	江苏省	江苏省药科学校	2001年

注：根据教育部网站"1990年以来高校合并情况"与各高校官网信息整理。

除高校之间的合并外，也有中专院校、研究所并入高校，例如：江苏省江海贸易学校、中国农业科学院蚕业研究所先后并入华东船舶工业学院（江苏科技大学）；扬州市工艺美术学校、扬州食品研究所等先后并入扬州职业大学等。

2002—2005年期间还陆续有院校进行合并，但数量明显减少。例如：南京审计学院、南京金融高等专科学校合并为南京审计学院;淮海工学院、连云港化工高等专科学校合并为淮海工学院;南通医学院、南通工学院、南通师范学院合并为南通大学;彭城职业大学、徐州经济管理干部学院合并为徐州工程学院;金陵职业大学、南京农业专科学校合并为金陵科技学院。院校之间的合并也伴随着院校的重组、升格,例如:江南学院、盐城工学院、江苏公安专科学校等一批学校先后升格为本科院校,在高等教育迅速发展的改革浪潮中具有重要的现实意义。不仅在短期内扩大了江苏高校的办学规模,提高了办学效益,也促进了学科之间的交叉融合与优势互补,提升了学科的建设质量和高校的办学水平。但也不可回避,合并之初院校之间会处于松散状态,如何从松散性联合状态过渡到实质性合并,是当时摆在每所合并高校面前的重大课题。

除了院校层面的合并之外,很多高校内部的系科专业之间也进行了合并。淡化专业界限,打破专业壁垒,将原先口径较小的相近专业进行重组合并成口径宽的大专业,从而促进专业学科之间的交叉融合。其中,南京大学对20多个学系和近百个专业进行了重组,形成了九大学科群。[①] 同时,高校之间的合作办学也成为高等教育管理体制改革的一种积极的探索。合作办学是距离相近的不同类型、科类和层次相当的高校,在原隶属关系、投资渠道等不变的基础上,通过多种形式合作,实现资源共享、优势互补、学科交叉和系统发展。1994年全国就有50多所高校开展合作办学工作,江苏的南京大学与中国药科大学开展合作办学。[②]

1995年11月,原国家计委、原国家教委和财政部联合下发《"211工程"总体建设规划》,"211工程"由国务院批准后正式启动。"211工程"是面向21世纪重点建设100所左右的高校和一批重点学科的建设工程,实际入选建设数量为116所。1998年5月,在庆祝北京大学建校一百周年大会上,江泽民同志提出"为了实现现代化,中国要有若干所具有世界先进水平的一流大学。"教育部决定重点支持北京大学、清华大学等部分高校创建世界一流大学和高水平大学,并以江泽民同志的讲话时间命名为"985工程",旨在建设若干所国际知名的研究型大学。首批入选9所高校,后续扩大至39所。这两项重点高校建设计划也是伴随

[①] 周川.新一轮院系调整的特征与问题[J].高等教育研究,1998(2):25-28.
[②] 何东昌.中华人民共和国重要教育文献(1991—1997)[M].海口:海南出版社,1998:3472.

着20世纪90年代院系调整过程推进实施的,也标志着我国高等教育发展经历了外部改造、规模扩张之后,逐步迈向了追求高质量、高水平的内涵发展阶段。

四、高校内部管理体制改革

内部管理体制改革之前,高校逐步暴露出管理机构重叠、行政管理人员队伍庞大、收入平均主义等问题,为打破高校内部僵化的管理模式,达到优化内部运行机制,提高办学效益的目的,我国从20世纪80年代初就开始了以机构改革和人事制度改革为重点的高校内部改革工作。1992年8月,国家教委印发《关于国家教委直属高校内部管理体制改革的若干意见》,要求以学校人事、分配制度改革为重点,逐步建立和完善学校能主动适应国家经济和社会发展的内部管理体制和运行机制。1993年,中共中央、国务院颁布的《中国教育改革和发展纲要》中也指出,"积极推进以人事制度和分配制度改革为重点的学校内部管理体制改革。在合理定编的基础上,对教职工实行岗位责任制和聘任制,在分配上按照工作实绩拉开差距。改革的核心在于,运用正确的政策导向、思想教育和物质激励手段,打破平均主义,调动广大教职工积极性,转换学校内部运行机制,提高办学水平和效益。"[1]同年,国家教委印发《关于普通高等学校内部管理体制改革的意见》,从这一年直到1997年党的十五大召开,这段时间内全国高校掀起了内部管理体制改革的高潮。据统计,1993年,北京除少数艺术学校以外其他高校,上海80%的高校、浙江70%的高校均实施了校内管理体制改革。[2]

通过理顺关系、转换机制、调整结构、精简机构、优化队伍、改善条件、提高待遇等内部管理体制改革举措,增强了高校的办学活力和主动适应国民经济和社会发展需要的能力。1998年8月《中华人民共和国高等教育法》正式颁布,对高等教育基本制度、高等学校的设立、高等学校的组织与活动、高等学校的教师与学生等进行了全面的法律规定。《中华人民共和国高等教育法》的出台,也可视为我国高校内部管理体制改革深化,改革的相关成果以法律形式得到巩固。内部管理体制方面的改革具体包括了内部结构改革和相关制度改革。

---

[1] 何东昌.中华人民共和国重要教育文献(1991—1997)[M].海口:海南出版社,1998:3467-3473.
[2] 郝维谦,龙正中,张晋峰.中华人民共和国高等教育史[M].北京:新世界出版社,2011:549.

（一）二级学院的设立

20世纪50年代院系调整之中各类高校以校—系—教研室的组织模式取代了校院两级的组织管理模式。随着改革开放的步伐,我国的高等教育发展迅猛,校系建制的弊端也逐渐显现。随着《纲要》的颁布,很多高校都开始了学院制改造,构建以学院管理为主体的校院两级组织管理体系。高校也通过内部组织机制的重构,实现了管理重心的下移。一项1996年至1997年对22所重点高校推行学院制情况的调查发现,调查的22所高校,共设有学院179个,其中实体学院154个、虚体学院25个,设置学院最多的达到15个,最少的也有3个。[1] 在一段时间内,我国高校"校—院"两级"校—院—系"三级"校—院—系—教研室"四级等内部管理模式处于并存状态,逐步过渡到以院为实体、校院两级的管理体制。学院制的推行,一方面有利于理顺院校关系,进一步激活二级学院的活力,缩小管理跨度、降低管理重心,提升了行政管理的效能。另一方面,也有利于促进学科之间的交叉融合,加强学科资源的统一调配和共享。

（二）人事制度改革

为适应社会主义市场经济发展需要,进一步优化高等教育的资源配置,这一时期高校内部管理体制改革的重点之一是人事制度改革,目的是打破教师职务终身制的格局,合理配置高校人才资源。要求高校完善教师岗位设置和职务评聘工作,形成"平等竞争、按需择优"的竞争聘任上岗机制,并且要在定编、定岗、定职责的基础上,推行目标管理和岗位责任制,完善考核评估制度。1993年10月《中华人民共和国教师法》出台,针对教师的权利义务、资格任用、培养培训、考核、待遇等做出规定,并明确提出"国家实行教师职务制度",标志着我国的教师队伍建设管理进入法治化、规范化的时代。[2] 1995年,江苏全面推进高校人事制度改革,通过定编、定岗、定职、聘任、考核等举措,形成了平等竞争、择优上岗的人事管理机制,促进了高校人才的优化组合和有序流动。1999年,教育部先后印发了《关于新时期加强高等学校教师队伍建设的意见》《关于当前深化高等学

---

[1] 廖世平.部分重点高校实行学院制的调查分析[J].高等教育研究,1998(6):38-42.
[2] 王雪飞.中国转型期公立高校内部管理体制改革研究[D].吉林:长春理工大学,2011.

校人事分配制度改革的若干意见》等文件,进一步为高校的人事制度改革和教师队伍建设指明方向。

(三) 内部分配制度改革

分配制度改革是此次高校内部体制改革的又一重点。《关于国家教委直属高校内部管理体制改革的若干意见》中要求,在进行工资制度改革和逐步提高工资水平的同时,逐步形成适应高校特点的国家工作和校内津贴双轨运行的校内分配模式;要贯彻按劳分配原则,依据实际业绩和贡献进行分配,拉开差距,强化分配的激励机制;要以学校作为分配主体,妥善处理校、系两级筹资、分配的关系。[①]《中国教育改革和发展纲要》中也提出要建立符合教育特点的工资制度和正常的工资增长机制,确保教师工资水平随国民收入增长的同时,在其他社会福利方面实行优待教师的政策。自1993年高校内部分配制度改革以来,高校实行的是不同于机关的职务等级工资制度,分为固定工资部分和津贴工资部分,津贴工资包含教学、科研、研究生指导等方面的津贴,相对灵活地发挥了工资的激励作用。1995年江苏全面推进高校分配制度改革,积极推进校内结构工资制和工资总额包干制,将工资报酬与个人工作实际紧密挂钩,充分调动了教师投入教学科研工作的积极性,也在一定程度上扩大了高校自主办学、依法治校的权利。

此外,高校内部管理体制改革还包括了设立学术委员会,以及后勤和校办产业方面的改革等。在改革中,高校内部学术权利开始受到重视并得到了相应的组织保障;后勤保障逐步转变为经营性服务,推行企业化管理,并逐步实现社会化;校办企业则成为相对独立的经济实体,实行企业化管理。

五、招生就业制度改革

高校招生与就业制度改革是为了改变高校按照国家统一计划招生和毕业生"统包统分、包当干部"的招生、就业制度。招生方面,逐步实行国家任务计划和调节性计划相结合的招生体制,并逐步实行上大学收费制度。1985年5月《中共中央关于教育体制改革的决定》中首次提出要改革大学招生的计划制度。但

---

① 何东昌.中华人民共和国重要教育文献(1991—1997)[M].海口:海南出版社,1998:3372-3374.

院系调整与江苏高校的发展

随着改革的深化,调节性招生计划的比例增加,招生制度上出现了"双轨制"现象,影响了教育公平。1994 年 4 月,国家教委印发《关于进一步改革普通高等学校招生和毕业生就业制度的试点意见》,要求 1997 年全国大多数高校要按照改革后的新体制运行,到 2000 年,基本实现招生和毕业生就业制度的新旧制度转轨。[①] 据统计,1996 年全国实行招生"并轨"的高校就达到了 661 所,到 1997 年,全国所有高校都开始按照新办法招生。[②] 此外,也形成了以统一考试为主、单独考试为辅,免试报送为补充的高考制度。

1995 年江苏出台《关于 1995 年省属高校并轨招生本科专业收费标准的通知》。江苏省从 1995 年开始对省属高校招生计划实行并轨,新生录取执行统一最低控制分数线,非师范和非农学专业学生缴纳部分培养费用。1997 年江苏省取消委培、自费计划,所有本、专科招生全面实行并轨,在招生计划上也不再区分国家任务计划和调节性计划,按照本、专科区分招生计划,并统一录取标准、统一收费标准。到 2001 年全省全部实行网上录取,并在全国率先实行"高校自主录取"招生办法,允许职业院校毕业生报考普通高校,调整高校"专转本"政策,扩大招生规模。

就业方面,开始推行多数毕业生"自主择业"的就业制度。《中国教育改革和发展纲要》中规定了当时高校毕业生就业制度的改革目标,是"改变高校毕业生由国家统一分配为在国家方针政策指导下毕业生参与人才市场竞争'自主择业',建立少数毕业生由国家安排就业,多数由学生'自主择业'的就业机制"。国家在保证重点单位对毕业生需求的基础上,建立完善就业服务体系,拓展毕业生就业市场,并要求高校加强相关就业指导工作。1997 年 3 月,国家教委又颁布了《普通高等学校毕业生就业工作暂行规定》,要求各级主管部门、高校和用人单位共同做好毕业生就业工作,并对各自的职责分工作出了明确规定。该文件进一步巩固了毕业生就业制度的改革成果,促进毕业生就业制度改革健康平稳发展。

江苏省于 2001 年在全国率先成立大学生创业指导服务中心,为大学生的就业、创业提供指导与服务,并实行需求信息申报登记、待业毕业生求职登记等制度,及时掌握大学生就业需求动态,为毕业生提供就业服务。同时逐步推进师范生与市场接轨,推动师范毕业生自主择业。

---

① 国家教育委员会.关于进一步改革普通高等学校招生和毕业生就业制度的试点意见(教学〔1995〕8 号)[S].1995 - 03 - 28.
② 郝维谦,龙正中,张晋峰.中华人民共和国高等教育史[M].北京:新世界出版社,2011:544.

第五章

20世纪50年代院系调整后江苏高校的发展变化

　　江苏一直是高等教育比较发达的地区，中华人民共和国成立初期的接管改造以及系列改革调整，是为了维护政治稳定、发展国民经济，也为了全国高等教育的统筹管理、合理布局，对江苏高等教育产生了深远的影响。影响范围包括高等教育的管理方式和院校的运行方式，高校的拆分、组建、布局，系科、专业的建设和发展，师资的调动，学生的相关培养制度，以及办学设备、图书之类的搬迁，等等，渗透到了高校发展的方方面面。

　　20世纪50年代开展的院系调整工作，目的是进一步加强对高等教育的管理，使其与国家建设更为紧密地结合起来，向着为工农服务和生产建设服务的方针指向发展。一系列调整之后，江苏的高等教育较中华人民共和国成立前发生了翻天覆地的变化。以1949年接管前夕的时间节点作为调整前，对比调整后——1957年下半年整个院系调整工作结束，此次调整不仅仅改变了江苏高等学校和系科专业的数量和结构，更带来了一系列的连锁效应。从教育理念到管理体制，从师生情况到教学方法都悄然发生了变化。

第一节　高等院校变化

　　新中国接管前，我国的高等学校集中于少数大城市，地域发展不均衡。系科重复率高，造成教育资源的浪费，且与社会建设发展紧密相连的系科缺乏。新中国接管时，江苏共有高校24所，经过院系调整以后变为15所，全部为国有性质。

院系调整与江苏高校的发展

虽然数量上明显减少,但高校与国家发展、社会建设的联系更为紧密,对社会发展贡献度明显上升。江苏地区的院系调整中,高等院校的调整变化较大。具体表现为:

1. 新建。先后新建的高校多达16所,分别为淮河水利工程专科学校(华东水利专科学校)、南京航空学院(南京航空工业专科学校)、中国人民解放军第五军医大学、南京工学院、南京农学院、南京林学院(华东林学院)、华东航空学院、华东水利学院、南京药学院(华东药学院)、华东艺术专科学校、南京师范学院、江苏师范学院(苏南师范学院)、苏州医学院(苏北医学院、南通医学院)、苏北农学院、苏北师范专科学校、南京化工学院(筹建)。其中多数是在原有高校的某些学科基础上通过脱离、合并等方式形成。

2. 撤销。调整前的24所高校,在调整中先后撤销的多达22所,只有国立中央大学和国立江苏医学院还得以延续,但校名都出现了变更,先后更名为南京大学和南京医学院。中央大学除文、理学院外的其他系科均被迁出,江苏医学院也由镇江迁至南京。国立政治大学、私立建国法商学院、华中新闻专科学校被先后停办撤销,其他则是撤销后并入他校,或降格等。

3. 迁出合并。迁出省外,与他校合并的高校有国立音乐院、国立戏剧专科学校、国立东方语文专科学校、国立边疆学校、省立苏州工业专科学校(苏南工业专科学校)、中国人民解放军第五军医大学、华东航空学院7所。外省迁入江苏的高校为3所,上海国立师范专科学校、上海市体育专科学校、上海市幼儿教育专科学校,三校都并入南京大学师范学院。迁入是发生在高校接管时期,而外迁则发生在院系调整的整个阶段。

4. 省内合并。国立药学专科学校、国立社会教育学院、省立教育学院、私立金陵大学、金陵女子文理学院、南通学院、东吴大学、苏州美术专科学校、江南大学、无锡国学专修学校、华东水利专科学校等高校在江苏省范围内进行合并,形成新的高校。其中部分学校是按系科进行合并、重组,也有部分系科被迁至省外。

5. 分校办学。私立重辉商业专科学校和私立南京工业专科学校在江苏的本部停办,迁至省外分校办学。

6. 降格。私立苏州蚕丝专科学校和私立正则艺术专科学校被降格为中等技术学校。20世纪50年代院校调整中,高等学校的变化不仅仅表现在院校的新建、撤销、合并等具体调整之上,也表现在高等学校的层次结构、类型结构、形式结构、区域结构等多个方面。

一、高等院校层次结构变化

联合国教科文组织制定的《国际教育标准分类》中将教育的层次结构从低到高分为三级五段。高等教育属于第三级教育,其中分为两个阶段,第一个阶段相当于专科和本科教育,第二个阶段相当于研究生教育。[①] 在院系调整中,我们主要关注的是高等教育第一个阶段——本科教育和专科教育的变化。1951年8月颁布的《关于改革学制的决定》中明确:大学和专门学院修业年限为三年至五年为原则(师范学院修业年限为四年),专科学校修业年限为两年至三年,均招收高级中学及同等学校毕业生或具有同等学力者。[②] 第一次高等教育会议中也明确了大学和专门学院处于平等的地位。大学和专门学院对应于本科层次,专科学校则对应于专科层次。

解放初,江苏24所高等院校中,大学、学院12所,专科学校也为12所,数量相当。而到了1957年院系调整工作完结之后,江苏的15所高校中大学、学院仍为12所,专科学校只剩余3所。本科层次院校在调整前占高校总数50%,调整后占80%;专科层次学校调整前占50%,调整后占20%。院系调整中本科层次的院校是有所加强的,而专科学校的数量削减幅度则较为明显。

全面调整开始之后,中央大幅减少专科层次学校数量,只适当保留一些,用于满足社会建设和发展对于人才的急需。从减少的专科层次学校的发展走向来看,一些被停办,另一些则被并入其他学校。例如,调整的初始阶段,国立戏剧专科学校并入中央戏剧学院,国立边疆学校并入中央民族学院,国立东方语文专科学校并入北京大学。全面调整阶段,华东药学专科学校和华东水利专科学校,分别并入华东药学院和华东水利学院。从合并的去向我们可以发现,原来专科层次的学校大多是并入了本科层次的学院,甚至于大学之中。可见,中华人民共和国成立初期,我国对于专科层次高校的重视程度相对是较低的,其中自然受到苏联高等教育层次结构的影响。另一个侧面则反映出建国初期我国对于人才的需

[①] 潘懋元.高等教育学讲座[M].北京:人民教育出版社,1993:86.
[②] 高等教育部办公厅.高等教育文献法令汇编(1949—1952年)[G].1958:49.

求层次和预期要求是相对较高的。本科层次的修业年限为三至五年,人才培养的周期要长于专科层次,这似乎又与我国当时对于专业建设人才需求的急迫程度是不相符的。因此,当时也出现了专修科、业余教育等短期教育形式来补偿国家对于人才的渴求度和急需度。

二、高等院校类型结构变化

新中国成立后,我国的高等院校类型大致可以分为三种:大学、学院和专科学校。除此之外,各类高等学校还附设有专修科,用以满足国家对大量建设人才的需求。由于分类视角的不同,高等院校的类型结构存在多种形式。根据高等学校的归属,又可分为公有性质高校和私有性质高校;根据学科门类来分又可分为工业学校、农林学校、医药学校、政法学校、财经学校、艺术学校等。根据学科门类的类型划分,将在系科专业的变化研究中详述。

大学具有多科性和综合性。《大学组织法》中曾规定,有三个以上学院的学校才称之为大学,而学院又必须在文、理、法、教育、农、工、商、医8个学院之列。私立南通大学就是因为其纺织科不在8个学院之列而被迫降格为南通学院。也存在少数的单科性大学,如国立政治大学等。学院是指学科门类较少,专业性较强的高等学校。专科学校则学科门类较为单一,进行专科层次教育。院系调整开始后,我国仿效苏联的高等学校的类型结构,将高等院校分为综合大学和专门学院两种,适当保留一些专科学校。院系调整过后,江苏省有综合大学一所,专门学院11所,专科学校3所。

表5-1 院系调整前后大学、学院和专科学校的对比

	大学	学院	专科学校
院系调整前 (接管前夕)	国立中央大学 国立政治大学 私立金陵大学 私立东吴大学 私立江南大学	国立音乐院 私立金陵女子文理学院 私立建国法商学院 私立南通学院 国立社会教育学院 国立江苏医学院 省立教育学院	国立药学专科学校 国立戏剧专科学校 国立东方语文专科学校 国立边疆学校 私立重辉商业专科学校 私立南京工业专科学校 省立苏州蚕丝专科学校 省立苏州工业专科学校

第五章　20世纪50年代院系调整后江苏高校的发展变化

（续表）

	大学	学院	专科学校
			私立苏州美术专科学校 私立无锡国学专修学校 私立正则艺术专科学校 华中新闻专科学校
	共计：5所	共计：7所	共计：12所
院系调整后 （1957年下半年 院系调整工作 全部结束后）	南京大学	南京工学院 南京农学院 南京林学院 华东水利学院 南京药学院 南京师范学院 南京医学院 江苏师范学院 苏州医学院 苏北农学院 南京化工学院（筹建）	华东艺术专科学校 南京航空学院 苏北师范专科学校
	共计：1所	共计：11所	共计：3所

注：根据《江苏省志·教育志》等文献资料整理。

（一）综合大学实力的削弱

调整前，江苏地区有5所大学，实际属于综合大学性质的也是5所，分别是：国立中央大学、私立金陵大学、私立东吴大学、私立江南大学和私立南通学院。国立中央大学下设文、理、法、师范、工、农、医7个学院；金陵大学下设文、理、农3个学院；东吴大学下设文、理、法3个学院；江南大学下设文、理、农3个学院；南通学院下设农、医、纺织三科。院系调整的重点之一是整顿和加强综合大学。根据调整的原则，综合大学全国各大行政区至少有一所，最多不超过四所。调整后，华东区共保留四所综合大学——复旦大学、南京大学、山东大学和厦门大学，其中江苏省有一所。

院系调整之前，江苏地区的5所综合大学，办学实力和办学影响力都较强。国立中央大学一度位列亚洲第一；金陵大学被誉为"中国最好的教会大学"；东吴大学的理科、法科，江南大学的面粉专修科，南通学院的纺织科当时都在国内各高校中名列前茅。经过调整,江苏不仅综合大学的数量减少,综合大学的性质也发生了转变。综合大学不再具有学科的综合性,而转为只设文、理学科,综合大学与文理大学画上了等号,成为名不副实的"综合大学"。金陵大学、东吴大学、江南大学和南通学院在调整中被拆分殆尽,学校也随着系科的分离而"消失"。国立中央大学作为当时江苏地区实力最强的综合大学,几经更名后定名为南京大学,在全面调整时期除文、理学院外,其余院系均被迁出。至此,江苏地区院系最全的综合大学不复存在,由于优势学科的纷纷迁出,江苏高等教育的综合实力也大大受挫。

(二) 专门学院的迅速发展

专门学院按工、农、医、师范、财经、政法、艺术、语言、体育等学科分别设置,其设立的目的是培养生产建设某一方面的专门人才。在院系调整中,专门学院得以大力发展,特别以工业类专门学院和师范类专门学院的建设、发展作为重点。调整后,江苏的专门学院多达 11 所,占高校总数的 73.3%,成为高等院校类型结构中的绝对"主角",大学和专科学校沦为陪衬。专门学院,特别是单科性专门学院之所以在 20 世纪 50 年代院系调整中得以快速发展,缘于其能配合中华人民共和国成立初期社会建设和经济、文化发展需要,培养急需的专门人才。为恢复国民经济,加快建设步伐,20 世纪 50 年代初期国家对于工业人才的需求是最为强烈的。因此,在调整过程中,江苏地区先后新建专门学院 11 所,加上江苏医学院在调整中维持原状,江苏地区在调整中最多时有 12 所专门学院。其中工业类专门学院 4 所,师范类 2 所,农林类 3 所,医药类 3 所,工业类数量最多,占据了专门学院总数的 1/3。

(三) 专修科的兴起

为适应培养干部和大量建设人才的需要,1950 年政务院第 43 次政务会议通过的《关于实施高等学校课程改革的决定》中,要求各高等学校视其具体条件,在教育部领导下,协助各建设业务部门,设立各种专修科、训练班或函授班。[①] 专修科附设于高等院校内,其修业年限为一至二年,招收高级中学及同等

---

① 高等教育部办公厅. 高等教育文献法令汇编(1949—1952 年)[G]. 1958:59.

第五章　20世纪50年代院系调整后江苏高校的发展变化

学校毕业生或具有同等学力者。① 由于专修科的人才培养周期较短,能够在短期内满足社会对于干部和建设人才的需求,因此,专修科的兴起也具有鲜明的时代烙印,作为高等教育临时性的一种手段和措施,是中华人民共和国成立初期大规模经济生产和社会快速发展需求下的产物。

第一次全国高等教育会议召开以后,部分高等学校开始协助相关业务部门着手设立专修科。南京大学、金陵大学就在当时受林垦部委托开办森林专修科。② 随着院系调整工作的全面展开,专修科的发展也在1952年达到高峰。苏南师范学院创办初期就设有18个专修科。③《关于1952年暑期全国高等学校招生计划及其实施问题的指示》中规定:"在各区或各校招生计划拟定时,应充分贯彻短期速成与长期培养统筹兼顾而以大量举办专修科为主的方针:工科方面必须实现本科学生占45%,专修科学生及专科学校学生占55%的比例;医科方面必须实现中央卫生部规定专修科学生占50%的比例;其他各科亦应根据这种精神及各科具体情况使专修科学生占应有的比例。"④

江苏地区当时仅剩下3所专科学校,也就意味着附设于高校内的专修科承担起了大部分的专科层次人才的培养工作。直到1953年夏天高等教育部明确逐渐减少专修科的方针,专修科的发展势头才慢慢减缓。1957年的招生计划显示,招收10 700人,除师范、农科、医科、艺术等有少数专修科外,其余都是招本科生。⑤ 说明此时专修科的发展热潮基本消退。

(四) 私立高校的"消亡"

院系调整中,高等院校的另一个巨大的变化就是所有的院校都收归国有,私立高校暂时性地退出了历史舞台。民国初年,由于国民政府对于私立高校法律地位的认可,出现了"竞办大学"的景象,私立院校的数量急剧增加,以政法学校为最。到调整前,江苏地区还有私立高校11所,几乎占据了高校总数的一半之

---

① 高等教育部办公厅. 高等教育文献法令汇编(1949—1952年)[G]. 1958:49.
② 胡建华. 现代中国大学制度的原点:50年代初期的大学改革[M]. 南京:南京师范大学出版社,2001:64-65.
③ 苏南区高等学校院系调整工作总结(未定稿)[A]. 江苏省档案馆,档案号:4013-002-0637.
④ 高等教育部办公厅. 高等教育文献法令汇编(1949—1952年)[Z]. 1958:101.
⑤ 1957年3月至1958年2月高等教育工作计划要点(草稿)[A]. 江苏省档案馆,档案号:4013-007-0014.

多。国民政府统治时期,江苏的公立院校又划分为国立和省立两类,江苏地区国立高校多达9所,省立3所。接管后,中央规定除私立学校名前加"私立"外,其他各级学校校名前不加国立、省立、市立字样。在前奏和初步调整阶段,江苏的私立院校进行了整顿和调整,合并、停办和降格了部分私立院校。经过初步调整之后,江苏地区的私立高校仍有4所,分别是:东吴大学、江南大学、南通学院和苏州艺术专科学校。到了全面院系调整阶段,所有的私立高校均改为公立。

私立高校包括国人创办的私立院校和接受外国津贴的教会大学两种。对于私立高校的接管,在维持稳定的基础之上,采取分步接管的方式进行。接管前,江苏的11所私立高校中有8所是国人自办,接管过程较为顺利。金陵大学、金陵文理学院和东吴大学三所是接受美国津贴的教会大学,直到1951年,这三所教会大学才真正意义上被中国人民政府接管。1951年1月,私立金陵大学和私立金陵女子文理学院合并为金陵大学,改为公立,由南京市人民政府接管。东吴大学也随后被接管,但仍维持私立属性。在全面调整中,金陵大学被取消,其文理学院并入南京大学,其他系科分别并入其他专门学院。东吴大学也被撤销,其院系被撤并。在中华人民共和国成立后的政治背景之下,美国代表着美帝国主义,其在中国所办的高校带有文化侵略的性质。也许,正是由于这种性质的存在,虽然已被接管,但江苏的教会大学还是随着这轮院系调整工作的开展,而最终彻底"消亡"。

中华人民共和国成立前,私立高校的兴盛带动了高校与社会发展的关联性,可视作是自发的自下而上的社会服务功能的体现,而院系调整开始后,中央统一则是规定和强化了高校的这一职能。这也从另一个方面证明了私立院校的发展活力。私立高校在20世纪50年代院系调整中的"消亡",对高校类型多元化、自主发展等方面产生了一定影响。

三、高等院校形式结构变化

新中国教育的方针之一是向工农大众开门,为工农大众服务。20世纪50年代院系调整工作也秉持这一方针,从而间接推动了成人教育、业余教育等其他高等教育形式的兴盛。例如,开设函授大学、夜大学等形式,区别于大学、学院等

第五章　20世纪50年代院系调整后江苏高校的发展变化

传统的高校形式,对于新中国成立初期国家对于建设人才的急需具有一定的缓解作用。这些教育形式在高等教育体系之外表现得更为明显,职工业余学校和农民业余学校的创办是当中的典型。1952年上半年,苏南区职工业余教育学校为59所,较上学期增加69.02%。农民业余教育学校18 755所,较上学期增加404%。[①] 业余学校的数量规模可见一斑,其教育层次从小学、初中到高中也是一应俱全,在扫除文盲,提升工农大众的政治文化水平方面起到了重要的作用。

工农速成中学就是在这一背景下应运而生,不仅负责选拔工农大众中的优秀干部、青年进行培养,打好高中阶段的文化科学知识基础,同时也联通了高等学校的生源通道,使他们能升入高等院校深造。工农速成中学设立的目的在于选拔和培养工农阶级自己的知识分子队伍。1950年起,中央和各大区开始创办工农速成中学。1950年5月,苏南地区试办工农速成中学一所,容纳学生100人,由党政军工农各机关选调优秀工农干部参加学习。[②] 这也是我国最早创办的工农速成中学之一。1951年2月颁布的《工农速成中学暂行实施办法》,要求高等学校根据实施办法的相关规定,附设工农速成中学。[③] 1957年江苏省教育厅、高等教育局更是根据中央精神制定了《选送工农速成中学应届毕业生免试升入高等学校暂行办法(草案)》发至各高校修正、执行。[④]

随着工农速成中学的发展,其办学弊端也日益显现。选拔出的优秀工人和干部离开单位脱产学习,不仅给工作单位造成困难,而且由于多数人的基础较差,学习难度也很大,速成中学并不能够实现人才的"速成"。因此,1955年教育部与高等教育部发出《关于工农速成中学停止招生的通知》,工农速成中学逐步转为普通中学,1958年以后,校名中也不再出现"速成"二字,变为"工农中学"。工农速成中学作为高等学校的预备学校,也参与了此轮院系调整工作,其产生、发展和终结伴随着20世纪50年代院系调整的整个过程,院系调整落下帷幕后,工农速成中学的历史使命也正式完结。

---

① 苏南人民行政公署教育处一九五二年上半年工作报告[A].江苏省档案馆,档案号:4013-002-0637.
② 1950年上半年苏南教育工作概况[A].江苏省档案馆,档案号:4013-002-0637.
③ 高等教育部办公厅.高等教育文献法令汇编(1949—1952年)[G].1958:162.
④ 工农速中毕业生直升高等学校的规定及往来文书[A].江苏省档案馆,档案号:4013-008-0029.

四、高等院校区域结构的变化

江苏全境解放后,设苏北、苏南行署区和南京市三个省级行政区,到1953年三个行政区才合并,恢复江苏省建制。江苏的区域结构也自然地划分为苏北、苏南和南京。江苏地区高等院校的区域结构伴随着20世纪50年代院系调整的阶段发展而不断发生着变化。

表5-2 院系调整前后江苏高等院校区域分布情况

	南京市	苏南地区	苏北地区
院系调整前 (1949年接管前夕)	国立中央大学 国立政治大学 国立音乐院 国立药学专科学校 国立戏剧专科学校 国立东方语文专科学校 国立边疆学校 私立金陵大学 私立金陵女子文理学院 私立建国法商学院 私立重辉商业专科学校 私立南京工业专科学校	国立社会教育学院 国立江苏医学院 省立苏州蚕丝专科学校 省立苏州工业专科学校 省立教育学院 私立东吴大学 私立苏州美术专科学校 私立江南大学 私立无锡国学专修学校 私立正则艺术专科学校	私立南通学院 华中新闻专科学校
合计:24	12	10	2
初步调整后 (1951年)	南京大学 金陵大学 华东药学专科学校 华东水利专科学校	东吴大学 江南大学 江苏医学院 文化教育学院 苏南工业专科学校 苏南蚕丝专科学校 苏州美术专科学校	南通学院
合计:12	4	7	1
全面调整后 (1953年)	南京大学 南京工学院 南京农学院	苏南师范学院 江苏医学院 苏南工业专科学校	苏北医学院 苏北农学院 苏北师范专科学校

第五章 20世纪50年代院系调整后江苏高校的发展变化

（续表）

	南京市	苏南地区	苏北地区
	南京林学院 华东航空学院 华东水利学院 华东药学院 南京师范学院 中国人民解放军第五军医大学 南京航空工业专科学校	苏南蚕丝专科学校 华东艺术专科学校	
合计：18	10	5	3
院系调整后 （1957年）	南京大学 南京工学院 南京农学院 南京林学院 华东水利学院 华东药学院 南京师范学院 南京医学院 南京航空学院 南京化工学院(筹建)	江苏师范学院 苏州医学院 华东艺术专科学校	苏北农学院 苏北师范专科学校
合计：15	10	3	2

注：根据《江苏省志·教育志》等文献资料整理。

20世纪50年代院系调整前，以南京市的高校数量最多，为12所，占江苏地区高校总数的50%。苏南地区其次，10所，占41.7%；苏北地区只有2所，占8.3%。其中1所是抗日民主根据地高校，其余都是从国民政府手中接管而来。经过接管和初步调整，江苏高校的数量急剧减少，南京的变化最为明显，变为4所，占高校总数的33.3%；苏南地区7所，占58.3%；苏北地区1所，占8.3%。到了全面调整阶段，南京的高校数量又增加到10所，占总数的55.5%；苏南地区5所，占27.8%；苏北地区3所，占16.7%。院系调整结束后，南京10所，苏南地区3所，苏北地区2所，各占总数的66.7%、20%和13.3%。

从这些数据的变化中，我们可以发现，解放后接管前，南京和苏南地区高校的数量旗鼓相当；接管后，南京市的高等院校的数量和所占比例都明显减少。接管前，南京的12所高校中，国立高校7所，接受美国津贴的教会大学两所。大部分高校在接管时就被停办或是外迁，两所教会大学也在接管后被合并改为公立性质。全面调整开始后,南京高校的数量增多,这与调整重点为发展专门学院有关。这一时期新增的高校基本是在原国立中央大学的院系基础上建成的专门学院,国内规模最大的综合大学也在全面调整中分解。

苏南地区在解放后接管前,公立高校和私立高校各5所,院校以文科类居多,也有农科和工科。但院系调整结束后,苏南地区高等院校中已不见农、工科的"踪影"。苏北地区接管前就是江苏高等教育的弱势区域,院系调整中也注重了区域布局的合理化,先后新增了医学院、农学院和师范专科学校,但原先的私立南通学院被撤并,后医学院又迁至苏南地区,苏北地区高校的数量在院系调整落幕时并未增加。大规模院系调整阶段以发展工业类和师范类的专门学院为重点,但苏北地区只成立了一所师范专科学校,并未成立与工业相关的院校。因此,院系调整中,江苏高校区域分布不均衡的现象一度得以缓解,但经历局部调整阶段之后,由于省内高校的调整和对西部高校的支援,江苏地区高校区域分布不均衡的现象又凸显出来,苏南、苏北地区工业类院校的缺失问题体现得更为明显。

第二节　系科专业变化

20世纪50年代院系调整实则围绕系科、专业展开,牵涉到各高校系科之间的合并重组、专业的设置,以及在原有高校院、系基础上新建专门院校。因此对于系科、专业的变化影响极大。

一、专业的引入

专业的概念从苏联引入,随中华人民共和国成立初期的院系调整推行开来,专业的设置也是参照苏联经验。苏联的高等教育体制中,专业是培养高级专门人才的目标,系只是行政单位。教育行政部门根据国家建设需要确定全国的专业设置,并以此为基础进行有计划的招生。各高校在专业设置的基础上形成系,组织开展教学工作。院系经过全面调整之后,按高等学校培养人才的范围分为大学、多科性工学院、工业方面单科性学院、农学院、林学院、医学院、师范学院等。"这次院系调整的一个重要方面,在于有步骤地确定每个高等学校所设的

'专业',使各校皆有明确的任务,集中力量培养某几个行业国家建设需要的专才,同时使各地区内各校专业的设置得到适当的配合,如此可以减少人力物力的浪费,并使全国培养出来的高级专门人才,数量增多,质量提高。"①

"专业"不同于旧的高校组织形式中"系"和"组"的概念。系和组负有行政管理职能,而专业没有,专业是纯粹的对于人才的类别划分。也不同于旧的院系设置,不是自上而下,而是国家根据社会建设的需要,设定全国的专业规划,再由各高校根据实际条件设置专业。专业设定后,再由一个或几个性质相近的专业组成系。高校中的专业与社会上的专门职业相互对应,直接为对应的职业输送专门人才。中华人民共和国成立初期我国的专业设置完全仿照苏联,有些专业的划分则很细,特别体现在工学院之中,由于工业的专门化的发展方向,使得工科专业的划分比以前的还要细得多。仿照苏联设置专业的初衷是为了避免走弯路,在具体实践苏联经验的基础上总结更适合中国实际的方式,在当时极大满足了社会对于建设专才的需要。

二、系科调整基础上院校的新建与系科变化

20世纪50年代院系调整基本是围绕着系科的合并、重组等工作展开的。江苏高校系科的变化除了由于专业的引入,设置形式由自上而下变为自下而上外,还具体地体现为迁入、迁出、合并、撤销等变化形态。经过对调整过程的梳理发现,省外迁入江苏的系科有:武汉大学的园艺系农产品加工组、农化系的农产制造组、水利相关系科;浙江大学的农化系、航空系、无线电通讯和广播专业,农学院的畜牧兽医系和农业化学系的土壤组、土木系水利组;厦门大学工学院的机械系,电机系、工学院的电信及火力发电部分系科、水利方面系科;复旦大学的农化系;山东工学院的无线电通讯和广播专业;交通大学的水利工程系、药学系;同济大学土木系水利组;山东农学院农田水利系;齐鲁大学药学系;私立上海震旦大学托儿专修科;私立广州岭南大学社会福利系儿童福利组;上海美术专科学校艺术系;山东大学艺术系;四川大学地理学系;武汉水利学院的水道及港口水工专业;华中农学院林业系等。江苏迁出至外省的系科有:东吴大学的法学院(沪

---

① 曾昭抡.高等学校的"专业"设置问题[J].人民教育,1952(9):6-9.

校)、化工系、社会学系、经济系、工业管理系;南京大学法学院的政治系、法律系、经济系、哲学系;南通学院的纺织科;江南大学的化工系;苏州美术专科学校的动画科;苏南文教学院的电化教育专修科;金陵大学的电影播音专修科;南京工学院的无线电工程系;苏南蚕丝专科学校的专科系科等。调出江苏的系科和专业共有21个,调进的为16个。[①]

江苏地区在20世纪50年代院系调整中先后新建的16所高等院校都是在系科调整的基础之上,为培养专门人才而建成的。淮河水利工程专科学校是由苏北建设学校水利科与华东水利部的水文技术人员训练班合并成立。南京工学院是以南京大学工学院的电机、机械、土木工程、建筑、化工等系为基础,同时将金陵大学、武汉大学、浙江大学、复旦大学、厦门大学和山东工学院的相关系科并入其中。华东水利学院是由南京大学、交通大学的水利系,以及同济大学、浙江大学、厦门大学、武汉大学、山东农学院、华东水利专科学校、淮河水利学校的有关系科合并建成。华东航空学院由南京大学、交通大学、浙江大学的航空系合并而成。南京林学院由南京大学和金陵大学的森林系合并而成。南京农学院是以南京大学农学院和金陵大学农学院为基础,浙江大学农学院部分系科并入其中而成。南京药学院由华东药学专科学校、齐鲁大学药学系和东吴大学药学专修科合并建成。南京师范学院是以南京大学师范学院为主体,与金陵大学、私立上海震旦大学、私立广州岭南大学等相关系科合并而成。南京航空学院并入了苏州航空工业专科学校。中国人民解放军第五军医大学是以南京大学医学院为基础建立而成。江苏师范学院以苏南文化教育学院为主体,东吴大学和江南大学相关系科并入其中。苏州医学院由南通学院的医科扩建而成。华东艺术专科学校由上海美术专科学校、苏州美术专科学校和山东大学的艺术系合并建成。苏北农学院由南通学院、江南大学和苏南文教学院的农教系合并而成。苏北师范专科学校则集中了苏北行署文教处委托扬州中学代办的数理专修科、私立通州师范学校代办的文史专修科和丹阳艺术师范学校代办的艺术专修科等。南京化工学院是在南京工学院化学工程系的基础之上进行筹建。这些新建高等院校多数都是专门学院,少数为专科学校。此类按学科门类分类的高校在这轮院系调整前后的变化是较大的。

[①] 江苏省教育工作的回顾与今后规划意见(初稿)[A].江苏省档案馆,档案号:4013-002-0590.

表 5-3　院系调整前后江苏地区按学科门类分类高校设置情况统计表

学校类别	多科性高等工业学校	单科性高等工业学校	高等师范学校（教育）	高等农林学校	高等医药学校	高等政法财经学校	高等语文学校	高等艺术学校
院系调整前	2	0	2	1	2	3	3	4
初步调整后	1	1	1	1	2	0	0	1
全面调整后	2	3	3	3	4	0	0	1
院系调整后	1	3	3	3	3	0	0	1

注：根据《江苏省志·教育志》等文献资料整理。

根据表 5-3 所示，江苏在院系调整前以政法、财经、语文、艺术类的高等院校居多，再加上综合大学中央大学、金陵大学、东吴大学和江南大学，以及金陵女子文理学院（金陵女子文理学院如果按照院系调整后对综合大学的界定，也应划属综合大学范畴）等学校中都设有文科，中央大学、金陵大学、江南大学和南通学院中设有工业类系科。总的看来，调整前文科在江苏的高等学校中占据主导地位，而工业类、农林类系科相对较为缺乏。全面调整之后，江苏系科调整基础上新建专门院校的工作基本完成，以学科门类为基础，为培养专门建设人才而建立的专门学院成为江苏高等学校形态的主流，综合大学被分解成文理大学性质。从调整之后的数据来看，工业高等院校的数量最多，工业类、师范类、农林类的院校较调整之前增加幅度最大。工业类的高校又划分为多科性的和单科性的，其中单科性的工业学校居多。而艺术类高校由调整前的 4 所变为调整后的 1 所，政法、财经、语文类高等院校更是"不见踪影"。文科从主导地位变为从属地位，而工科的发展则异军突起。

三、系科的区域布局变化

20 世纪 50 年代院系调整前，江苏地区的系科的区域分布与当地的经济产业发展息息相关。例如苏南地区，私立江南大学是民族资本家荣德生及其子为发展苏南工农业经济所办的大学。荣氏当时开办的企业主要经营纺织和面粉工业，无锡又是当时江苏纺织业最为发达的地区。因此，我们发现江南大学农学院设置了三个系科，分别是农艺系、农产制造系和面粉专修科，与当地的纺织工业和面粉工业的发展相关联。1950 年江南大学成立了新中国第一个食品工业系，成为食品工业系的鼻祖。调整后,江南大学被撤销,其系科被并入其他高校。例如,化工系并入华东化工学院,机械、电机、食品工业3个系并入南京工学院,数学系并入苏南师范学院等。江苏省立苏州蚕丝专科学校也与苏州当地的农桑经济和缫丝工业发展有关。在1953年的院系调整中,苏州蚕丝专科学校取消校名,改为中等技术学校,其专科部分并入浙江农学院。调整后的苏南地区高等院校内没有了工业类、农业类的系科。

苏北地区调整前高等院校数量稀少,以私立南通学院为代表。该校坐落于南通市,南通当时的棉作物产量居江苏首位,以棉作物为首的农业经济较为发达,因此,南通学院开设了农艺系、农业化学系、纺织工程、染化工程等围绕棉作物经济发展的系科。其农科、医科、纺织科都是国内创办最早的相关院校之一。南通学院以纺织科著名,曾拥有"中国纺织工程师的摇篮""中国纺织黄埔军校"等美誉。在院系调整中,南通学院的农科迁至扬州,与江南大学的农艺系和苏南文教学院的农教系合并组建苏北农学院;其医科扩建为苏北医学院;纺织科迁至上海,与上海纺织工学院合并成立华东纺织工学院。南通学院撤并以后,苏北地区的高校均没有工业类的系科。

南京市在调整前有综合性大学两所,系科覆盖了文、理、法、师范、工、农、医。政法、财经类高校3所,工业类高校1所,语文类高校1所,医药类高校1所,艺术类高校2所。此外,金陵文理学院下设文、理科,国立边疆学校下设师范科、文理科。院系调整后,综合大学1所,下设文、理科。工业类高校4所,农林类高校2所,医药类高校2所,师范类高校1所。江苏工业类的高校都集中于南京地区。虽说院系调整期间注重了高等院校的区域布局,但江苏地区不管是从高校数量来看,还是从系科分布来看,南京市的权重都要远远大于苏南和苏北地区,工业类系科的分布失衡经过此轮院系调整后似乎反而体现得更为明显。

表5-4 院系调整前后江苏地区高校按学科门类分类的区域分布

地区	类型 时间	高等工业学校	高等师范学校(教育)	高等农林学校	高等医药学校	高等政法财经学校	高等语文学校	高等艺术学校
南京市	院系调整前	1	0	0	1	3	1	2
	院系调整后	4	2	1	2	0	0	0

第五章　20世纪50年代院系调整后江苏高校的发展变化

（续表）

时间	地区	类型	高等工业学校	高等师范学校（教育）	高等农林学校	高等医药学校	高等政法财经学校	高等语文学校	高等艺术学校
苏南地区		院系调整前	1	2	1	1	0	1	2
		院系调整后	0	1	0	1	0	0	1
苏北地区		院系调整前	0	0	0	0	0	1	0
		院系调整后	0	1	1	0	0	0	0

注：根据《江苏省志·教育志》等文献资料整理。

第三节　教育理念变化

20世纪50年代院系调整发生在中华人民共和国成立初期——正好处于改造旧教育和发展新教育的承上启下的阶段，进一步加强和巩固了对旧教育的改造，明晰了新教育的发展方向，使之更加适合新中国建设的需要，更加符合服务于工农大众的定位。

新中国成立前我国的高等教育借鉴欧美模式和经验，而新中国成立后则全面师法苏联。高等教育的发展目标、定位以及蓝本的变化也导致了教育理念的变迁。特别是贯穿于20世纪50年代院系调整的知识分子思想改造以及持续不断的思想教育和政治理论学习，推动和加速了知识分子教育理念的变化。知识分子的思想改造运动为院系调整的顺利完成奠定了思想基础。从院系调整的阶段性的过程中也能清晰地看出知识分子教育理念的变化。教育理念的变化主要反映在教育思想和价值判断两个层面之上。

一、调整前后教育思想的转变

有关高等教育的教育思想在此轮院系调整前后是存在比较大的差异的。教育思想的变迁与我国高等教育的目标定位及学习仿照的蓝本有着莫大的关系。中华人民共和国成立前大学教育大多崇尚学术自由。

院系调整与江苏高校的发展

学术自由的教育思想源于中世纪大学,在洪堡时代中演变成为德国高等教育的核心观点,既包含了教的自由和学的自由,也包括了学术独立和思想自由,教师和学生享有充分的自主权。在中国,学术自由的思想以蔡元培为先驱,在北大的办学实践中,这一思想被彻底贯彻,也逐渐成为那个时代的主流教育思想。胡适、蒋梦麟等都是践行这一教育思想的代表。学术自由一度成为大学的灵魂所在,代表了大学的精神和信仰。国民党统治时期的高等教育虽然也受到国民政府的严格管控,但由于当时紧张的政治局势和战争形势,国民政府应接不暇,实际上还是留给了高等教育相当大的自由度和发展空间。因此,学术自由的教育思想在当时流行起来。也正是这种自由化的学术氛围,造就了许多著名的教授和学者。蔡元培在北大担任校长期间,要求学生改变学习观念,以求学为天职,不以升官发财为目的。当时的求学、治学环境相对来说是纯粹的,大学就是研究高深学问的机关。

新中国成立后接管时期,遵循的高等教育理念多是理论联系实际的,讲究教育与实际需求的联系。早在抗日民主根据地的高等教育办学实践中,就突出理论联系实际,坚持教育与生产劳动相结合等特点。高等教育在院系调整过程中,其社会功能性被强化和放大,调整后的高等教育在一定程度上适应了新中国成立后经济复苏和社会快速发展的需要,为社会主义建设输送了大批建设人才。

教育思想的大相径庭也衍生出两种截然不同的教育模式:通才教育和专才教育。通才教育重视知识的综合性和广泛性。以梅贻琦的教育思想为例,他认为大学教育观的核心是"通才教育"。大学阶段的培养目标应为"通才",不应该也不可能由大学承担直接为各行各业培养"专才"的任务,而"专才"的培养任务应由专科院校来完成。中华人民共和国成立前,综合性大学的数量要多于专科院校,其地位也要远远高于专科院校。综合大学在当时得以长足发展,江苏地区以国立中央大学和私立金陵大学为杰出代表。随着社会的发展,知识量急剧增长,通过几年的高等教育造就"通才"的难度也越发增加,也无法满足经济建设、工业生产快速发展的需要。院系调整转而以培养为社会经济、文化建设服务的各行各业的"专才"为目的。因此,在此次院系调整中模仿苏联模式,大力发展专门学院,而非欧美模式中的专科院校——只是少量保留专科学校,综合大学的地位也大幅降低。专才教育满足了新中国建设发展对于专门人才的需求,但也显现出学生知识面窄,基础薄弱等弊端。

第五章　20世纪50年代院系调整后江苏高校的发展变化

1950年召开的全国第一次高等教育会议上,提出院系调整相关任务时引发了与会人员的激烈争论。会议争论的焦点即大学的专科化倾向。有学者认为,"大学与专科各有任务不同""大学应维持一定水平",反对"把大学校名存实亡的改为专门学校",反对片面理解"理论联系实际",反对忽视理论基础教育等。① 这些反对的声音导致院系调整工作一度受阻。然而,几个阶段的院系调整下来,专才教育已然成为必然,大多数知识分子也欣然接受了调整中教育思想的变革。

二、调整过程中出现新的价值判断

院系调整中也暴露出知识分子对于高等教育发展的价值判断的变化。首先是对此轮院系调整工作本身的价值判断发生了扭转。被视为拉开20世纪50年代院系调整工作序幕的工学院院长会议中出现了这样的观点:"被调整是光荣的,这次不被调整是不被重视。"平日里较为保守的教授也认为调整是"大势所趋,不可抗拒"。② 相较高等教育会议上的争论,这种价值观的转变,被认为是工学院院长会议重要的收获之一。

其次,表现在对学校的价值认同上。苏南区调整时,大多数人希望到苏南师范学院,认为是重点学校,进去是光荣的。苏南文化教育学院图书管理员因为被分配到苏南师范学院,老婆竟大哭一场。③ 20世纪50年代院系调整重点发展工业学院和师范学院,工科人才和师资的培养也日益被重视起来。相比中华人民共和国成立前人们对于综合大学的推崇,对于专门学院的价值认同在此轮院系调整中也逐步显现出来。苏州美术专科学校在调整时,学生因为可能留在苏南师范学院而产生了情绪上的波动,认为"华东比苏南好""做不了专家了""当教师没出息"等。后知被调整到华东艺术专科学校后,则喜形于色、奔走相告。④ 其中,我们能够解读出"专家",也就是专业人才的地位在当时还是要高于教师的。这与高等教育和社会建设的密切联系有关。培养能服务社会发展的专门人才是

---

① 王红岩.20世纪50年代中国高等学校院系调整的历史考察[M].北京:高等教育出版社,2004:163.
② 张宗麟.改革高等工业教育的开端[J].人民教育,1952(1):9-12.
③ 苏南区高等学校院系调整工作总结(未定稿)[A].江苏省档案馆,档案号:4013-002-0637.
④ 同③.

第一要义,师资的培养也是为了辅助"专家"的培养。

至于"华东比苏南好"的说法也折射出当时对于高校冠名层级的价值判断。而另一方面,我们又发现,江苏境内原先多所以华东命名的高校,在此轮院系调整中陆续更名,只剩下华东水利学院和华东艺术专科学校。其中,华东艺术专科学院又于1958年更名为南京艺术专科学校。校名的变化间接反映出那个时期我国高等教育格局和定位的调整变化。

第四节　管理体制变化

20世纪50年代院系调整工作的推进也带来了高等学校管理体制的变化,这一变化又体现在外部领导体制的变化和内部管理体制的变化两个方面。

一、外部领导体制变化

中华人民共和国成立前,高等教育方面呈现为极端的无政府和脱离实际需要的状态。国民政府曾一度加大对于高等教育的管控力度,但由于时局和战争影响,这种管理并不具有持续性和稳定性。中华人民共和国成立后,我国的政治、经济都走向统一化、计划化,高等教育为配合国家发展也走上了统一化、计划化的道路。[①] 对于当时的高等教育而言,当务之急就是消除国民党政府的残余影响,明确各高等院校的领导关系。20世纪50年代院系调整工作有计划、分步骤地实施,落实和推进了高等教育领域的统一计划和统一领导,逐步形成了高等学校的领导体制。

1950年政务院第43次政务会议通过的《关于高等学校领导关系的决定》中规定,"(一)中央人民政府教育部对全国高等学校(军事学校除外)均负有领导的责任,各大行政区人民政府或军政委员会教育部或文教部均有根据中央统一的方针政策,领导本区高等学校的责任。(二)华北区内高等学校,除已交由省政府领导者外,由中央教育部直接领导。其他各大行政区内高等学校,暂由中央教育

---

① 曾昭抡.三年来高等教育的改造[J].人民教育,1953(1):14.

第五章　20世纪50年代院系调整后江苏高校的发展变化

部委托各大行政区教育部直接领导；中央教育部得视条件，有计划、有步骤地将各地区高等学校收归中央教育部直接领导。各地高等学校应与所在地省、市人民政府密切联系，省、市人民政府对当地高等学校应在政治学习、参观实习、警卫及一般人事等方面予以积极协助。(三)综合性大学及与几个业务部门有关的专门学院，归中央或大行政区教育部直接领导。教育部关于此类学校的业务教育及参观实习，应与政府其他有关部门密切联系，会商办理，各有关部门应积极负责予以具体帮助和指导。只与某一业务部门有关或主要与某一业务部门有关的高等学校，其日常行政、教师调整配备、经费管理、设备及参观实习等事宜，得由中央或各大行政区人民政府或军政委员会有关部门直接领导。"①除少数学校由人民政府教育部或其他有关业务部门直接领导外，绝大多数高校都是委托各行政区人民政府或军政委员会教育部直接领导。

中央集权化的政治制度和计划经济的实施，使我国的高等教育逐步趋向集中统一化。大规模经济建设的需要，对建设人才的培养提出了更高的要求。因此，也需要进一步加强对高等教育的统一领导。随着高等教育部的成立，各大行政区组织机构的调整，1953年5月的政务院第180次政务会议上对高等学校领导关系进行了修正、补充。"(一)综合性大学由中央高等教育部直接管理。(二)与几个业务部门有关的多科性高等工业学校由中央高等教育部直接管理。但如中央高等教育部认为必要，得与某一中央有关业务部门协商，委托其管理。(三)为某一业务部门或主要为某一业务部门培养干部的单科性高等学校，可以委托中央有关业务部门负责管理。(四)对某些高等学校，中央高等教育部及中央有关业务部门认为直接管理暂时有困难时，得委托学校所在地的大行政委员会或省、市人民政府或民族自治区人民政府负责管理。"②该决定还明确了高等教育部对全国高校具有统一的领导权，其颁布的有关高等教育的建设计划(包括高校的设立或停办、院系及专业设置、招生、基建等)、财务计划、财务制度(包括预决算制度、经费开支标准、教师学生待遇等)、人事制度(包括人员任免、师资调配等)、教学计划、教学大纲、生产实习规程等，全国高校都必须严格执行。

中央对于高等教育的统一领导权体现在了高校运行的方方面面，从高校的

---

① 高等教育部办公厅.高等教育文献法令汇编(1949—1952年)[G].1958:31-32.
② 高等教育部办公厅.高等教育文献法令汇编(第一辑)[G].1958:47-48.

建设、财务、人事到基础的教学职能都在国家的统一领导之下。伴随着20世纪50年代院系调整工作的开展,我国高等学校从无政府状态,过渡到有计划、统一化的领导体制格局,且这种领导体制不断强化,领导的力度也在不断加强。经修订和调整之后,江苏境内各高校的直接管理关系如下表所示:

表5-5 江苏各高等学校直接管理关系的具体规定①

	综合性大学	多科性高等工业学校	单科性高等工业学校		高等农林学校			高等医药学校			高等艺术学校
校名	南京大学	南京工学院	苏南工业专科学校	南京航空专科学校	华东水利学院	华东航空学院	南京农学院	南京林学院	苏北农学院	江苏医学院	苏北医学院	华东药学院	华东艺术专科学校
地址	南京	南京	苏州	南京	南京	南京	南京	南京	扬州	镇江	南通	南京	无锡
原属何部门管理	华东教育部	华东教育部	江苏省人民政府	中央第二机械工业部	华东教育部	华东教育部	华东教育部	华东教育部	江苏省人民政府文教厅	江苏省人民政府卫生厅	江苏省人民政府卫生厅	中央卫生部	江苏省人民政府文教厅
今后由何部门管理	华东行政委员会高等教育局	华东行政委员会高等教育局	华东行政委员会高等教育局	中央第二机械工业部	华东行政委员会高等教育局	华东行政委员会高等教育局	华东行政委员会高等教育局	华东行政委员会高等教育局	华东行政委员会高等教育局	江苏省人民政府	江苏省人民政府	江苏省人民政府	华东行政委员会文化局

1957年,《关于高等教育事业体制的初步方案》中又对高等学校的领导关系进行了进一步修订。"1.综合大学与工学院校一律由高等教育部负责直接领导。现在已由各工业交通部门领导的工科学校,如有关部门愿继续负责领导时,仍旧不变。2.凡是为全国范围培养干部的财经、语文院校,由高等教育部负责直接领

---

① 参照高等教育部办公厅.高等教育文献法令汇编(第一辑)[G].1958:50-59.

第五章 20世纪50年代院系调整后江苏高校的发展变化

导。3.师范、农林、医药、艺术、体育、政法及民族等院校一律由中央有关业务部门负责领导；中央各有关部门根据因地制宜的原则，可全部或部分交由地方管理。4.交由地方管理的高等学校，列入地方事业编制。"①至此，高等学校的领导管理权逐渐下放，部分高校由省、自治区、直辖市直接管理，高等教育部对全国高校的管理职责也开始变得宏观起来，执行协助、检查、指导等职能。

此外，高等教育的经费投入也有所变化。前文提到接管前江苏的高等教育虽身处于动荡的时局当中，但教育经费相对充足，科、教、文的经费不低于全省预算总额的25%。充足的经费是高等教育保持较高发展水平的保障。私立高校的发展在那个时期之所以参差不齐，也与经费充足与否有着莫大的关联。接管后，新中国一切处于起步阶段，特别是经济环境较为恶劣，面临着恢复和发展经济水平的重任。因此，教育经费的投入就显得捉襟见肘。在第一个五年计划期间，修建了校舍600余万平方公尺，采购图书2000多万册，采购仪器设备价值3亿2千万元。② 看得出新中国在恢复和发展经济建设之余，也在尽可能满足高校发展的需要。1950年至1957年国家财政预算中的教育支出分别为3.76亿元、7.42亿元、11.03亿元、19.25亿元、19.97亿元、19亿元、26.53亿元、27.98亿元。1952年教育支出占财政总支出的6.41%，到了1957年也只占总支出的9.45%。③

院系调整的这几年间，教育的经费投入基本上每年都有增长，但增长幅度并不明显，占总财政支出的比例也相对较低，这与建国初期国家经济状况有关。以金陵大学为例，1951年接受美国的津贴为98 000美元，其学杂费收入为12 761美元，津贴的收入足有学费收入的7倍有余。金陵大学在这时期的发展也是有目共睹的。接管后的金陵大学，不再接受美国教会的津贴，转而接受政府的补助。加之转为公立后，统一招生，低收费甚至于长期不收学费，因此，与之前充足的经费相比，存在比较大的差距。也鉴于此方面的原因，金陵大学和金陵女子文理学院无法独立办校，才合并为一校。虽然经费不是决定高校发展水平的唯一因素，但也在一定程度上制约了江苏地区高校的发展。

---

① 关于高等教育事业体制的初步方案（草稿）[A].江苏省档案馆，档案号：4013-007-0012.
② 高教部刘皑风副部长在江苏省高等学校座谈会上的讲话（记采稿）[A].江苏省档案馆，档案号：4013-002-0641.
③ 贾明慧.1949年中国教育财政投入的演变[D].杭州：浙江大学，2009.

二、内部管理体制变化

20世纪50年代院系调整工作也带来了高等学校内部结构和内部管理体制的变化,这种变化是全国范围内的共性的改变,江苏亦然。中华人民共和国成立初期,我国高等学校的内部管理体制也主要效仿苏联。当时苏联的做法是:高等学校设校长一人,视学校的规模设一到两个副校长。校长为最高领导权力人,全面领导、负责高校的运行。但为了实现集体领导,苏联的高校在校长领导之下设有科学会议,负责讨论教务、科研、学位授予、职称评定等问题。各系设系主任,也设系的科学会议。讲座是高等学校的教学和科学研究的基本组织,由同一学科的教授、讲师组成,讨论制定学科的教学计划和研究计划,再由学校汇成全校的总计划。一个系以内的讲座由系主任领导,两个以上共同课程的讲座由校长领导。① 主要实行的是"一长制"的领导体制。

1950年,我国颁布了《高等教育暂行规程》,规定了我国的高校采取校(院)长负责制,即"一长制"。校(院)长由中央人民政府任命,是高等学校的最高领导人,负责一切教学、研究、行政、人事等事务。同时,也设立校务委员会,由校长担任主席,学校的计划、预算、制度等重大事项需经校务委员会通过后,由校长主持执行。② 此时的党组织实行党组制,与学校行政之间并不存在领导与被领导关系。直到1956年9月中共"八大"通过的党章中规定,在学校设立党的基层组织,领导和监督学校的行政机构和群众组织工作,我国的高校领导体制逐渐过渡为党委领导下的校务委员会负责制。③

中华人民共和国成立前,我国高校是"校—院—系"三级组织形式。旧的高校组织形式中,一所大学内设有若干院,每院下设若干系,是垂直的行政体制。其院系设置是自上而下的,先有大学,再有院、系、组。由于院系调整工作的推进,为加大专门人才的培养力度,综合性大学拆分为文理性质大学,单科性的专门学院得到了大力的发展。因此,院一级的设置也失去了原本存在的意义。"大学中系上设有院一级,徒然在学校行政上多了一层次,用处极少,效率降低,在许

---

① 程今吾.苏联高等教育情况介绍[J].人民教育,1951(2):24-28.
② 高等教育部办公厅.高等教育文献法令汇编(1949—1952年)[G].1958:54-55.
③ 周川.简明高等教育学[M].南京:河海大学出版社,南京师范大学出版社,2006:214-215.

第五章　20世纪50年代院系调整后江苏高校的发展变化

多学校中则事实上等于虚设。"①中国的高校开始仿照苏联实行"校—系"二级建制的高校内部组织形式,取消院一级建制,以系为教学行政单位,②结合专业和教研组的设置。

```
          校
       （大学或学院）
           │
           ├─── 系
           │     │
教研组────专业
（教研室） │
           └─── 专门化
```

图 5-1　调整后我国高校的内部建制③

20世纪50年代院系调整中,系的建制得以加强,无论是大学还是单科学院都设有系级建制。系是自下而上,按照相近专业设置的基本教学行政组织,承担了教学、科研、专业建设等功能。系又设置教学研究组(室)。一个系一般设置多个教研组(室),一个或多个性质相同的专业组成一个系。一个专业则由一个或多个教研组(室)共同负责和管理。学校设校长,系设系主任,教研组(室)设组主任。专业不是行政管理的层次,而是对于人才的类别划分,不设行政人员。"校—系"的二级组织形式使领导管理更为直接、全面,系主任直接接受校长领导,外界的"阳光"也可以直接照射到学校的基本教学单位之上。加之实行校长负责制的高校领导体制,校长由中央人民政府任命,也更加便于国家对于高等学校的直接管理和掌控。院一级的组织形式的存在使高等学校的权力重心得以下移,是高校自主权的象征。反之,院一级建制的取消,会间接导致高校自主权的弱化。

---

① 曾昭抡.高等学校的"专业"设置问题[J].人民教育,1952(9):6-9.
② 苏渭昌.五十年代的院系调整[J].高等教育学报,1989(4):9-19.
③ 同①.

第五节 师生变化

20世纪50年代院系调整涉及全国3/4的高校,江苏地区的大部分高校也经历了大规模调整,在调整过程中牵涉到大量的师生的流动,使师生群体中间也发生了一系列的变化。

一、师资流动和变化

江苏的高校在院系调整中随着院校和系科的拆分、重组,师资流动变化是巨大的。仅以苏南区东吴大学、江南大学、苏南文教学院三所高校在全面调整阶段的师资调整为例,经梳理发现,请示华东区和自找工作的教师除外,1952年9月统计的统一调动的师资多达102人次,大多数人调至高等学校继续任职,少部分调入中等院校、中学、政府部门任职,或是在其他高校深造学习。其中教授和副教授的人数多达51人,占总人数的50%。调往外省高校任职的教师人数多达41人,其中教授和副教授为25人,占据了被调整的教授和副教授人数的一半之多。

表5-6 苏南区高等学校师资调整表(1952.9)①

单位	系别	教授	副教授	讲师	助教	调至何处
江南大学	化学工程	4	1	1	4	华东化工学院
			1			山东工学院
	工业管理	5	2		3	上海财经学院
	电机工程	2			3	南京工学院
	机械工程	3	1		4	
	食品工业	1			2	

---

① 参照苏南区高等学校院系师资调整名单及调整前后师生员工情况统计表等(1953)[A].江苏省档案馆,档案号:7014-003-0925.

第五章 20世纪50年代院系调整后江苏高校的发展变化

(续表)

单位	系别	人数				调至何处
		教授	副教授	讲师	助教	
	农艺	3		2	3	苏北农学院
	英文		1			苏北农学院
	生物			1	1	苏北农学院
	体育	1			2	苏北区
					1	苏南工业专科学校
	政治				2	非高等院校任职
东吴大学	药学专修科	1		2	2	华东药学院
	化学工程		1			苏南师范学院
	化学工程	2		1	2	华东化工学院
	理学院	2				
	化学				1	
	化学	1				山东工学院
	经济	4	1	1	1	上海财经学院
	生物		1		1	上海医学院
	生物	1			1	上海水产学院
	生物		1			苏南师范学院
	中文	2			1	苏南师范学院
	英文		1			非高等院校任职
苏南文教学院	农艺	4		1	3	苏北农学院
	电影教育专修科				1	非高等院校任职
	农业教育	1	1			非高等院校任职
	语文教育	1	1		1	非高等院校任职
	艺术教育				1	非高等院校任职
	俄文专修科				1	非高等院校任职
合计:102		40	11	9	42	

师资调配、流动中产生的变化主要表现为以下两个方面:

院系调整与江苏高校的发展

一是师资的需求量增加。苏南区在院系调整工作总结中将人员配备视作中心环节只有人事安排定了,其他方面的问题才能迎刃而解。全面调整之后,师资配备上仍存在一些问题,主要表现为:师资缺乏;调配后工资待遇悬殊较大;请示华东调配的人员仍未批准等。① 可见,院系调整除了带来师资的流动变化之外,也显现出一系列的问题,其中最为棘手的就是师资短缺问题。

此轮院系调整重点为培养工业建设人才及师资。随着高等教育的发展和建国初期对于工业建设人才的需求量急剧增加,对于培养工业人才的师资数量的需求也与日俱增。《关于全国工学院调整方案的报告》中就曾指出,为解决工学院师资逐年不足的情况,将工学院的1300名助教在1952年提升为教师,教授工程一类的基础课程。补充1500名助教,在1952年的毕业生中选拔留用,其中917名为工学院助教,其余为理学院及政治课助教。② 院系调整工作序幕的拉开,也意味着高等教育的师资数量进入快速发展时期。

由于工业建设的迫切需要,1953年从高等学校毕业生中留任助教的研究生数量已不能满足各校的实际需求。因此,在这一年中央尽了最大可能在全国高等工业学校中共补充了1664名理、工科助教和782名研究生,甚至于高教部还决定将1300多名初中毕业生分配到各校做教辅人员。③ 江苏普通高校的专任教师,1949年时为1329人,1950年为1513人,1951年为1603人,1952年为1693人,1953年为2179人,1954年为2680人,1955年为2980人,1956年为3507人,1957年为4580人。④ 20世纪50年代院系调整期间,虽然江苏的高校数量由调整前的24所,变为调整后的15所,高校数量减少明显,但专任教师的数量却逐年递增,增幅较为明显的时间段是1952—1953年和1955—1957年,正好处于院系调整的全面调整和局部调整两次影响力较大的调整阶段,与院系调整工作的开展轨迹相吻合。

二是教师中中国共产党党员比例的增加。"高级知识分子,大多出身于剥削阶级家庭,其中有不少的人本身就是资本家,现在还拿定息;或者过去曾任反动党政领导职务。据南京工学院的正副教授75人的统计,本人开过工厂或做过资

---

① 苏南区高等学校院系调整工作总结(未定稿)[A].江苏省档案馆,档案号:4013-002-0637.
② 高等教育部办公厅.高等教育文献法令汇编(1949—1952年)[G].1958:45.
③ 高等教育部办公厅.高等教育文献法令汇编(第一辑)[G].1954:98.
④ 江苏省教育志编纂委员会.教育大事记1949—1988[M].南京:江苏教育出版社,1989:3-89.

第五章　20世纪50年代院系调整后江苏高校的发展变化

方代理的17人,做过高级反动官僚或与反动政府有密切关系的39人,共占61.3%,一贯教书的仅29人,占38.7%。"①因此,对于知识分子的思想改造和教育工作在中华人民共和国成立初期随着院校接管和院系调整工作而推进开来。1956年9月中共"八大"通过的党章中规定,在学校设立党的基层组织,党组织实现了对高等学校的领导权和监督权,高校领导体制也逐渐过渡为党委领导下的校务委员会负责制。②从学校党委一级的领导开始,到系(科)总支一级,再到教研组分层次地加强高校党的领导,从而进一步巩固共产党对高校的领导权。

"插红旗"的工作也逐步开展起来。院系调整的落幕伴随着整风运动,整风运动又进一步巩固了党对高校的领导权。整风前,江苏15所高校中院、校长50人,中共党员为35人,整风中调出2人,免职4人,撤职4人(右派3人,严重右倾1人),病故1人,调进13人,提升2人。党委正副书记原40人,整风中调出4人,免职下放16人,撤职2人,停职待处理2人,调进14人。原正副系主任100人,整风中撤掉6人,其中党员36人,占38.3%。各校共有423个教研组,其中116个教研组已"插上红旗",其正副主任已由党员担任,占27.4%。③

表5-7　1953年2月至12月南京市各高校中教职员、学生党员人数统计表④

	南京大学	南京工学院	南京师范学院	南京农学院	华东航空学院	华东药学院	华东水利学院	南京航空专科学校	合计
2月	80	63	66	46	32	17	33	139	476
3月	88	76	67	52	36	23	35	139	516
4月	320	79	67	61	50	24	45	139	785
5月	322	80	68	61	56	25	44	138	794
6月	327	80	71	62	56	25	45	138	804
7月	326	94	70	67	56	25	45	136	819

---

① 江苏省现有15所高等学校的情况[A].江苏省档案馆,档案号:4013-002-0628.
② 周川.简明高等教育学[M].南京:河海大学出版社,南京师范大学出版社,2006:214-215.
③ 同①.
④ 参照高校党委关于高等学校组织概况统计表和党员统计表(1953)[A].江苏省档案馆,档案号:024-002-0001.

(续表)

	南京大学	南京工学院	南京师范学院	南京农学院	华东航空学院	华东药学院	华东水利学院	南京航空专科学校	合计
8月	321	88	37	63	57	27	44	142	779
9月	409	89	37	63	54	28	44	142	866
10月	431	98	34	68	56	35	47	171	940
11月	433	101	31	74	59	36	49	171	954
12月	436	103	32	72	66	36	53	177	975

从上表的数据中,我们不难发现,师生的党员人数总体逐月递增。党员人数的增加多是通过调入和新发展的方式。到 1957 年 6 月,15 所高校共拥有党员 3 902 人,其中教师党员 708 人,职工 1 036 人,学生 2 176 人,高级知识分子中的党员比例达到 20% 左右。[①]

二、学生变化

江苏高校学生群体除了跟随院系、系科的调整而搬迁外,人数、身份构成以及和学生相关的招生、毕业等工作也发生着变化。

(一) 学生人数变化

江苏的大多数高等学校在接管前的规模较小,学生人数很少。[②] 在此轮院系调整中,大批高校撤办、拆分,高校数量明显减少,但规模壮大,学生的人数也呈现快速增长的趋势。华东区的数据显示,高校的学生人数从 1952 年度的 50 544 人增加到 1957 年度的 109 815 人,共增加了 117%,平均每年增加约 21%。[③] 从 1949 年高校接管到 1957 年院系调整工作结束,江苏每年的高校在校

---
① 江苏省现有 15 所高等学校的情况[A]. 江苏省档案馆,档案号:4013 - 002 - 0628.
② 省人代一届六次大会上高等教育局吴桢副局长的发言[A]. 江苏省档案馆,档案号:4013 - 002 - 0637.
③ 一九五三——一九五七年度华东区教育事业建设计划[A]. 江苏省档案馆,档案号:4013 - 002 - 0073.

第五章 20世纪50年代院系调整后江苏高校的发展变化

学生人数分别为:1949年7 177人,1950年8 185人,1951年9 275人,1952年11 268人,1953年15 474人,1954年19 071人,1955年20 709人,1956年25 804人,1957年29 138人。[①] 学生人数逐年增长,在院系调整全面调整阶段,学生人数增长了157%,院系调整工作结束后,学生人数增长了405.99%,与1949年相比增长了4倍多,比整个华东区的平均增长速度还要明显。学生人数的快速增长与国家建设对人才的迫切需求有关,是招生数量持续增加的结果。1952年全国高等学校拟招收新生50 000名,其中工学院29 500名。但当时全国高中的毕业生仅有36 000人,招生的数量已经远远超出高中的输送能力范围。[②] 因此,只能通过其他渠道补足招生人数。

高校学生数量的持续增长是大势所趋,但快速增长也带来了人才质量下降等负面效应。1956年中共召开第八次全国代表大会,会议上针对高等教育指出"过去几年中有了迅速的发展,但是也发生了强调数量、忽视质量的倾向",并明确提出"今后,应当在保证一定质量的条件下,尽可能继续增加学生的数量。"鉴于学生培养质量的下降,以及某些专业学生已经超出需求,1957年全国在制定招生计划时做了必要的压缩,计划招收10 700人,除师范、农科、医科、艺术等有少数专修科外,其余都为本科生。考虑到本国的高校已有相当的培养能力,基本不派高中毕业生出国留学。[③] 华东区1953年至1957年每年的招生人数分别为21 577人、23 339人、27 105人、34 443人、37 350人[④],1956年高校招生人数涨幅最大,但到了1957年招生的规模得以控制减缓。

学生人数的变化除了体现在人数的持续增长以外,还体现于学生的专业分布上。1952年拟招收的50 000名新生中,工学院招收29 500名。1953年拟招70 000人,工科占29 600人,占总数的42.3%;师范18 300人,占总数的26.1%,居于招生专业的前两位。而文科只有3 000人,仅占总数的4.3%。[⑤] 院系调整之前,江苏地区文科专业占据多数,文科学生也占据较大比重,但随着院系调整工作的推进,学生的专业分布也变为工科居于首位。

[①] 江苏省教育志编纂委员会. 教育大事记1949—1988[M]. 南京:江苏教育出版社,1989:3-89.
[②] 高等教育部办公厅. 高等教育文献法令汇编(1949—1952年)[G]. 1958:45.
[③] 1957年3月至1958年2月高等教育工作计划要点(草稿)[A]. 江苏省档案馆,档案号:4013-007-0014.
[④] 一九五三——九五七学年度华东区教育事业建设计划[A]. 江苏省档案馆,档案号:4013-002-0073.
[⑤] 高等教育部办公厅. 高等教育文献法令汇编(第一辑)[G]. 1954:142.

(二) 学生身份构成变化

国民政府时期,高等教育是少数富有阶层享有的特权,普通大众望尘莫及,只在理论上获取高等教育的权利和机会。中华人民共和国成立后,为工农大众服务的教育路线,使高校向工农大众开门,高等教育的教育主体转为普通的工农大众。"1949年后,工农子女不仅在精英大学中占据一定比例,甚至在某些省属精英大学里成为多数。这一看似悄然无声的转变,不仅是中国教育领域的重大变革,更是中国社会意义深远的一场革命。"[1]高校招生人数持续增加,学生的来源不仅仅局限于高中毕业生,还拓展到从在职干部和其他人员中抽调年纪较轻、具有相当文化水平的人来补足。[2] 学生身份的构成逐步多元化。在1950年颁布的高等学校招考新生的规定中,对考试成绩稍差的部分学生可做从宽录取,包括:有三年以上工龄的产业工人;参加工作三年以上的革命干部及革命军人等。1951年的相关规定中又修订为:工厂、矿山、农场等产业部门的青年工人,工龄在三年以上者;工农家庭出身或本人是工农成分的干部,参加革命五年以上者;非工农家庭出身,本人又非工农成分的干部,参加革命五年以上者等。[3]

工农速成中学的设立,打通了工农学生升入高校学习的通道,大学生中工农学生的比重逐渐增加。以南京师范学院的语文系为例,1952年招收工农学生119人,1953年215人,1954年202人,1955年216人,1956年306人,1957年310人。院系调整期间招收工农学生数量持续呈现增长的态势。但由于这部分学生的学习基础较差,社会活动负担较重等,也造成了淘汰率高的现象。例如,1957年南京师范学院48名工农学生,毕业时仅剩下24人,淘汰率高达50%。[4]

(三) 招生、毕业工作变化

高等学校被接管前,"毕业即失业"是一种常态。国民政府在战争期间由于战争所需征用了部分医药、外语等系科的学生,但根本无暇顾及和考虑大多数学

---

[1] 梁晨,李中清,等.无声的革命:北京大学与苏州大学学生社会来源研究(1952—2002)[J].中国社会科学,2012(1):98-118,208.
[2] 高等教育部办公厅.高等教育文献法令汇编(1949—1952年)[G].1958:45.
[3] 同②:118,122.
[4] 江苏省高等学校座谈会关于高等教育培养工农干部的意见[A].江苏省档案馆,档案号:4013-002-0641.

第五章　20世纪50年代院系调整后江苏高校的发展变化

生的就业安排。据统计,1938年至1943年底,国民政府共征用学生6371人,占同期高等院校毕业生总人数的13.8%。① 接管后,全国逐步实行统一招生和统筹分配。招生方面,"为进一步改正各校自行招生所产生的混乱状态,减少人力、物力及时间上的浪费,各大行政区教育部(文教部)可根据各地区的具体情况,分别在适当地点,争取实行全部或局部高等学校统一或联合招生"。② 从1950年开始,中央每年都发布关于高等学校招考新生的相关规定,制定招生计划和招生指标,开始有计划有步骤地培养新中国的各种专门人才和建设干部。1950年,华东区所有高校中,参加统一招生的院校占18.9%,其中公立院校占40%。到了1951年,数据大幅上升,公立院校参与统一招生的比例达到了91.7%,私立院校也上升为75%。③ 1952年开始,全国实行统一的招生考试制度。

毕业工作方面,为使毕业生更好地适应国家建设和各地区各部门业务上的需要,防止在分配中发生混乱、偏科等现象,国家也开始实行统筹分配。政府参与高校毕业生的毕业分配始于1950年。1950年6月,中央人民政府政务院发布的《关于全国公私立高等学校本年度暑期毕业生工作安排的通令》,明确规定从1950年起,政府负责安排和分配高校毕业生的工作。毕业生的教育工作也与"三反"及思想改造运动结合起来,以服从统一分配作为中心内容。④ 以1952年的毕业生统筹分配为例,以"集中使用,重点配备"作为工作方针,人才首先满足国家基本建设的需要,把理、工、财经等系科的毕业生共12 828人集中分配到新建、改建、扩建的厂矿、交通、水利等部门工作。

其次,满足教育建设和科学研究需要,分配2490人做高等学校的助教和研究生工作,167名作为中国科学院所属研究机构的研究实习员,3 742名担任中等学校教师工作。⑤ 中华人民共和国成立之初,重工业发展主要集中在东北地区,因此,高校毕业生的分配也自然向东北倾斜。1950年华东行政区分配给东北区2 500至3 000名毕业生。⑥ 这种调配的现象一直延续到1952年,直到1953年由大行政区为单位制定毕业生的分配计划改为由中央统一制定全国的计划。

---

① [日]大塚丰.现代中国高等教育的形成[M].黄福涛,译.北京:北京师范大学出版社,1998:289-290.
② 高等教育部办公厅.高等教育文献法令汇编(1949—1952年)[G].1958:121.
③ 同①:258-263.
④ 华东区高等学校毕业生统一分配委员会通知[A].江苏省档案馆,档案号:7011-003-0450.
⑤ 同②:128-129,133.
⑥ 同②:127.

由于1952年、1953年两年对于建设人才的急需,中央曾发布《关于理、工学院三年级学生提前毕业问题的几点指示》,决定将理、工学院一些系的1953和1954两年的应届毕业生提前一年毕业。决定提前毕业的系包括:水利系、采矿系、冶金系、地质系、数学系、物理系、化学系、气象系。争取提前毕业的系有:机械系、电机系、化工系、土木系、纺织系、建筑系、航空系。1952年27 644名毕业生中,就有8 438名是提前毕业。这也成为这轮院系调整中一种特殊现象,直接反映了当时社会对于专业人才的急需程度。

第六节 教学方面变化

20世纪50年代院系调整中我国高等教育的格局、管理体制、人才培养的重点、高等院校及专业都发生着变化,高校的教学制度、教学内容,甚至于教辅设备也都发生着改变。中华人民共和国成立后,中央加强对高等教育的统一领导的同时,也逐步统一高等教育领域的教学规范,实施审查教学计划、统一编订教学用书、改革高校课程等一系列举措。教学方面的变化虽不是因院系调整而起,但也伴随着院系调整的发生,可看作是院系调整的连锁反应之一。

一、教学组织变化

院系调整中的专业设置改变了高等院校的内部组织形式,院一级的建制被取消,自下而上,根据专业来设系。一个或多个性质相同的专业组成一个系,一个专业则又由一个或多个教研组(室)共同负责和管理。高校按照专业招生,教学工作也是围绕专业展开,以系为培养专门人才的教学单位。教师则以教研组(室)的形式组织起来开展教学、研究活动,不再是以前那种个人的行为方式。教研组(室)的工作是围绕课程展开,一门课程,或是性质相同、相似的课程组成一个教研组(室)。除一些公共课程的教研组(室)属于高校直接管理之外,多数教研组(室)附设于系之下。

1950年8月14日颁布的《高等学校暂行规程》中将教研组作为高校教学的基本组织,由一种课程或性质相近的几种课程的全体教师组成。教研室设主任

第五章　20 世纪 50 年代院系调整后江苏高校的发展变化

一人,由校(院)长在教授中聘任,并报请中央教育部备案。教研组的具体工作为:"1.讨论、研究、制定和实施本组课目的教学计划与教学大纲;2.搜集有关教学资料,编写教材;3.研讨教学过程中发生的问题,交流教学经验和切磋教学方法;4.领导与组织本组学生的实验、实习及参观等,指导本组学生的自习及讨论,并检查其学习成绩;5.制定研究工作的计划,进行研究工作,提高本组教师的政治与学术水平,并培养研究生。"①

二、教学内容变化

随着 20 世纪 50 年代院系调整,各高校也开始实施课程改革。肃清之前封建的、买办的、法西斯主义的教育内容,使高等教育的教育内容趋向民族的、科学的、大众的,符合新中国建设的需要,而非因人设课、因人授课。教育内容主要体现为学习苏联,与社会建设相关联,传授马列主义、新民主主义、爱国主义等思想。高校以系作为培养专门人才的教学单位,各系的课程密切配合国家的政治、经济、国防和文化建设的需要,在系统理论学习的基础上,实行适当的专门化。

除开设满足国家建设需要的专业课程以外,还特别重视学生的政治思想教育。取消和废除三民主义、国民党党义等国民政府统治时期所开设的教育科目,转而开设以马列主义为基础的各种政治课程。中华人民共和国成立初期政治课的改革从华北区开始辐射全国高校。华东区成立了高等学校政治课教学委员会,并且规范了政治课的教学内容。一年级学生第一学期开设社会发展史,第二学期开设新民主主义论。② 南京市教育局在 1949 年 6 月就发出指示,要求各校设置政治课,逐步改造学生的思想,提高学生的政治认识。1950 年 2 月开始,南京市、苏南区和苏北区各高校开始废除国民政府的有关"党义""公民"等课程,开设"新民主主义""社会发展史""政治经济学"等马列主义基本课程。③ 高校中其他教研组的主任由各校聘任后报高等教育部和主管机关备案,但政治理论课教

---

① 高等教育部办公厅.高等教育文献法令汇编(1949—1952 年)[G].1958:54,68.
② 王红岩.20 世纪 50 年代中国高等学校院系调整的历史考察[M].北京:高等教育出版社,2004:57.
③ 江苏省教育志编纂委员会.教育大事记 1949—1988[M].南京:江苏教育出版社,1989:1-2,7.

研组主任的聘任则由高等教育部批准。① 可见,思想政治教育在高校教学内容中占据重要地位。

高校教学内容方面的变化还表现在注重理论与实践的结合。早在抗日民主根据地的高等教育办学实践中就在探索这方面的教学内容和方法。中华人民共和国成立初期的高等学校课程改革中要求各校与政府各业务部门及其所属企业建立密切的联系,配合他们的工作、生产及科学研究,将有计划地组织学生参观和实习作为教学的重要内容。② 接管前江苏地区高校文、法类的系科占据多数,接管后中央则认为这类知识内容对于学生而言是不实用的,是与国家建设没有直接关联的,学与用是脱节的。因此,院系调整后江苏高校中的工科占据了巨大的优势,而这类学科与实践的结合度要明显高于文科。学以致用的教学思想也使得工科类的学科得以发展,满足了社会建设发展的需要。

教材是教学内容变化的直接表现。接管高等院校后,新中国即着手开始编订新的教材,这也是实行课程改革的重要条件。新教材在去除国民政府陈旧元素的同时,大量知识通过翻译苏联教材的方式获得。1952 年就颁布了《关于翻译苏联高等学校教材的暂行规定》,将有计划有步骤地翻译苏联高校教材,作为一项迫切的政治任务。《规定》中要求在 1952 至 1953 年一年内,首先以翻译苏联高等学校一、二年级基础课程的教材为主,重点包括政治理论教材,同时翻译急迫需要的专业课程教材,今后逐步扩展,完成全部主要学科教材的翻编工作。③

三、教辅设备变化

此轮院系调整前,江苏高校多表现出教学设备不足、浪费严重等现象。如东吴大学一校就浪费国家财富(包括积压)达 58 亿之巨。这些情况如不改变,就不可能完成为国家建设事业培养高级专门人才的任务。④ 院系调整中高校的很多

---

① 胡建华. 现代中国大学制度的原点:50 年代初期的大学改革[M]. 南京:南京师范大学出版社,2001:254-255.
② 高等教育部办公厅. 高等教育文献法令汇编(1949—1952 年)[G].1958:59.
③ 同②:72.
④ 苏南区高等学校院系调整工作总结(未定稿)[A]. 江苏省档案馆,档案号:4013-002-0637.

第五章 20世纪50年代院系调整后江苏高校的发展变化

教辅设备也是跟随调整而进行统一搬迁的,包括图书和教学仪器、设备等。院系调整中大批新建院校的涌现以及原有院校的发展,也带动了相当数量的教辅设备的采购。图书、仪器设备等的统一搬迁及新增、采购,使教学资源得到了合理的分配和利用,但也造成了图书和设备在一定程度上的损坏和浪费。

院校的搬迁中规定,"教员个人教学上所用之参考书籍及仪器等运费,可由公家支报。教职员工行李费除免费随带二十公斤外,另由公家负担其本人五十公斤及家眷每人三十公斤。超过以上重量则由本人负担,公物除贵重仪器及容易损坏的可用木箱安装外,其余应尽可能地采用节约方法包扎,例如用蒲包、麻袋等。其经费可在调整经费内支报"。① 院系的调整、搬迁也牵涉到大量的教辅设备的迁移,国家虽做出了统一的规定和安排,但由于涉及范围之广,以及搬迁经费的限制,简易的打包方法,极易造成图书和仪器设备的损耗。

此轮院系调整中也特别注重教辅设备对于高校教学发展的重要作用。第一个五年计划内,江苏对三所高师共拨设备费196万元,添置了各项器具设备和仪器图书等教学设备,凡是教学上需要,市场上又能采购到的,基本上已配齐,国外订货也尽可能给予满足,另与省文化局协商还调拨了大批古籍图书,充实了图书馆。②

但另一方面出于经济状况所限,又不得不压缩高校教辅设备的预算、开支,发动一系列的清查、整改行动。南京农学院设备费预算240多万元,曾采取和南京工学院、华东农业科学研究所等单位合作的方式压缩到39万元。③ 配合鸣放运动,江苏高校的整改清查中发现,"南大全校买了63架照相机,大部分闲着不用,光地理系就有18架,还喊不够用,后来在一教授家找出了两架。物理系某次作物理实验,即损坏三千元。苏农买回的苏联纯种二号马常生病,由于教研组片面强调执行高教部的教学大纲,每年饲料即需一千多元。南师估计有10万元物质积压。生物系买了两套电视器,但不会使用。为了一个研究生个人研究,买了一部远程照相机。南农清出价值3万—4万元的积压物资,发动了还校运动(已

---

① 中央人民政府高等教育部华东高等教育管理局 华东行政委员会教育局(联合通知)[A].江苏省档案馆,档案号:4013-002-0082.
② 五年来的教育工作估价及对今后工作的意见及本省教育建设第一个五年计划执行中的主要经验和问题及第二个五年计划的方针任务[A].江苏省档案馆,档案号:4013-001-0067.
③ 江苏省高等教育座谈会关于高等学校勤俭办学的意见[A].江苏省档案馆,档案号:4013-002-0641.

退还图书 3452 册);农机系与南工农科系合作,实验室经费由过去二百多万减为 39 万元。苏医规定由教务科统一管理教学设备,与教研组签订保管仪器合同,并建立使用卡片制度。南工、南农动员学生退还伙食费、讲义费三千多元。南工无线电系揭发了一个偷窃集团,其中师生职工均有,光偷去电磁管就有二百多个。"[1]

"南京航空学院初步估计积压设备 40 余万元。仅各种机床即有 50 余部,其中六角车床一部即值 5 万元,由于规格太大,无法使用。南京工学院初步摸底积压设备价值 40 万元以上。仓库积压各种材料价值 30 万元以上。……图书馆藏书贪多、求全。例如,南京工学院订购国外期刊,1956 年有 3 000 种,但 1958 年准备只订 1000 种左右,即可够用。南京大学有些系、科竟按个人自己的爱好,订购许多与工作无关的书刊,如《人民画报》《妇女》《中国青年》等。"[2]鉴于此,江苏各高校也发起了勤俭办学的倡议。

可见,20 世纪 50 年代院系调整中,图书、教学仪器设备等教辅设备处于较为矛盾的发展变化状态。一方面随院系调整得到了有效的资源整合,减少了教学资源上的浪费,另一方面却又因为搬迁调整造成了较为严重的浪费。从院校发展的角度看,要加大对教辅设备的投入,特别是调整中工业类和师范类院校的快速发展,对教辅设备提出了更高的要求。但由于发展经费所限,又由于发展经验的缺乏,在有限的经费之下,却又出现了教辅设备的不适用、不匹配和大量浪费、积压等问题。

第七节 南京大学的变化

南京大学在 20 世纪 50 年代院系调整之前是国民党统治时期的国立中央大学,在当时是国内规模最大的综合性大学,一度在亚洲也位居第一。南京市军事管制委员会派赵卓为代表于 1949 年 5 月 7 日接管国立中央大学,校务维持委员会在 6 月完成中央大学的清点、移交工作,8 月与校务会正式交接。8 月 8 日,原

---

[1] 江苏省高等学校座谈会关于整改情况和对高教部的意见[A].江苏省档案馆,档案号:4013 - 002 - 0641.

[2] 同[1].

第五章 20世纪50年代院系调整后江苏高校的发展变化

国立中央大学更名为国立南京大学,1950年10月再次更名为南京大学。

中央在接管后,加强了对南京大学的领导,于1950年5月改为华东军政委员会教育部直接领导。1952年南京大学文、理、法三院各系与金陵大学文、理两院相同的各系合并,成立文理性质的综合大学,仍名为南京大学。经历了20世纪50年代院系调整,特别是全面调整阶段之后,南京大学已不再是原来那个规模全国第一的综合大学,而是被拆分成为众多高校的母校,演变为一所文理大学。南京大学院系调整前后的变化在江苏地区的高校中具有极强的典型性和代表性。

一、系科变化

国立中央大学曾下设文、理、法、教育、农、工、商、医8个学院,学院的设置达到了《大学组织法》中所规定的上限。到1949年接管时,中央大学"共有7个学院40多个系科,26个研究所。文学院设有中文、外文、历史、哲学、俄文专修科5个系科;理学院设有数学、物理、化学、生物、地质、地理、气象、心理8个系;法学院设法律、政治、社会、司法、边政5个系组;师范学院设有教育、体育、艺术、体育专修科等4个系科;农学院设有农艺、农业经济、森林、园艺、农业化学、畜牧学、兽医学7个系;工学院设有土木工程、电机工程、机械工程、建筑工程、化学工程、航空工程、水利工程7个系;医学院设有医科、牙科、牙医专修科、护士师资专修科、高级医事检验职工科5个系科,全校教职员工700人,学生4000多人。"[①]

新中国接管后的中央大学更名为南京大学,下设六院,共计37个学系和4个专修科。文学院设有中国语文学系、外国语文学系、俄国语文学系、历史学系、哲学系;法学院设有政治学系、经济学系、法律学系;师范学院设有教育学系、幼稚教育学系、美术学系、音乐学系、体育学系、体育专修科、地理专修科;理学院设有数学系、物理学系、化学系、生物学系、心理学系、地质学系、地理学系、气象学系;工学院设有土木工程学系、机械工程学系、电机工程学系、航空工程学系、水利工程学系、化学工程学系、建筑工程学系;农学院设有农艺学系、园艺学系、森林学系、畜牧学系、兽医学系、农业经济学系、食品工业学系、土壤学系、畜牧兽

---

① 江苏省教育志编委会.江苏高校变迁[M].内部印制:58.

专修科、林业专修科。①

在 20 世纪 50 年代院系调整的全面调整阶段之后,全国高校取消了院一级的建制,南京大学院系被拆分,保留了 13 个系和 2 个专修科。1. 中国语文系:由南京大学、金陵大学二校的中国语文系合组而成。2. 外国语文系:设英文、德文、法文三组,英文组由南京大学外国语文系英文组及金陵大学外国语文系合组而成;德文组由南京大学、复旦大学二校的外国语文系德文组合组而成;法文组系新设。3. 俄文系:即原南京大学俄文系。4. 历史系:由南京大学、金陵大学二校的历史系合组而成。5. 数学系:由南京大学、金陵大学二校的数学系合组而成。6. 物理系:由南京大学、金陵大学二校的物理系合组而成。7. 化学系:由南京大学、金陵大学二校的化学系合组而成。8. 生物系:由南京大学生物系及金陵大学动物、植物二系合组而成。9. 地理系:原南京大学地理系。10. 心理系:原南京大学心理系。11. 天文系:由中山大学天文系及齐鲁大学天文数学系合组而成。12. 气象系:原南京大学气象系。13. 地质系:原南京大学地质系。14. 气象专修科:新设。15. 地质专修科:原南京大学地质专修科。② 除文、理学院外,其他学院悉数迁出,原文、理学院的系科除哲学系以外都予以保留。至此,南京大学变为了实质为文理性质的综合大学。

二、院系拆分与新校组建

新中国接管前,南京大学(原国立中央大学)就有部分院系外迁,例如,商学院、医学院先后迁至上海,成为上海商学院、上海医学院,即如今的上海财经大学和复旦大学上海医学院的前身。接管后经历了一系列的院系调整,除文、理学院的系科保留,以及少数系科停办之外,其他院系被拆分后独立、迁出。也因为 20 世纪 50 年代院系调整,南京大学成为国内众多高校的共同源头。具体的拆分、组建情况如下:

1. 以南京大学工学院的电机、机械、土木工程、建筑和化工 5 个系为基础,

---

① 南京大学校庆办公室校史资料编辑组,学报编辑部. 南京大学校史资料选辑(内部发行)[Z]. 1984: 520.
② 同上:555 - 556.

第五章　20世纪50年代院系调整后江苏高校的发展变化

农学院的农化系以及其他院校的相关系科并入其中,组建成南京工学院,即如今的东南大学前身。后无线电工程系于1955年西迁成都,与其他院校相关系科共同组建成都电讯工程学院,即电子科技大学前身。工学院化工系独立出来筹建南京化工学院。

2. 以南京大学农学院和金陵大学农学院为基础,成立南京农学院,即南京农业大学前身。

3. 南京大学森林系和金陵大学森林系合并成南京林学院,即南京林业大学前身。

4. 以南京大学师范学院和金陵大学教育系、儿童福利系、托儿专修科为基础,成立南京师范学院,即南京师范大学前身。

5. 由南京大学的水利工程系和其他院校的相关系科组建成华东水利学院,即河海大学前身。

6. 南京大学的航空系和浙江大学、交通大学的相关系科合并,组建成华东航空学院,后又迁至西安西北工业大学。

7. 以南京大学医学院为基础,建立中国人民解放军第五军医大学,后迁至西安与第四军医大学合并。

8. 南京大学的哲学系调整至北京大学。

9. 南京大学的政治系、法律系调整至华东政法学院,即华东政法大学前身。

10. 南京大学的经济系调整至复旦大学。

20世纪50年代院系调整中,12所高校与南京大学产生渊源,6所坐落在南京,其余都是省外高校,有些是再次调整迁至省外。而南京大学则以南京大学和金陵大学的文理学院为主体,复旦大学外文系德文组、齐鲁大学天文系、中山大学天文系、四川大学地学系以及浙江大学部分系科并入其中,成为一所文理综合性大学。

三、影响力变化

南京大学在国立中央大学时期是国内规模最大、影响力最大的高等学府,一度位列亚洲第一,可谓"风光无限",北大、清华、复旦等名校位列其后。西迁重庆期间与西南联大、浙江大学、武汉大学"联考"统一招生中,三分之二的考生将其

院系调整与江苏高校的发展

作为报考的第一志愿。[①] 可随着院系调整的开展，南京大学被拆分成文理综合大学后，这种"风光"也渐渐褪去。

1954年12月，教育部确定了6所高校作为全国性的重点大学，分别为：中国人民大学、北京大学、清华大学、北京农业大学、北京医学院、哈尔滨工业大学。1959年3月22日，中央发出《关于在高等学校中指定一批重点学校的决定》，指定北京大学、中国人民大学、清华大学、中国科技大学、北京工业学院、北京航空学院、北京农业大学、北京医学院、北京师范大学、天津大学、哈尔滨工业大学、复旦大学、上海交通大学、华东师范大学、上海第一医学院、西安交通大学等十六所高校，8月又增加了协和医科大学、哈尔滨军事工程学院、第四军医大学、军事通讯工程学院等四所。院系调整工作进行过程中，至调整工作结束之后两年，南京大学都未被列入其内，甚至于重点学校名单里都未见江苏高校的"身影"。直到1960年10月，中央又在原有20所重点高校的基础之上增加了44所，其中出现了南京大学。江苏的南京工学院和华东水利学院也位列其中。作为曾经亚洲排名第一的高校，在经历了院系调整后，却连国内的第一批重点大学名单都未进入，其地位和影响力的衰弱不言而喻，不禁让人扼腕叹息。

这一系列的变化有些是因20世纪50年代院系调整而起的，有些则是伴随着院系调整产生的，有些是院系调整前后的共性变化，而有些则带有鲜明的江苏属性。江苏高等学校和系科专业的变化是由院系调整直接导致的，教育理念、管理体制、师生情况、教学等方面的变化可视为院系调整的连锁反应。教育理念和管理体制的变化是共性的，是与院系调整紧密相关的。院系调整作为中华人民共和国成立初期高教领域改革的重要举措，改变了我国高等教育的定位和职能，确定了专才培养模式的地位，更是改变了知识分子对于高等教育的价值判断，重新梳理了高等学校外部的领导体制和内部的管理体制。

江苏高校院校、系科专业、师生、教学等方面的变化，在共性的变化之下，则又带有江苏的"色彩"。20世纪50年代院系调整前后，江苏的高校数量从24所变为15所，陆续新建高校多达16所，调出江苏的系科和专业共有21个，调进的为16个，这些改变也带动了江苏高校层次结构、类型结构、形式结构、区域结构和院系设置方式的改变。其中，本、专科的层次分布变化、专门学院的兴起、私立

[①] 王德滋，龚放，冒荣. 南京大学百年史[M]. 南京：南京大学出版社，2002：213.

院校的消失、专业的设置等都属于共性的变化,综合性高校实力的削减、系科区域布局的变化等则又有一定的特殊性。师生情况和教学方面的变化可视作院系调整直接影响发生的原因。学生人数的增加、结构的改变,招生毕业政策,教学组织、内容等变化都属于共性变化,而学生专业分布人数的变化、毕业生的去向改变、教辅设备的迁移等又呈现出一定的江苏特征。

第六章

20世纪90年代院系调整后江苏高校的发展变化

20世纪90年代院系调整也同样促进了江苏高校的院校、专业、师生、教学、管理体制、教育理念等方面的发展变化。不同于20世纪50年代专业化、专门化的改革调整重点,此轮调整以综合化改革为重点,综合化改革改变了高校的办学理念、教育理念,渗透到高校发展、专业发展以及教学、管理等方方面面。

20世纪90年代的院系调整没有明确开始与结束时间。1994年《中国教育改革和发展纲要》颁布,但20世纪90年代院校调整的改革探索在20世纪80年代末、90年代初就已经启动,从外部管理体制、院校合并的调整时间来看,此轮调整主要集中在20世纪90年代中后期,且一直延续到2000年后。因此,在本研究中,我们结合江苏高校在此轮院系调整中的时间线,将1992年作为开始的年份,2001年作为基本结束年份。以这两个年份作为时间节点来进行对比分析,梳理江苏高校在此轮调整中各方面发生的变化。

第一节 院校变化

20世纪90年代院系调整中江苏贯彻层次调高、规模调大、结构调优的原则,从办学层次、学科门类、地区布局等维度对高等教育结构体系进行调整,调整前后江苏高等院校的类型、层次、布局等均发生了巨大的变化。总的来看是遵循着综合化的改革思路,在此轮院系调整中江苏高校的类型出现了综合化发展趋势,合并、重组了多所多科性、综合性大学,办学类型日趋多元化。高校的层次也

第六章 20世纪90年代院系调整后江苏高校的发展变化

伴随着合并浪潮进行了升格,专科升格为本科,学院升格为大学等。此外,江苏高校的区域布局也在此次调整中得到了进一步的优化。

一、高校类型变化

在此轮院系调整中,随着外部管理体制改革,江苏形成了以地方高校为主的类型结构;随着院校合并、升格,江苏高校的综合性大学数量明显增加;随着办学体制的多元化,江苏也开启了民办高校的办学探索。

(一) 形成以地方高校为主的结构类型

江苏高校的外部管理体制改革主要是从1998年开始的,在此之前全国的普通高校多数都是部委属高校。中国教育年鉴显示,1997年江苏共有普通高校65所,其中中央部委属高校30所,省属高校22所,市属高校12所,县属高校一所。① 1998年,省内部委高校24所,省属高校42所,市、县属高校数量不变。② 1998年,南京化工大学、南京动力高等专科学校、连云港化工高等专科学校、江苏理工大学、南京机械高等专科学校、南京经济学院6所部属高校划转江苏省管理。到了2001年,江苏省共有普通高校78所,中央部委属高校10所,地方高校68所(含民办普通高校7所)。③ 从数据的变化中我们可以发现,部委属高校的数量从1997年的30所下降至10所,而地方高校的数量则从35所增加至68所,占比从46.7%上升至87.2%。从数量上看,地方高校已经占据了江苏高校的绝对主体地位,江苏以地方高校为主的高校类型结构在这一时期得以形成。

(二) 综合性大学的综合属性增强

江苏高校的院校合并工作从1992年就开始启动,镇江市高等专科学校是江苏乃至全国首所实行院校合并的高校。④ 根据中国教育事业统计年鉴的数据显

---

① 《中国教育年鉴》编辑部.中国教育年鉴(1998)[M].北京:人民教育出版社,1999:502.
② 《中国教育年鉴》编辑部.中国教育年鉴(1999)[M].北京:人民教育出版社,1999:597.
③ 江苏省教育厅.江苏教育年鉴(2002)[M].南京:江苏教育出版社,2003:117.
④ 郝维谦,龙正中,张晋峰.中华人民共和国高等教育史[M].北京:新世界出版社,2011:537.

院系调整与江苏高校的发展

示,1991年江苏普通高校数量为70所,其中综合大学5所、高等理工院校26所、高等农业院校3所、高等林业院校1所、高等医药院校9所、高等师范院校10所、高等财经院校3所、高等政法院校1所、高等体育院校1所、高等艺术院校1所、高等民族院校0所,短期职业大学12所。[①] 2001年江苏普通高校总数为73所,其中综合性大学6所、高等理工院校20所、高等农业院校1所、高等林业院校1所、高等医药院校6所、高等师范院校8所、高等语文院校0所、高等财经院校3所、高等政法院校1所、高等体育院校1所、高等艺术院校1所、职业技术学院25所。[②] 而到了2002年江苏省综合性大学的数量又增加至8所。[③] 从综合性大学的数量上看,20世纪90年代初时江苏的综合大学为南京大学、苏州大学和常熟高等专科学校,到了21世纪初综合性大学的数量明显增加。

按照1986年国务院颁布的《普通高等学校设置暂行条例》,称为大学首先需要满足在文科、政法、财经、教育、理科、工科、农林、医药等8个学科门类中,以3个以上不同学科作为主要学科,即满足多学科的属性。此次院系调整通过院校合并,使得综合性大学打破了文理学科的属性,学科发展更为多元化。在这期间,扬州工学院、扬州师范学院、江苏农学院、扬州医学院、江苏商业专科学校、江苏水利工程专科学校、国家税务局扬州培训中心合并建成扬州大学;苏州蚕桑专科学校、苏州丝绸工学院、苏州医学院并入苏州大学;南京铁道医学院、南京交通高等专科学校、南京地质学校并入东南大学;无锡轻工大学、江南学院、无锡教育学院合并组建江南大学。此外,通过学科专业的交叉融合、招生制度改革等举措,此次调整在本科生、研究生培养、科学研究、招生规模方面,也取得了长足发展,综合性大学的属性更为彰显。

除了通过合并的形式实现快速综合化发展以外,像南京大学并未进行任何院校合并,而是采取学科发展、内涵发展的形式实现了由文理大学向综合性大学的转变。南京大学在保持基础学科优势的基础上,重视发展高新技术和应用文科、应用理科。20世纪90年代院系调整期间增设了货币银行学、投资经济、保

---

① 中华人民共和国教育部计划建设司.中国教育事业统计年鉴(1991—1992)[M].北京:人民教育出版社,1992:130-156.
② 中华人民共和国教育部计划建设司.中国教育事业统计年鉴(2001)[M].北京:人民教育出版社,2002:142-168.
③ 中华人民共和国教育部计划建设司.中国教育事业统计年鉴(2002)[M].北京:人民教育出版社,2003:152.

第六章　20世纪90年代院系调整后江苏高校的发展变化

险等应用文科专业,以及运筹学、生物制药等应用理科专业,并且组建了文学院、理学院、地学院、技术学院、生命科学院、外国语学院、化学化工学院、法学院等实体和虚体学院,再加以重点学科和学科群建设,来促进学科之间的交叉融合,通过学科交融来体现和提升学校的综合性。

(三) 民办教育再萌芽

20世纪50年代院系调整中私立高校全部收归国有,但随着社会主义市场经济体制的建立与发展,单一的办学形式显然是不相适应的。因此,在20世纪90年代的院系调整中,在多样化办学体制和政策的扶持下,政府单一办学的格局被打破,民办高校又再次萌芽,开始了新的办学探索与实践。据统计,1993年上海、江苏、天津、四川四省市有70个社会团体或个人申办民办高校。[①] 同年江苏省制定实施《关于社会力量举办民办高等学校的暂行办法(试行)》,三江学院成为江苏首所民办高校,并于1995年正式挂牌招生。1996年民办九州大学和民办明达大学也经省政府批准正式筹建。1998年省政府批准筹建民办南洋学院,在两所地方普通高校引入民办高校运行机制。仅1999年就批准民办钟山学院等6所筹建民办高校试点招生,批准普通高校成立14所公有民办二级学院进行改革试点。[②] 截至2001年,江苏省独立设置的民办高校已达15所,其中7所批准正式建校,民办高校在校生超过6万人,占全省普通高校在校生的10%以上。[③]

在办学体制改革的浪潮中,江苏的民办教育又开始萌芽和发展,2002年《中华人民共和国民办教育促进法》的出台,为民办教育事业的发展创设了更为公平、宽松的社会氛围,民办高校也逐步发展成为江苏高等教育事业的重要组成部分。江苏民办高校在发展过程中也不乏办学实践失败的案例。例如,江苏培尔职业技术学院从1999年筹建招生,2004年停止招生,历经五年时间。民办高校在办学过程中暴露出产权不清晰、师资力量不足、生源质量弱、收费高等诸多问题,还需要在实践摸索中不断总结发展。江苏民办高等教育在20世纪90年代院系调整过程中得以再次萌芽,发展至今(截至2024年),有民办本科高校26

---

① 《中国教育年鉴》编辑部.中国教育年鉴(1994)[M].北京:人民教育出版社,1995:135.
② 《中国教育年鉴》编辑部.中国教育年鉴(1999)[M].北京:人民教育出版社,2000:529.
③ 《中国教育年鉴》编辑部.中国教育年鉴(2002)[M].北京:人民教育出版社,2002:494-495.

所,民办专科高校22所。①

(四) 高等职业院校迅速发展

1991—1995年,江苏高等职业教育发展速度提升,专科在校生从1990年的5.68万人增加到1995年的9.85万人;1996年—2000年高等职业教育快速发展,经过五年发展,专科层次在校生人数增加至15.99万人。② 1993年江苏省试行省、市、县三级办学体制,强调中心城市办好一所综合性、多科性的职业大学,并为此合并6所专科学校。③ 同年,批准设置常州工业技术学院、无锡职业技术学院、徐州建筑职业技术学院、南京工业职业技术学院、南通纺织职业技术学院、苏州工艺美术职业技术学院。

也是在这一年,国家召开了第一次全国高职高专教育工作会议,要求高职高专全面推进素质教育,不断提高教学质量,加强教学基础建设,坚持办出特色。同时也成立了"全国高职高专教育人才培养工作委员会",并在教材建设、师资培训基地建设等方面发力促进高职高专发展。此轮院系调整期间,江苏的高职院校得到了迅速发展,高职院校数量增加的同时,江苏省也积极推进专业教学改革试点等工作,提升高职院校的教育教学和人才培养质量。

二、高校区域布局变化

20世纪50年代院系调整结束后,江苏高等教育的分布为:南京10所,苏南地区3所,苏北地区2所,各占总数的66.7%、20%和13.3%。1997年出版的《江苏统计年鉴》中首次将江苏省划分为苏南、苏中、苏北三大区域,到2001年又重新调整了三大经济区域。苏南包括苏州、无锡、常州、南京、镇江5市;苏中包括扬州、泰州、南通3市;苏北包括徐州、淮安、盐城、连云港、宿迁5市。鉴于南京高校的数量与基础,我们将其单列。20世纪90年代院系调整后,根据2001

---

① 江苏省普通高等学校名单[EB/OL].[2024-03-15]http://jyt.jiangsu.gov.cn/art/2024/3/15/art_77627_10220590.html.
② 江苏省地方志编纂委员会编.江苏省志·教育志(1978—2008)[M].南京:江苏凤凰教育出版社,2017:123.
③ 《中国教育年鉴》编辑部.中国教育年鉴(1994)[M].北京:人民教育出版社,1995:135.

第六章　20世纪90年代院系调整后江苏高校的发展变化

年分市各级各类学校校数情况统计数据显示,江苏普通高校的区域分布为:南京市31所、无锡市5所、徐州市5所、常州市5所、苏州市8所、南通市6所、连云港市4所、淮安市4所、盐城市3所、扬州市2所、镇江市3所、泰州市2所。① 除南京31所外,苏南21所,苏中10所,苏北16所。学校总数从1992年的72所增加至78所,总体变化不大,但在20世纪90年代院系调整期间,南京以外地区高校的数量和实力在逐步增加。例如,组建成立了扬州大学,地处苏中地区;合并组建了盐城工学院,地处苏北地区。

2024年江苏省高校的区域布局如下:南京市52所、无锡市13所、徐州市12所、常州市11所、苏州市26所、南通市9所、连云港市5所、淮安市7所、盐城市6所、扬州市9所、镇江市9所、泰州市7所、宿迁市3所。② 南京52所、苏南59所、苏中25所、苏北33所。高校数量分布上,尽管南京及苏南高校的数量优势依旧明显,但总体来看,各地高校的数量逐渐趋于均衡发展,南京、苏南、苏中、苏北高校的学科类型分布,也基本分别覆盖了工、农、医等学科专业。

从重点大学的分布来看,南京8所、苏南2所、苏北1所,南京占据绝对优势。1978年国务院《关于恢复和办好全国重点高等学校的报告》中拟定了88所重点高校,江苏有7所高校入选,分别为:南京大学、南京工学院(东南大学)、南京航空学院(南京航空航天大学)、华东水利学院(河海大学)、华东工程学院(南京理工大学)、南京气象学院(南京信息工程大学)、镇江农业机械学院(江苏大学)。当时的重点高校主要集中在南京,此外还有苏南1所。1978年四川矿业学院迁至江苏徐州办学,至此,江苏苏南、苏北地区均有重点高校。1996年时南京师范大学、苏州大学、扬州大学又被确定为省重点建设的地方高校。从重点高校的发展变化来看,虽说数量变化不大,但我们可以发现苏南和苏北地区的高等教育质量在调整中得到较大幅度的提升,也为后来的高质量建设发展打下了基础。

这轮院系调整中江苏高校的区域布局变化也体现在高校分校、分校区的设立上,办学空间的转移和扩展之中。一方面,院校之间的合并形成了多校区办学的格局。另一方面,少数高校开始扩展分校区、分校。例如:1993年南京大学浦口校区正式启用,1996年河海大学机械学院更名为常州分校。多校区办学格局

---

① 江苏省教育厅.江苏教育年鉴(2002)[M].南京:江苏教育出版社,2003:481.
② 江苏省普通高等学校名单[EB/OL].[2024-03-15]http://jyt.jiangsu.gov.cn/art/2024/3/15/art_77627_10220590.html.

基本是20世纪90年代院系调整中由于院校合并形成的,江苏高校校区资源的拓展、转移也是始于这一时期。从这一发展趋势中,我们可以发现,这一时期江苏高校进入了规模发展时期,学校规模、学生规模、教师规模等都在迅速发展。区域内的院校合并可以增强区域高等教育的综合实力,更好地服务于区域、地方经济建设和社会发展。有些基础较好的高校,特别是南京和苏南地区高校开始有意识地进行办学的区域扩展与转移的尝试,这种尝试无疑是有利于江苏高等教育整体、均衡发展的,不仅仅为少数高校的高质量发展奠定基础,也对区域高等教育的高质量发展起到了示范与引领作用。

三、院校层次变化

在20世纪90年代的院系调整中,院校通过合并、更名等方式实现升格成为热门现象。一些院校从高等专科学校、职业学院等升格为"学院",从"学院"升格为"大学"。1992年至2001年间,不少院校进行了合并、更名和升格。1992年4个学院和2个专科学校合并成立扬州大学;1993年华东工学院更名为南京理工大学,江苏医学院更名为南京医科大学,镇江船舶学院更名为华东船舶工业学院,南京粮食学校更名为南京经济学院;1994年江苏工学院更名为江苏理工大学,后又于2001年与镇江医学院、镇江师范专科学校合并成为江苏大学;1995年南京化工学院更名为南京化工大学,后于2001年与南京建筑工程学院合并为南京工业大学;1996年徐州师范学院更名为徐州师范大学;1997年淮阴师范专科学校和淮阴教育学院合并为淮阴师范学院;1999年南京机电学校升格并更名为南京工业职业技术学院;2000年淮阴工业专科学校与江苏省农垦职工大学、淮阴职工大学、淮海交通专科学校合并组建淮阴工学院,常州工业技术学院、常州市机械冶金职工大学合并组建常州工学院,南京机械高等专科学校和南京电力高等专科学校合并组建南京工程学院,南京市晓庄师范学校和南京师范专科学校、南京教育学院合并建立南京晓庄学院,南京人民警察学校升格为南京森林公安高等专科学校;2001年无锡轻工大学、江南学院与无锡教育学院三校合并为江南大学。

高职类院校中,1992年镇江教育学院、镇江市职业大学和江苏省广播电视大学镇江分校合并成立镇江市高等专科学校,这是江苏最早进行合并的高校。

第六章　20世纪90年代院系调整后江苏高校的发展变化

1998年批准建立的泰州职业技术学院,是江苏省第一所冠以"职业技术学院"名称的院校。

1999年,江苏省无锡机械制造学校升格更名为无锡职业技术学院;徐州煤炭建筑工程学校升格为徐州建筑职业技术学院;江苏省南通纺织工业学校升格为南通纺织职业技术学院;苏州工艺美术学校、苏州市轻工职工大学联合组建苏州工艺美术职业技术学院;在连云港职业大学与连云港市职业技术教育中心的基础上建立连云港职业技术学院;苏州工业园区职业技术培训学院更名并挂牌为苏州工业园区职业技术学院。

2000年,南通市高级技工学校更名为南通技师学院;连云港教育学院、江苏省海州师范学校、江苏省连云港师范学校合并组建连云港师范高等专科学校;常州无线电工业学校和常州市电子职工大学合并组建常州信息职业技术学院;江苏省无锡商业学校升格更名为无锡商业职业技术学院;南通航运学校升格为南通航运职业技术学院。

2001年南京交通学校独立升格为南京交通职业技术学院;江苏省畜牧兽医学校独立升格为江苏畜牧兽医职业技术学院;常州纺织工业专科学校独立升格为高等职业技术学院;江苏省苏州农业学校升格为苏州农业职业技术学院;南京化工学校升格为南京化工职业技术学院。

此轮院系调整的升格热潮一直延续到2005年左右,本科院校:2002年江苏警官学院更名升本;泰兴乡村师范与苏北泰州师范合并组建泰州师范高等专科学校;2004年常熟理工学院更名升本;2005年彭城职业大学与徐州经济管理干部学院合并组建徐州工程学院,并升格为本科院校。

高职院校:2002年江苏商业管理干部学院、江苏省商业学校改建为江苏经贸职业技术学院,常州轻工业学校升格为常州轻工职业技术学院,江苏省常州化工学校与江苏建筑材料工业学校合并组建常州工程职业技术学院,江苏省农林学校升格为江苏农林职业技术学院,江苏省食品学校、江苏省淮安经贸学校合并升格为江苏食品职业技术学院,南京铁路运输学校升格更名为南京铁道职业技术学院,徐州化工学校升格更名为徐州工业职业技术学院,无锡无线电工业学校与锡山职教中心合并组建江苏信息职业技术学院,在南京无线电工业学校的基础上建立南京信息职业技术学院,由常州机械学校独立组建常州机电职业技术学院,江阴职工大学、江阴市卫生学校、江阴交通职业学校、江阴建筑职业学校合

并建立江阴职业技术学院;

2003年南京海运学校和南京航运学校合并组建成江苏海事职业技术学院,在扬州农业学校的基础上建立扬州环境资源职业技术学院,南通农业学校独立升格为南通农业职业技术学院,苏州商业学校、苏州丝绸工业学校合并成立苏州经贸职业技术学院,苏州高级工业学校、苏州机械学校和苏州虎丘中专合并组建升格并更名为苏州工业职业技术学院,江苏省南通供销学校升格为江苏省南通商贸高等职业学校,常州市职工大学更名为江苏省常州建设高等职业技术学校,江苏省徐州机电工程高等职业学校升格。

2004年无锡市城建职工大学与无锡市职工大学合并组建无锡城市职业技术学院,江苏省宜兴轻工业学校升格为无锡工艺职业技术学院,江苏省太仓师范学校、太仓广播电视大学、江苏太仓职业教育中心校合并建立健雄职业技术学院,盐城纺织工业学校与盐城轻工业学校合并组建盐城纺织职业技术学院,江苏省淮阴财经学校和江苏省淮海工业贸易学校合并组建为江苏财经职业技术学院,扬州化工学校、扬州建筑工程学校等合并组建扬州工业职业技术学院,江苏省连云港财经学校升格更名为江苏省连云港财经高等职业技术学院,江苏省司法警官学校更名为江苏省司法警官高等职业学校,江苏省盐城农业学校升格更名为盐城生物工程高等职业技术学校。

2005年江苏省盐城卫生学校升格为盐城卫生职业技术学院,苏州医学专科学校升格为苏州卫生职业技术学院,江苏省南通师范学校和江苏省海门师范学校合并组建南通高等师范学校,江苏省扬州商业学校更名为江苏省扬州商务高等职业学校,江苏省宿迁师范学校升格为宿迁高等师范学校。

通过对江苏高校合并、更名、升格历程的梳理,我们可以发现,不少高校进行了院校合并,"科技""理工""财经"等成为当时学校更名的热门选择。随着学校名称由"学校"变为"高等学校",由"高等学校"变为"学院",又由"学院"变为"大学",江苏高校实现了办学层次的跃升。

第二节 学科专业变化

20世纪90年代院系调整引起的高校专业学科方面的变化是巨大的。专业

第六章 20世纪90年代院系调整后江苏高校的发展变化

改变了越来越细化、窄化的问题,逐步拓宽口径;学科也通过院校合并、系科合并等调整举措,实现了有效的交叉融合。

一、专业口径与适应力拓宽

1953年初我国高校共设置专业215种,经过第一轮院系调整之后的专业化发展,1980年时,我国高校的专业数就已经达到了1039种。[①] 专业化的迅速发展逐步暴露出专业过细过窄,专业发展与经济结构调整的适应能力不强,专业低水平重复设置等问题。

国家从1989年开始启动新一轮专业修订工作,直至1993年完成。1993年7月正式印发《普通高等学校本科专业目录》和《普通高等学校本科专业设置规定》,新的专业目录在一定程度上拓宽了专业口径,增加了专业适应性;专业设置规定则下放了本科专业设置的审批权限。1993—1994年度我国普通高校本科专业设置净增数为1251个,净增率达16.59%,个别院校净增加专业多达20余个,其中以师范类院校增加非师范专业和经济学门类专业的增加比例最为明显。[②] 专业迅速增加背后也暴露出师资条件、办学条件不足等问题。因此,1994年下半年国家教委又下发了《关于近期普通高等学校本科专业设置和备案工作的意见》,要求对高校本科专业数额开展核定工作。1997年又开始对普通高校本科专业目录进行全面修订,形成《普通高等学校本科专业目录(草案)》,学科门类由原来的10个增加到11个,专业类由原来的71个调整为72个,而专业则由原来的504种调减为248种。[③] 1998年历时8个月对普通高校现设本科专业进行整理,原设的11 225个专业,整理为9 125个专业,减少2 100个专业,减幅为18.7%。[④] 1999年教育部颁布了新修订的《高等学校专业设置规定》,政府进一步通过调控和监督,来避免专业的不必要重复设置。国家通过宏观调控、指导的方式,在删减过细过窄、重复专业的同时,进一步拓宽专业口径,发展适合社会需要的专业。

---

① 中国教育年鉴编辑部编.中国教育年鉴(1949—1981)[M].北京:中国大百科出版社,1984:247.
② 《中国教育年鉴》编辑部.中国教育年鉴(1995)[M].北京:人民教育出版社,1995:191.
③ 《中国教育年鉴》编辑部.中国教育年鉴(1998)[M].北京:人民教育出版社,1998:182.
④ 《中国教育年鉴》编辑部.中国教育年鉴(2000)[M].北京:人民教育出版社,2000:196.

院系调整与江苏高校的发展

1993年以后江苏省对高校专业总量实施宏观调控,进一步加大高校自主设置专业的改革力度,逐步健全高校专业建设发展机制,建设与地方经济社会发展需求相适应的专业结构。本科层次高校的专业按学校属性内、学科属性外、控制专业等不同情况分类管理;专科层次高校原则上由学校自主设置报上级备案。专业调整方面,遵循"改老、扶新、扬优、保重"的原则,增加专业社会、市场适应力,拓宽专业口径,提升专业的规模效益和结构效益。1993年江苏的地方高校新增专业55个,绝大多数为人才需求旺盛专业,如计算机应用、装潢艺术设计、国际经济等应用型、外向型专业,新增专业中有11个填补了省内专业空白。[①] 截至2000年底,江苏省共有本科专业种类184个,覆盖本科专业目录全部学科门类,具有74%专业的培养能力,本科专业点884个,专科专业点652个。本科专业服务一、二、三产业的比例是2.19:37.78:59.73,专科的比例为1.7:49.1:49.2。[②] 从这些数据我们可以看出,江苏形成了结构趋于合理的专业体系,高校专业对于社会发展的适应力和匹配度明显提升。

二、学科实力提升

从形式上看学科门类趋于齐全的高校可以视为综合性大学,但要成为名副其实的综合性大学则必须实现学科之间的融合发展。院校合并初期,学院与学院之间存在一定的隔阂,尚未建立通畅的合作交流渠道,因此打破学科之间的壁垒,营造综合性大学的学术氛围与育人环境就成为当时一项非常重要的任务——实现学科之间的交叉融合,才能有效提升学科建设水平和学校综合实力。

例如:扬州大学通过组建生命科学学科群、材料科学学科群、东方文化学科群等学科群的形式来推动学科之间的交叉融合和联合共建。江苏大学确立了"巩固发展优势学科,重点建设特色学科,加强人文基础学科,拓宽边缘交叉学科"的建设思路,构建了以基础学科、主干学科、支撑学科和新兴交叉学科为主的

---

① 《中国教育年鉴》编辑部. 中国教育年鉴(1994)[M]. 北京:人民教育出版社,1995:536.
② 江苏省教育厅. 江苏省教育厅关于进一步加强高等学校专业建设与管理的意见(苏教高〔2001〕67号)[Z]. 2001-10-08.

第六章 20世纪90年代院系调整后江苏高校的发展变化

学科体系。① 第二轮调整中高校的学科实力得以加强。以苏州大学为例，以有利于学科发展为原则，根据学科发展需要在调整中重新组织新的院系，充分发挥了规模效应、互补效应和共享效应。在原苏州蚕桑专科学校、苏州丝绸工学院、苏州医学院有关学科专业基础上，保持并发扬原有学科特色和优势，组建了材料工程学院、丝绸学院、艺术学院、医学院、生命科学学院、预防医学与公共卫生学院、农业科学与技术学院，原四校同类学科专业一律合并。②

跟随"211"工程建设步伐，江苏省从1993年底开始组织申报建设一批省级重点学科，共91个学科入选，计划通过几年时间建设，使江苏80个左右学科进入国家"211"工程，进一步增强高校服务经济建设和社会发展的能力。③ 2001年又启动10个"重中之重"学科和100个省重点学科评选建设工作，评选出新一轮国家重点学科89个、省重点学科112个，同时建立"学科特区"和"学科带头人负责制"等学科管理体制。④ 聚焦高校科研成果转化，建立形式多样的产学研基地，包括高校政府联办型、高校进入企业型、企业进入高校型和基地辐射型。例如，东南大学先后与8个县市签订全面合作协议；山东新华制药厂与中国药科大学共同出资组建"新中新药研究中心"；南京农业大学与东海县签订全面合作协议，并将东海经验扩大应用于沿海滩涂开发和丘陵山区开发等。并且开始逐步重视文科发展，在苏州大学、扬州大学、徐州师范大学分别成立苏南发展研究院、苏中发展研究院和淮海发展研究院等社科研究基地，组建南京大学中华民国史研究中心、南京大学长江三角洲经济社会发展研究中心、南京师范大学道德教育研究所等，来推动人文社会科学学科发展，提升文科对于社会发展的贡献度。

第三节 师生变化

此轮院系调整以管理体制改革、院校合并为主要调整措施，在调整中高校的

---

① 张朔,王小梅.合并院校实质性融合与跨越式发展——全国合并院校经验交流暨发展战略研讨会文集[C].武汉:武汉大学出版社,2003:133-138.
② 同上:121.
③ 《中国教育年鉴》编辑部.中国教育年鉴(1995)[M].北京:人民教育出版社,1995:460.
④ 《中国教育年鉴》编辑部.中国教育年鉴(2001)[M].北京:人民教育出版社,2002:495.

办学自主权得以加强,办学效益也得以提升,加之社会发展对于人才的需求量增加,高校的扩招也就伴随着整个改革调整过程,也使中国快速进入高等教育大众化阶段。在这样的背景之下,对于师资的数量和质量的要求也日益提升。

一、学生数量大幅增加

《全国教育事业10年规划和"八五"计划要点》之中计划经过10年努力,到2000年,高校将为国家输送毕业生1 097万人,其中研究生32万人,本科生375万人,专科生690万人。① 《全国教育事业"九五"计划和2010年发展规划》中的数据显示,1995年,全国共有高校2 210所,其中普通高校1 054所。从1990年到1995年间,普通高校本专科在校生平均规模从1 919人增加到2 759人,生师比从6.6∶1提高到8.9∶1。② 为尽快培养大批适应现代化建设需要的高素质人才,党中央、国务院决定在1999年秋季进一步扩大高校招生规模。1999年普通高校招生159.68万人,增幅达47.37%。③ 2002年以后我国高等教育也跨入了大众化发展阶段。

经过连续五年扩招,江苏省内高校校均规模由1995年的3 100余人,提高到2000年的6 200多人,实现了翻倍,师生比也由1995年的1∶8调整到2000年的1∶13。④ 本科生扩招的同时,研究生的招生规模也增长迅速。以南京大学为例,1996年招收研究生1 045人,相较于1987年,招生人数实现了翻番。⑤ 院系调整中院校的合并、升格调整显现出的规模发展效应,为高校学生扩招创设了前提,而学生扩招又为高校规模发展效益的进一步显现奠定了基础。学生数量的大幅增加也意味着高校将培养更多的服务于社会建设的高层次人才。

二、教师队伍建设力度加强

高校学生人数的快速增长,对于高校教师队伍建设提出了更高的要求。

---

① 何东昌.中华人民共和国重要教育文献(1991—1997)[M].海口:海南出版社,1998:3261.
② 同上:3971.
③ 《中国教育年鉴》编辑部.中国教育年鉴(2000)[M].北京:人民教育出版社,2000:182.
④ 《中国教育年鉴》编辑部.中国教育年鉴(2001)[M].北京:人民教育出版社,2000:456.
⑤ 王德滋,龚放,冒荣.南京大学百年史[M].南京:南京大学出版社,2002:470-471.

1996年颁布的《高等学校教师培训工作规程》中规定:讲师培训以增加、扩充专业基础理论知识为主,注重提高教学水平和科研能力;副教授培训主要是通过教学科研工作实践及学术交流,熟悉和掌握本学科发展前沿信息,进一步提高学术水平;教授主要通过高水平的科研和教学工作来提高学术水平,其培训形式是以参加国内外学术会议、交流讲学、著书立说等活动为主的学术假。[①]

中青年教师的培养和提高是江苏高校教师队伍建设的重点工作。1992年江苏省制定了《江苏省高校学科梯队建设意见》,旨在加强中青年教师队伍结构及队伍建设。同时江苏省也通过配套的激励政策,鼓励更多的中青年教师脱颖而出。例如,实行45岁以下晋升教授、40岁以下晋升副教授不占学校专业技术职务指标的政策。1995年,江苏启动了"青蓝工程",旨在选拔培养高校学科带头人和学术骨干队伍,计划用五年时间选拔培养3000名在国内外具有一定影响的优秀学术带头人和1000名优秀青年骨干教师。此外,还通过重点学科建设、重点实验室建设、住房建设等改善高校教师的工作生活条件和学术环境。南京大学为突出教学的中心地位,设立了由院士领衔的教学委员会;还通过设立教授教学岗、奖教金等形式,来加强教师队伍建设,促进教师队伍结构的优化和教学能力提升。扬州大学以职称评聘为杠杆,调整与优化师资队伍结构;通过分层次、多形式培训,实现教师队伍学历提升和能力提升。

第四节 管理体制变化

高校的内外部管理体制改革是此轮调整的重点,江苏高校的内外部管理体制在调整前后也发生了明显的变化。外部管理体制由国家直接管理转变为国家、地方两级管理,充分激发了高校服务于地方发展的能力,也调动了地方支持高校办学的热情以及高校的自主发展积极性。外部管理体制变革也触发了高校内部组织体系、人事制度、分配制度等方面的一系列管理体制改革,进一步增强了高校自身的治理能力和治理水平。

---

① 何东昌.中华人民共和国重要教育文献(1991—1997)[M].海口:海南出版社,1998:3969.

一、外部管理体制变化

20 世纪 90 年代院系调整开始之前，江苏有 31 所部委属高校，除两所隶属于教育部管理以外，其余均隶属于各行业部门，包括原航空航天部、化工部、煤炭部、机械工业部、交通运输部等。调整之后为 10 所，其中 7 所为教育部部属，2 所隶属于工业和信息化部，一所为公安部直属。外部管理体制调整前，部委属高校多是专门院校，其中又以工科性的专门院校占据多数。这些院校由各行业部门管理，长期以来难免自成体系，形成条块分割的格局，管理体制改革也就成为必然之举，一方面更为符合国家经济体制改革步伐，另一方面也更能激发地方与高校的办学、治学合力，共同促进我国高等教育的发展。外部管理体制的变化也促成了江苏高校多方面的改革发展。

一是外部管理体制调整形成了江苏以地方高校为主的高等教育结构布局。此轮调整以后江苏高校的数量逐步提升，省属地方高校的比例逐步提升。据江苏省教育厅 2024 年公布的江苏省普通高等学校名单，江苏共有 169 所高校，其中本科高校 78 所，专科高校 91 所，而 10 所部委属高校的数量至今未发生变化。[1]

二是外部管理体制调整促成了高校类型的转变。之前隶属于行业部门的专门院校，在外部管理体制调整后隶属于省级政府，脱离了原先单一的管理体制，多元化、综合化的改革也是势在必行。因此，在这一时期，江苏很多高校通过院校合并等，逐步转变为多科性高校，甚至综合性高校。此外，在高校综合化的发展过程中也涌现了行业特色型高校，例如江苏科技大学、南京信息工程大学等。这类高校原先多是隶属于国家行业部门的专门学院，主干专业学科、教学方式、人才输出、师资配备等均具有鲜明的行业特色，在综合化改革发展过程中兼具了多科性、行业性等特征。

三是外部管理体制改革与内部改革的联动。外部管理体制改革的顺利推进需要内部管理体制改革的配合与联动，高校隶属关系的变化，使其处于与行业关

---

[1] 江苏省普通高校名单[EB/OL].[2024-03-15]http://jyt.jiangsu.gov.cn/art/2024/3/15/art_77627_10220590.html.

第六章　20世纪90年代院系调整后江苏高校的发展变化

系逐渐疏离、融入地方建设发展的变化之中,内部管理体制也必须作出相应的改革,才能够适应外部管理体制与环境的变化。因此,这一轮院系调整中,内外部的管理体制改革几乎是同步、联动进行的。

二、内部管理体制变化

随着外部管理体制的变化,以及院校之间的合并等一系列调整工作的开展,江苏也同步开展了高校的内部管理体制改革工作。调整后的变化主要表现在几个方面。一是学校管理机构改革,推行学院建制,重视学术权力。从"校—系"管理逐步过渡到"校—院—系"三级建制、"校—院"两级管理,缩小管理跨度、降低管理重心;设立学术委员会,来平衡行政权力与学术权力,增强高校的学术话语权和基层治理水平;精简机构,撤并功能、任务相似的部门,将人员充实到教学科研一线。例如:扬州大学于1995年出台《扬州大学校院系三级管理暂行办法》,文件对校、院、系的工作职责、权限等作出具体规定,在学校内部正式推行校院系三级管理体制,并对学院的机构开展了精简工作。

二是用人、分配、职务职称等重要制度改革。江苏省制定出台了《江苏省普通高等学校机构编制管理暂行规定》,改革用人制度,精简管理机构和人员。当时南京大学被定为"校内管理体制改革"试点单位,并推行"三定一聘",即定编、定岗、定任务加聘任,改革范围涵盖了人事、分配、医疗等诸多方面。

三是后勤、资产等管理体制改革。逐步实行企业化管理和社会化管理改革方向。例如南京大学从食堂开启后勤管理体制改革,并从服务化、企业化、科学化三方面入手来推进改革工作。首先是通过改善教师宿舍条件、设置定期体检服务,让后勤工作更好地服务于教师,让教师更好地投入教学和科研工作之中;其次是通过推行经济承包责任制来提升后勤管理的经济效益;最后是通过科学规划、布局和管理,有效节约公共资产,并有效提高实验室设备的使用效率。[①] 高校后勤、资产等管理体制方面的改革,可以直接增加高校的办学经费,提升公共设备的使用效率,更重要的是能够为师生提供更好的学习生活环境,增强师生的幸福感、获得感,从而保证师生全身心投入教学、科研、学习之中,同时

---

① 王德滋,龚放,冒荣.南京大学百年史[M].南京:南京大学出版社,2002:516-517.

也为学校的基础运行提供物质保障。

内部管理体制改革工作的推进,一方面有利于院校合并过程中的矛盾解决,使院校之间能尽快实现融合发展;另一方面也有利于高校治理能力与治理水平的提升。在内部管理体制改革的尝试之中,高校管理的自主意识和创新意识被激活,高校不仅可以通过内部管理机制重构和制度体系完善来维持和保障正常的教学科研秩序,也可以通过制度机制来激励个体与组织的干事创业的热情,增强师生的幸福感,营造良好的校园环境与氛围。

第五节 教学变化

综观20世纪90年代院系调整过程,我们可以发现从20世纪90年代初开始,国家在进行高教体制改革的同时,也在部署和推进高等教育教学改革工作。其间开展的教学改革工作覆盖了教学内容、课程体系、教学方法、教学管理等各个方面,也针对不同学科属性开展了专项改革工作。此外,还特别强调理论课教学和学生文化素质提升工作。

一、持续开展教学改革

1992年召开的全国普通高等教育工作会议中强调,"为适应我国社会主义现代化建设的需要,普通高等教育要有一个较大的发展,根本出路在于深化改革;而在高等教育的改革中,体制改革是关键,教育改革是核心,全面提升教育质量和办学效益是根本目的"。[①] 因此,在院系调整的过程中,也开展了一系列的高等教育教学改革和课程改革工作。其间,原国家教委实施了高等教育面向21世纪教学内容和课程体系改革计划。"教学内容改革计划"主要内容为:"研究未来社会对人才知识、能力和素质结构的要求,转变教育思想,更新教育观念,改革人才培养模式;研究和调整专业结构、专业目录和人才培养规格;研究和改革主要专业或专业群的教学计划和课程结构;研究和改革基础课程、主干课程的教学

---

① 《中国教育年鉴》编辑部. 中国教育年鉴(1993)[M]. 北京:人民教育出版社,1994:163.

第六章　20世纪90年代院系调整后江苏高校的发展变化

内容和体系,编写出版一批高水平高质量的'面向21世纪课程教材';研究和改革教学方法和手段等。"①"课程体系改革计划"包含高等工程教育、高等理科教育、高等农林教育等,总目标是:"转变教育思想,更新教育观念,改革人才培养模式,实现教育内容、课程体系、教学方法和手段的现代化,形成有中国特色的高等教育教学内容和课程体系,质量上一个新台阶,培养适应21世纪需要的社会主义现代化建设者和接班人。"②以工程教育为例,要建立具有中国特色的高等工程专科人才培养模式,形成以培养专业技术应用能力为主线的理论教学和实践教学体系。

此外,这一时期,文科教育得以重视起来,进一步强化基础学科对于人才培养的关键作用。1997年国家教委印发《关于深化文科教育改革的意见》,旨在通过调整目标和专业结构、改革教学内容和课程体系、加强文科基本理论和基础学科建设、开展提高文科应用人才培养质量改革试点、加强大学生的文化素质教育、加强师资队伍建设等方面,推动文科教育的改革与发展。2000年教育部在"高等教育面向21世纪教学内容和课程体系改革计划"基础上,实施"新世纪高等教育教学改革工程",推进更大范围、更深层次的教学改革实践。

院系调整期间江苏始终将教学改革摆在高校改革的核心地位,围绕面向21世纪改革教学内容,选择若干专业进行"小范围、大幅度、高起点、创特色"的教学改革实验,并先后开展了学分制、双学位制等一系列教学管理制度方面的改革。江苏省在1995年印发《关于江苏省普通高等学校学分制管理若干问题的暂行规定》,基本形成了全省统一的学年学分制。

1996年起草了《江苏省普通高校面向21世纪教育内容和课程结构体系改革计划》,启动教学改革试点工作。1998年召开全省普通高校教学工作会议,进一步明确今后高等教育教学工作的总体目标和改革举措。2000年召开全省普通高校教学改革座谈会,并起草了《关于实施江苏省新世纪高等教育教学改革工程的意见(征求意见稿)》。

教学改革工作的持续开展,也凸显出了教学工作在高校建设发展中的核心地位。各高校也围绕教学采取了一系列改革举措。例如:扬州大学制定了《扬州

---

① 何东昌. 中华人民共和国重要教育文献(1991—1997)[M]. 海口:海南出版社,1998:4136.
② 《中国教育年鉴》编辑部. 中国教育年鉴(1997)[M]. 北京:人民教育出版社,1997:193.

大学教学工作规程》,建立完善教学管理体系,加强教学工作的过程管理与质量监控。

二、加强理论文化教育

江苏省在 20 世纪 90 年代院系调整中开展了一系列教学改革的同时,也注重加强以下两方面工作。一是进一步加强理论课教学工作。一方面加强教材建设,将中国特色社会主义理论写进教材,出版《马克思主义原理》《中国革命史》等理论学习教材。另一方面加强理论课教师培训。《中国教育改革和发展纲要》要求高校要"建设一支以精干的专职人员为骨干、专兼职结合的思想政治工作队伍"。[①] 江苏开展"中国社会主义建设"备课会、组织社会调查等,提升思想理论教师的业务能力和水平。二是加强大学生文化素质教育工作。要求各高校加强对大学生人文社会科学和自然科学有关理论与知识方面的教育,并确立了全面推进素质教育的高等教育发展方向。高校多通过开设公共选修课、文化教育讲座等形式营造良好的校园文化氛围,提升大学生的综合素质。

第六节 苏州大学的改革

苏州大学最早源于东吴大学,20 世纪 50 年代院系调整之中,东吴大学文理学院、苏南文化教育学院、江南大学数理系合并组建苏南师范学院,1982 年更名为苏州大学。在 20 世纪 90 年代调整中,苏州大学同样经历了院校合并、内外部管理体制改革、教学改革等一系列改革调整,这些调整对于其发展而言可谓意义重大。

一、实现综合化发展

1995 年以后,苏州蚕桑专科学校、苏州丝绸工学院和苏州医学院先后并入

[①] 何东昌. 中华人民共和国重要教育文献(1991—1997)[M]. 海口:海南出版社,1998:3471.

第六章　20世纪90年代院系调整后江苏高校的发展变化

苏州大学,学校因此增加了农学和医学两大学科门类。在合并调整中,学校的学科专业日渐齐全,学校由师范类院校逐步发展为综合性大学。苏州蚕桑专科学校拥有蚕桑学科、生物学科和水产学科,于1995年并入苏州大学成为生物技术学院,其所在地被定名为苏州大学西校区;苏州丝绸工学院以丝绸和艺术为特色,于1997年并入苏州大学,原校址被定名为苏州大学北校区;苏州医学院以核医学、核技术为特色,1999年由中国核工业总公司划归江苏省管理,于2000年并入苏州大学,其所在地被定名为苏州大学南校区。三所院校并入苏州大学,进行人、财、物等方面的实质性合并,并不是一项简单的合并组合的工作,涉及内设机构调整、人员安排、财务、教学等方方面面。在苏州大学综合化改革的过程中,如何实现合并院校之间的融合发展,真正意义上实现综合化,才是当时摆在苏州大学面前的重要课题。

在合并过程中,苏州大学提出了"先消化后优化"的原则,以学科、专业作为切口,保留和发扬合并院校学科特色的同时,实现学校之间的融合化、综合化发展。从并入过程来看,苏州蚕桑专科学院并入后与苏州大学联合组建了苏州大学生物技术学院。苏州丝绸工学院并入后,其原有的丝绸工程系、染整工程系、丝绸研究所等组建了苏州大学丝绸学院;在原纺织艺术分院基础上组建了苏州大学艺术学院;原机电系等并入苏州大学工学院;原管理系中经济类专业并入苏州大学财经学院;化工类专业并入苏州大学化学化工系。[①] 艺术学院的成立,又补充了苏州大学艺术类学科的空白。随着苏州蚕桑专科学院的并入,苏州大学撤销了生物技术学院,对两校的学科优势进行了重新整合,在此基础上成立了苏州大学蚕桑学院、水产学院。两所学校的并入,使苏州大学形成从种桑、养蚕到缫丝、丝织,再到服装设计、表演全过程的完整学科群,成为全国唯一一家面向丝绸行业全链条培养各类人才的高校。2000年苏州医学院并入后,苏州大学也是根据学科优势特点,成立了医学院、生命科学学院和核医学院。学校又对相关学科专业进行了整合调整,生命科学学院下设了生物技术系、水产系和蚕桑系。[②]

苏州大学通过学科、专业融合发展,不仅保留和发扬了特色学科专业的优

[①]《苏州大学校史》编写组.苏州大学校史1900—2019[M].苏州:苏州大学出版社,2000:341.
[②] 同上:344.

势,也更新和升级了传统学科专业,更是实现了学校之间人、财、物的全面融合,实现了与三所院校的实质性合并。在此轮院系调整之中,苏州大学的学科门类更为齐全,学科特色优势更为彰显,办学规模和办学效益都得到了巨大提升,为苏州大学高质量、综合化的发展奠定了坚实的基础。

二、改革内外部管理体制

1996年江苏省教委、苏州市政府签订协议共同建设苏州大学,至此苏州大学实行省市共管、以省为主的管理体制。同年,苏州丝绸工学院由原纺织总会划归江苏省管理,1999年,苏州医学院由中国核工业总公司划归江苏省管理,这两所院校也在划归江苏省管理后并入苏州大学。除了外部领导和管理体制改变以外,苏州大学也开始积极谋划高等职业教育和民办教育的办学尝试。1997年苏州市化工局职工大学整建制并入苏州大学,次年苏州大学职业技术学院成立,旨在培养高素质职业技术人才和职教师资,成为全国最早在本科院校内举办的高等职业技术学院。1999年,苏州大学又与苏州市凯达房地产发展有限公司合作创办了国内最早的由本科院校设立的二级民办学院——文正学院。该学院的专业依据苏州大学的专业基础、师资情况和社会需要设置,相较传统的二级学院,具有更多的自主权——主要体现在专业设置、人员管理和人才培养模式等方面。相较于传统学院,文正学院更加注重学生自主学习和管理能力的培养。因此,文正学院也成为苏州大学教学改革的试验田,也对全国二级民办学院的建立与发展起到示范作用。

与此同时,苏州大学还开展了新一轮的校内管理体制改革工作,以促进校内管理体制更好地与外部管理体制相衔接。与此轮院系调整的主基调相符,苏州大学的内部管理体制改革也是以人事制度改革作为突破口,通过定编、定岗、定职、聘任等举措,党政管理人员精简了15%左右,[①]在教师中间建立起了平等竞争机制和激励机制,优化了教师队伍结构,促进了人才合理、有序流动。苏州大学的校内管理体制改革还涉及管理机构、教学科研机构的调整,精简校内党政管理机构,下放相关管理职能至基层院系。

---

① 《苏州大学校史》编写组.苏州大学校史 1900—2019[M].苏州:苏州大学出版社,2000:348.

1999年这一年是苏州大学内部院系调整较为集中的年份,成立了教育学院;丝绸学院更名为材料工程学院;组建了理学院,原数学科学学院、物理科学与技术学院、化学化工学院并入理学院成为与其他学院平行的实体系;在文学院、社会学院、政治与公共管理学院基础上组建人文学院,三个学院也分别成为实体系。此外,还调整了工学院,将其变为虚体学院,下设三个实体系。内部院系的调整也从组织结构上加速了学科之间的交叉融合。此外,学校也对校办企业、后勤等服务保障性机构进行了改革,成立江苏苏达经济技术发展总公司、苏州大学出版社等,推行企业化管理;推动后勤社会化改革,提升后勤保障质量,改善了办学条件,提升了教师待遇。

三、定位外向型复合型人才培养方向

20世纪90年代院系调整是适应社会主义市场经济发展的产物,伴随改革调整,各所高校内部也在相关教学改革文件、行动的引领带动下,开展了围绕人才培养的一系列教学改革工作。苏州大学在此轮教学改革浪潮之中,确立了外向型复合型人才的培养方向。外向型人才是指苏南特别是苏州社会经济发展需求强烈的人才类型,复合型人才是指一专多能、社会适应力强的人才。苏州大学专门在苏南地区开展人才需求的专项调查,增设了一批社会短缺急需的应用性专业,例如专门用途英语、市场营销、计算机数学与计算机应用软件等。"八五"末学校共有58个专业,其中应用性专业45个,占比77%。[1] 围绕外向型复合型人才培养,苏州大学的校内教学改革工作具体体现在以下三个方面。

一是推行学分制改革,出台《苏州大学学分制规定》,因材施教、拓宽口径,提升人才培养质量。二是实施"一本一专"的主副修制,促进学生向一专多能发展。三是在全国率先实施必读书制度,培养学生的人文精神,提升学生的综合素质。此外,教学改革还覆盖课程、教材、实习等多个环节,特别强调实践能力的培养,切实提升了学校的人才培养质量,增强人才的社会适应力。在这一系列教学改革的推动之下,苏州大学的人才培养更加立足于苏南地区社会需求,更加满足地方经济建设发展对于紧缺专业和复合型人才的需要。

---

[1]《苏州大学校史》编写组.苏州大学校史1900—2019[M].苏州:苏州大学出版社,2000:320.

第七节　扬州大学的发展

　　1992年扬州师范学院、江苏农学院、扬州工学院、扬州医学院、江苏水利工程专科学校、江苏商业专科学校、国家税务局扬州培训中心合并组建扬州大学。扬州大学是20世纪90年代院系调整中诞生的高校,此轮院系调整对于扬州大学的影响无疑是巨大的,扬州大学的组建与发展的初期阶段具有此次调整的鲜明特征。同时扬州大学的改革调整也具有其特殊性,其组建于20世纪90年代院系调整之中,经过一段时间的联合办学尝试之后,才开始启动第一轮为实现合并办学而实施开展的以二级学院重组为重点的内部管理体制改革工作,这项改革工作一直持续到1998年以后,特别集中于1998年。后来跟随江苏院系调整的节奏,扬州大学又针对内涵发展进行了第二轮以人事、分配制度为重点的内部管理体制改革工作。扬州大学始于20世纪90年代院系调整的内部管理体制改革工作,可视为那个年代江苏高校改革发展的缩影。

一、由联合办学转向合并办学

　　扬州大学是在20世纪90年代调整中组建诞生的,可以说扬州大学是在此轮改革调整的浪潮中应运而生的,是践行由联合办学向合并办学转变的江苏典型,也是全国最早进行合并办学尝试的高校典型。乘着这轮调整的"东风",在江苏苏中苏北地区建成了一所面向地方经济建设发展的综合性大学。起初,扬州大学是一种联合办学的模式。在20世纪90年代院系调整期间,扬州陆续建有扬州师范学院、江苏农学院、扬州医学院,后又陆续增加了江苏商业专科学校和江苏水利工程专科学校等。由于当时扬州没有一所综合性大学,于是扬州的高校开始了联合办学的实践探索。

　　扬州的6所高校,4所为本科院校,2所为专科院校,且分别隶属于省教委、水利厅和商业厅,条块分割、专业重复等现象较为严重。在改革开放以后,从提升院校办学效益、综合实力的角度出发,组建综合性大学是明智之举。但由于各高校分别隶属于不同部门,经费来源渠道不一,因此,首先选择了联合办学的道

第六章　20世纪90年代院系调整后江苏高校的发展变化

路。此项举措的酝酿准备从 1985 年便开始,起初定名"江苏大学",并确定了隶属关系、级别待遇、人事关系、学校任务"四个不变"的联合办学原则,6 所高校作为下设的 6 个学院,继续具有法人地位,拥有人事、分配、招生等方面的行政管理权限和经费使用权限。① 随着国家税务局扬州培训中心加入联合办学,校名由原定的"江苏大学"变更为"扬州大学",直到 20 世纪 90 年代院系调整开始后的 1992 年,通过联合办学组建的扬州大学正式成立。

联合办学的模式是一次创新性的尝试,通过联合办学扬州大学确实取得了综合化的发展效应,成为一所师、农、商、医、工等学科门类齐全的综合性大学,可以支撑与服务苏中苏北经济发展与社会建设。但与此同时联合办学的形式也暴露出小而全、管理分散、师资分散、资源分散、重复浪费等问题。直到 1995 年国务院副总理李岚清视察扬州大学,成为重要转折点,扬州大学由此开启了从联合办学转向合并办学的探索和实践。按照"一个法人、一套管理机构、一套管理制度"的模式,撤销 6 所学院建制、法人资格,确立"三级建制两级管理"的新内部管理体制,并在人、财、物等方面进一步加强统筹管理,使 6 所院校实现了真正意义上的联合,即合并成为一体,并取得了一加一大于二的效果。

从扬州大学的这一合并实施过程,我们可以发现,院校的联合、合并,伴随着大量的内部管理体制改革工作,从学院、管理机构设置调整,到涉及人、财、物的一系列制度体系的制定与完善,还需要做大量统一思想、凝集认识的思想转变工作等,才能使松散联合的状态真正变为实质性的融合与发展。

二、重组二级学院

根据扬州大学《"九五"计划和十年规划》的总目标,要把学校建成一所"在国内有地位、在国际上有影响力的以应用学科为主、多学科融合发展的地方综合性大学"。② 在这个目标提出以后,为了使学校的联合办学成为真正意义上的合并办学,扬州大学出台了《扬州大学二级学院组建调整方案》。学校遵循有利于学科专业发展,有利于学校优势发挥,有利于教育资源优化配置,有利于调动教职

---

① 《扬州大学校史》编纂组.扬州大学校史[M].扬州:广陵书社,2022:198-199.
② 同上:239.

员工办学积极性等原则,开始推进二级学院的重组调整工作。学校结合现有基础,按照学科群组建了 13 个二级学院,分别为:人文学院、政法学院、外国语学院、理学院、体育学院、工学院、水利与建筑工程学院、农学院、畜牧兽医学院、生物科学与技术学院、医学院、商学院和旅游烹饪学院,并保留了师范学院,作为师范教育的协调管理机构,同时成立了研究生部和成人教育学院。① 其中,人文学院、政法学院、外国语学院、理学院、体育学院等是基于原扬州师范学院学科基础进行了拆分,而农学院、畜牧兽医学院和生物科学与技术学院则源自原江苏农学院。

通过二级学院的重组调整,原先的 6 所院校不再整建制保留,而是通过学科整合、学院重组的方式,解决了自成体系、低水平重组、资源浪费等问题,进行了真正的合并发展,实现了全方位的统一领导和管理。从这里可以看出,重组二级学院,是扬州大学自组建以来为真正实现合并发展而实施内部管理体制改革的重要抓手。

在重组二级学院的过程中,扬州大学主要采取了以下举措。

一是从综合性大学的学科框架入手来构建学院。综合性大学除文、理基础学科外,还应包括工、农、医、商、法等应用学科,依据综合性大学的学科框架,结合自身学科基础来重新组合、调整学院,打破了学科之间由于院校分割而形成的壁垒,不仅有利于学科之间的交叉融合,更为综合性大学的建设发展奠定了学科基础。

二是通过重组学院来提升和加强公共基础课教学质量,充实公共基础教学师资队伍。在学科关系的梳理过程中,学校也对基础与专业之间的关系进行了进一步的优化,使专业人才培养建立在厚实的基础教育之上,从根本上提升了人才培养质量。

三是将师范与非师范糅合在一起。经过二级学院重组,扬州大学不再设立实体的师范学院,原师范学院依据学科分类划分为多个二级学院,而师范学院作为虚体存在,只为协调管理学校的专业化师范教育,师范生的培养不再仅仅依托于师范学院,而是相关学院共同参与、承担,通过师范生培养使学院发展真正融入彼此。

---

① 《扬州大学校史》编纂组.扬州大学校史[M].扬州:广陵书社,2022:241.

第六章　20世纪90年代院系调整后江苏高校的发展变化

四是精简学院管理机构,进一步明确学院的功能定位。在改革调整中,扬州大学学院的中层管理机构被全部撤销,原来七套管理机构精简为一套,并且进一步明确学院的功能定位在教学、科研、学科建设、师资建设、学生教育管理、思想政治工作和社会服务等方面,引导学院抛开繁杂的事务性工作,全身心投入到教学、科研、服务的主责主业当中。经过这些改革举措,扬州大学二级学院重组工作得以顺利进行,且取得了理想效果,使得扬州大学由内而外实现了融合化、综合化发展。

三、转移工作重心

经历改革调整之后工作重心的迅速转移也是争取高质量发展的关键一步。院系调整中很多高校都会面临这样的问题,外部管理体制改革,牵动着内部管理体制的调整,内部改革若是战线过长势必会影响和阻碍学校的发展。扬州大学对于二级学院的重组工作于1998年3月开始动议,9月即完成了学院调整及相关内部管理制度改革等工作,为期半年时间,从联合办学过渡到真正的合并办学状态。高校的内部改革工作结束之后学校又迅速将工作重心调整至学校内涵建设方面,推动扬州大学在合并改革之后迅速步入快速发展时期,这一工作重心的快速转移,也为其他高校的改革发展提供了借鉴与启示。

扬州大学重点抓学科、教学、科研和师资队伍方面的建设工作,而这四项工作正是高校内涵建设的关键之处。首先是处于龙头地位的学科建设。扬州大学为突出学科建设的重要性,连续出台了《扬州大学学科建设1999—2005年发展规划和2010年远景目标》《扬州大学重点学科建设管理办法》《扬州大学省级重点学科管理实施细则》《扬州大学校级重点学科遴选办法》等一系列围绕推进学科发展工作的制度文件,不仅对学校学科发展进行了详细规划,也对学科建设相关制度进行了修订与完善。学校制定了学科群的建设思路,有利于打破合并院校学科之间的壁垒,促进学科深度融合;也有利于学校重点学科的建设和学科整体实力的提升。

其次是作为中心工作的教学。跟随二级学院的重组,扬州大学也对专业设置进行了调整和优化。在学院、专业完成改革调整工作的基础上,学校开始重点抓教学建设、课程建设。从教学计划的修订开始,按照"厚基础、宽口径、强适应"

的方向重构课程体系和结构,进行教学内容、教学方法、教学管理等方面的改革,以切实提升课堂教学质量。

三是科研工作。确定科研的先导地位,通过科研工作来促进和带动学科、教学、师资队伍的建设与发展。从科研管理制度入手,涉及科研项目管理、奖励、推广等各个方面,构建了较为完善的制度体系,激发教师投入科研工作的热情。此外,还通过科研基地建设,一方面为教师提供了更为广泛的科研平台,另一方面加大了与地方产业的横向联系,更好地服务于地方发展。

四是师资队伍建设工作。学校专门研究制定师资队伍建设规划,明确建设目标、任务和具体举措。随即启动新一轮的以人事、分配制度改革为重点的校内管理体制改革工作,通过管理岗位减员增效,教师岗位按劳分配、多劳多得、优胜劣汰竞争、激励体系的形成,在减少管理开支的同时,调动和激发教师队伍的创造性和积极性。同时,从教师入口开始把关,提高补充门槛,加强不同群体教师的培训工作,提升教师学历、职称,优化师资队伍结构。

这四个方面工作重心的及时转移,为综合性大学建设道路打下了坚实基础,也推动了扬州大学高质量发展的前进步伐。扬州大学通过工作中心的调整实现了从规模发展向内涵发展的转变,其改革发展的经验告诉我们,学科、教学、科研、人才才是高校改革发展应该围绕的中心,是决定高校高质量发展水平的关键要素。

第七章

两轮院系调整对江苏高校的影响与启示

站在"全国一盘棋"的视角上来看,两轮院系调整具有国家战略意义层面的积极影响。站在地方的视角来看,两次调整也对江苏高等教育的发展产生了深远的影响。由院系调整直接导致的变化,或是伴随着院系调整阶段发生的变化,存在于江苏高等教育的方方面面,变化能客观说明院系调整的影响所在。通过梳理江苏高校在院系调整前后的变化发现,院校、学科专业、师资、学生等方面的变化都是评判影响所在的核心要素,具体包括:院校方面,院校的数量、迁入迁出、拆分合并、分布情况、结构、实力水平,甚至于名称的变化等;学科专业方面,学科专业的设置、拆分合并、区域分布等;师资方面,教师流动、师资供给、队伍建设、教师身份等;学生方面,人数、身份构成、招生及就业等。通过这些核心要素在调整前后的变化研究,可以客观得出两轮院系调整对于江苏高校发展的影响。

第一节 短期影响及其思考

两轮院系调整对于江苏高校的影响在短期内就迅速显现出来,多数是全国高校都显现出的共性影响,而有部分影响则具有明显的江苏印记。总的来看,20世纪50年代院系调整,在短期内确立了社会主义高等教育制度,奠定了全国的高等教育的格局,加强了高等教育的集中统一管理,增强了教育与社会发展的关联性,凸显了教育的社会服务功能。20世纪90年代院系调整则在短期内帮助建立了中国特色的社会主义高等教育体系,奠定了社会主义高等教育现代化发展的格局,实现了多种渠道多种形式办学,增强了高校的办学自主权和积极性,进一步提升了高校的人才培养质量和社会服务能力。

一、实现了江苏高校的平稳过渡

20世纪50年代的院系调整工作是在"全国一盘棋"的思路下,由中央统一布局、指挥,是站在国家的高度通盘考虑高等教育的调整改革。江苏地区的调整作为"棋盘"上的一隅,也必须服从于集体利益、大局利益。服从于院系调整工作的全局利益的前提下,就必然会牺牲部分高校的利益。在拆分、迁移等一系列调整工作中,江苏高等教育的整体优势以及部分高校的综合实力被削弱。此次院系调整的全面调整阶段,江苏地区主要的调整时间是在1952年8月至10月。江苏在两个月的时间内完成了大部分高校的调整、搬迁工作,只有3所高校维持原状,这足可见全面调整阶段的调整力度之强。这也是为何在不少人的印象之中,20世纪50年代的院系调整就直接等同于1952年的院系调整。

中华人民共和国成立初期,面临着政权更迭带来的时局动荡,以及经济环境颓废、国际环境复杂,新、旧高等教育的平稳过渡对于江苏的教育事业而言具有重大的意义。江苏高等教育虽在战争的硝烟和时局不稳的夹缝中寻得了生存和发展,但也印刻下了旧教育的鲜明印记。印记存在于教育理念、管理体制,甚至于教育内容等诸多方面。鉴于教育与政治的千丝万缕的联系,对旧教育的接管和改造,以及顺利、平稳地过渡到新教育,对新中国而言是一种考验,关系到江苏地区政治局势的稳定。

20世纪50年代院系调整虽然采取的是集中统一的调整方式,但有些过程也显得有些急促。不可否认,短时间、大幅度的调整,涉及众多高校的人员搬迁和设备搬迁。高等院校的外迁、拆分,以及师资人员的调动等,在一定程度上容易引起师生的各种负面情绪,对高等教育工作的稳定发展造成了一定的影响。同时,搬迁过程也容易引起教学设备的损耗,对正常教学秩序的维持也产生了一定的影响。但其实,此轮院系调整是有计划、分步骤的,从解放后接管时期开始已着手铺垫和准备。通过调整,江苏实现了新、旧教育的平稳过渡。

教会大学的改革就是一个鲜活的例子,在接管和调整中有计划、有步骤、有轻重缓急。教会大学属于接受国外津贴的私立高校,以金陵大学为例,其调整并不是一蹴而就的。纵观金陵大学在中华人民共和国成立后的发展过程,其接管就经历了几年时间,直到1951年1月,私立金陵大学和私立金陵女子文理学院合并为金陵大学,改为公立,由南京市人民政府接管。耗时一年多,目的就是为了维持学校正常的教学秩序、稳定师生的情绪,实现平稳的接管。1952年的调整中,金陵大学并入南京大学,也是在此次调整中,江苏地区所有的教会大学彻底"消失"。也许,中央政府对待教会大学的态度和发展规划一开始就是明确的,但在实施过程中是"温柔以待"的。从一方面来看,教会大学的消亡对于江苏的高等教育发展而言是一种损失,但从另一方面来看,这种做法在一定程度上维护了江苏政治局势的稳定,也实现了江苏高校的平稳过渡和江苏高等教育的平稳发展。

二、推动了江苏高等教育的平民化和大众化发展

解放后接管前,由于混乱的时势、高昂的收费,高校的门槛普遍较高,高等教育在普通的工农大众眼中属于一种"奢侈品"。随着20世纪50年代院系调整工作的布局开展,高等教育不再是"贵族子弟"的独享,而是过渡为走平民化路线,为工农大众服务,更多的江苏平民子弟可以享受到以前"遥不可及"的精英教育。

中国共产党的存在基础是工农大众,新政权的建立和巩固,以及国家经济的恢复发展、社会的建设,需要培养大量的属于工农阶层自己的管理干部和建设人才。因此,此次院系调整后,江苏高等院校的数量虽然减少了,但学生数量却大幅增加,工科学生的数量占据了多数。各种学费减免制度打破了家庭经济条件的限制,成人教育和工农速成中学等教育手段的实施又打破了学习基础差的壁垒,使更多的人获取了接受高等教育的机会,拓宽了高等学校学生的身份构成,工农阶层逐渐成了高等学校的主体。

高等教育平民化路线的贯彻实施,也使得江苏的高等教育更为"接地气"地与现实需求联系起来。在学科专业的设置方面注重与国家建设的需要相结合。江苏高校一改接管前文科占主导的局面,转而工科成为"主流"。如果说政法、财经类的学科专业是为了培养国家干部的话,那工业类的专业则是为了积蓄大量的一线建设人才。高等教育不再一味追求高深学问,而是更多地履行其社会服务的职能。人才培养方面也贯彻理论联系实际的教育理念,理论教学的同时,也

注重与生产劳动结合,训练实践操作能力。

20世纪50年代院系调整后,江苏的高等院校数量减少,但学生人数却增加明显,这也意味着调整期间高校的招生人数大幅增加,其中以工科学生的增加为最多。1952至1953学年江苏15所高等学校的在校学生总数是10 007人,到1956至1957学年发展到28 213人,增加了81.8%,其中特别是1956至1957学年,一年就增加了9 488人,比过去四年中增加的总人数8 718人还要多。[①] 江苏高等教育平民化路线的转型,一方面使更多的人享有了平等接受高等教育的权利,另一方面也通过教育贯彻了政党的工农路线,帮助了其政权的巩固,维护了社会的稳定。此外,基层民众的加入,也使得高等教育的发展更具活力,更加多元化。江苏的高等教育中带入了新的阶层、新的思想的碰撞,也推动了我国高等教育大众化、普及化的发展趋势。

进入20世纪90年代,随着高等教育大众化发展目标的提出,全国高校随着规模扩张,也开启了扩招的高潮。据1995年《江苏省国民经济和社会发展"九五"计划和2010年远景目标的建议》,1995年江苏普通高校在校学生达20.86万人,比1990年增长42%。计划到2000年,适龄青年受高等教育人数达到12%,2010年达到20%左右[②],逐步实现高等教育的大众化发展。计划到2000年,高校的规模效益明显提升,本科院校的校均规模由2 500人提高至3 500人左右。[③] 伴随着20世纪90年代院系调整工作,江苏的高等教育也正式迈进了大众化发展阶段。

三、激活了江苏高校的自主办学活力

两轮调整在办学自主性方面对包含江苏高校在内的所有高校均产生了普遍性的影响,影响并见证了我国高校自主办学活力由弱至强的变化过程,20世纪50年代院系调整之后,我国的高校进入了集中统一领导的时代,与计划经济体制的建立与发展相适应。高校多由教育部或者中央有关业务部门负责管理,中

---

① 省人代会一届六次大会上高等教育局吴桢副局长的发言[A].江苏省档案馆,档案号:4013-002-0637.
② 何东昌.中华人民共和国重要教育文献(1991—1997)[M].海口:海南出版社,1998:3954-3957.
③ 同②:3540-3543.

第七章　两轮院系调整对江苏高校的影响与启示

央对于高校的领导和管理渗透到高校运行的方方面面。统一高效的管理模式，不仅使得大规模的院系调整在短期得以完成，也使得我国高等教育实现了平稳过渡，并为新中国成立初期国家经济的恢复发展培养和输送了大量对口专业人才。但随着时间推移，条块分割管理体制之下"小而全"的封闭发展格局逐步显现。同时，高校也在20世纪50年代院系调整中取消了院一级建制，使得中央的领导直接渗透到高校内部的最基层，高校内部的管理体制也逐步出现僵化现象，高校自主管理的能力逐步弱化。

院系调整过程当中曾出现过一些高校内部管理的问题。例如教师队伍建设和管理方面。解放初期，我国经历了一次师资数量减少的过程。1947年我国高校的教师人数为16 940人，解放后接管初期1949年则减少至16 059人，其中教授从6 816人减少至4 785人，减少了29.8%，副教授从2 514人减少至2 168人，减少了13.8%，相反讲师和助教人数则有所增加。[①] 数据表明，解放后接管初期高校师资中的高级人才是有较大幅度流失的。伴随着20世纪50年代院系调整，高校学生招生人数增加，师资的空缺问题显得更为棘手。因此，中央也采取了一系列的措施，例如：放宽高校教师的政治思想要求，破格提拔讲师，留用相当数量的高校毕业生担任助教，甚至于将部分初中毕业生分配至高校担任教辅人员。这些措施缓解了高校师资缺失问题的同时，也造成了高校师资结构的不合理，助教和讲师的比重大幅增加，导致教师队伍整体水平下降。到此轮院系调整后期，甚至出现了高等院校人员超编的现象。"根据1956年12月份的统计：全国高等学校（不包括高师）实有教职工达115 884人，较国家核定的编制计划人数超过七千多人。从多数高校的编制情况来看，机构重叠、人浮于事、工作效率不高等不合理现象仍相当严重。"[②]

这样的发展幅度，师资水平、质量不高，以及过度增长后的工作效率低下等问题均显现出来。再如教学资源方面，人才培养数量的增加，也导致了教学资源紧张、匮乏，跟不上学生人数增长速度。院系调整中图书、仪器设备等的统一调整、整合，也是为了集中调配教育资源，以期发挥最大的效用，而调整迁移中，图书、教辅设备的遗失、损坏等从另一个角度则加剧了教学资源的紧张。新中国成

[①] 转引自：[日]大塚丰.现代中国高等教育的形成[M].黄福涛，译.北京：北京师范大学出版社，1998：205.
[②] 关于颁发1957年全国高等学校人员编制控制数的通知[A].江苏省档案馆，档案号：4013-007-0021.

立初期,加强教学资源建设是人才发展的现实所需,但因为当时经济条件所限,高等教育的投入"杯水车薪",加之图书、教辅设备等采购、使用也缺乏实际经验,造成了一定程度的资源浪费现象。

院系调整中暴露出的我国高校内部管理体制与机制方面存在的问题,归根结底是高校自主管理能力的问题。高校自主管理能力的提升一方面需要高校管理自主权的下放,另一方面也需要高校自主办学活力的激发与提高。20世纪90年代院校调整的重点之一就是要激发高校的自主办学活力,增强高校的自主管理能力。此轮调整本身就是在自上而下的政策指引之下的自下而上的改革调整。在整个院系调整过程之中,从外部管理体制改革——打破了条块分割的僵化体制,强化了校地共建、校际合作,到内部管理体制改革——降低高校管理重心的同时,促进了高校的人事制度、分配制度等多方位的改革调整。这些改革调整举措都是在激发高校自身的办学活力。

20世纪90年代院系调整进一步增强了高校的自主权,但同时也对高校的治理能力和治理水平提出了更高的要求。高校管理体制改革后,特别是经历了院校合并和升格之后,高校管理面临着很多棘手课题。例如合并后的学校该如何定位,学科布局该如何调整,教师队伍该如何优化,学校文化该如何融合等。所以高校自主权能否进一步扩大,与高校自身治理水平的高低也有着直接关系,国家在不断下放高校自主权的同时,也对高校内部治理体系和治理能力的提升提出更高要求。

四、提高了江苏高校的人才培养质量

两轮调整伴随着我国高校人才培养理念与定位的变化,高校人才培养质量也大多随调整改革得以逐步提升。

20世纪50年代的院系调整以苏联为蓝本设置专业,大力发展单科性的专门学院。参照苏联经验,对口社会中的行业分类而进行专业设置,培养各行业的专才。这种教育理念的形成也与中华人民共和国成立初期的计划经济体制相关,强调人才培养的专门性,强化专业教育,有计划、标准化地培养与社会经济发展需要相匹配的专门人才。这一模式大幅提升了专业人才的培养质量,适应了建国初期工业化建设对于专业人才的需求。

第七章　两轮院系调整对江苏高校的影响与启示

新中国成立初期对于专业化建设人才的渴求,促使在经过20世纪50年代院系调整之后,我国高校的专业人才培养质量迅速提升。但满足了社会建设对于对口专业人才需求的同时,专业人才培养背后的问题也随着时间推移和社会发展逐渐暴露出来,主要表现为以下三个方面:

1. 人才培养口径越来越窄

首先,专业设置过细,导致人才的适应能力低下。20世纪50年代院系调整之后,我国高校专业设置名目繁多,口径狭窄,在工业类的专业中体现尤为明显。高校的专业对口社会的工业门类,甚至某些专业设置细到只对应单一工种。培养出来的人才知识面狭窄,只能从事与专业相关的行业,甚至于只能从事某一单一工种。能够满足新中国成立初期那一特定时期内国家建设发展的需要,但随着经济发展和产业结构的调整,一旦这一工种消失,这些人便很难适应和胜任其他工作。

其次,细化专业设置,导致文、理、工学科分家,人才的综合素质下降明显。工业类单科性专门学院的发展和综合性大学失去了综合性的实质,使得工业类的人才培养缺乏了文、理等学科的交流,脱离了文、理等基础知识的熏陶,专才教育盛行起来,人才的综合素养教育则相对缺乏。

2. 重工轻文情况较为明显

教育的中心任务之一是为社会生产建设服务,培养大量的工业人才来配合中华人民共和国成立初期经济生产的恢复和社会建设的发展,成了20世纪50年代院系调整工作的重点。因此,20世纪50年代院系调整对于工科类高校、系科的重视程度、发展力度要远远高于文、理类。江苏的高校在调整前,文科类院校、系科居多,但此轮院系调整中工科类的专门院校和相关系科专业发展势头明显,政法、财经、语文类高等院校更是"不见踪影",文科退居从属地位。国家重视工科的发展,忽视文科教育,过分强调人才培养与社会现实需求的联系,强调教育的实用性、功利性,而逐渐忽视了人才人文底蕴的培养。而文科素养可视为是一切学问的根基和源头。

新中国成立初期我国高等教育重工轻文的现象明显,且在工科教育中一味追求理论联系实际,对实践的重视程度甚至大过理论知识,加之人文教育的缺失、政治思想教育的强化,培养的人才趋向"单向度",也显得底蕴不深、后劲不足。这一现象一直持续到20世纪90年代调整当中,开始逐渐强调文科的重要基础作用,以及文科与其他学科的交叉融合发展。

20世纪50年代院系调整期间还曾出现降低门槛加大人才产量的现象。具体表现为:一是改革招生政策,高校向工农开门。20世纪50年代院系调整期间,全国各高校向工农开门,吸收了工、农、老干部、劳动模范和优秀分子入学,共计4000多人。[①] 1950年起开始颁布的高等学校招考新生的规定中明确对工农出身符合相关规定要求的考生,放宽考试要求,使得高校招收工农学生的数量逐年递增。这样的招生策略达到了向工农开门的目的的同时,也降低了高校的入学门槛和生源质量。

二是开办工农速成中学,向高校输送学生。在20世纪50年代院系调整前期开办的工农速成中学,目的是招收革命或社会发展时期的优秀工农干部、工人等,在短时间内集中教授中等程度的科学文化基础知识,使其能基本具备升入高等院校继续深造的能力。同时,也通过工农速中的开办,搭建了学习基础较差的工农学生进入高校学习的通道。但是工农速中"是个失败的经验,从高小水平突击三年学完高中课程,巩固有困难,再加招生控制不严,有些机关在选送时亦不够慎重,从1955年起就停办了"[②]。学生学习基础差,升入高校后淘汰率高,成为速成中学停办的主要原因。

三是压缩学习年限,提前投入生产建设。为满足社会生产建设对于大量建设人才的需要,中央曾决定将理、工学院一些系的1953和1954两年的应届毕业生提前一年毕业。这是特定历史时期的特殊举措,压缩了高校学生修学年限的同时,也影响到了学生培养的质量和完整性。加大人才产量满足了新中国成立初期社会建设发展对于专业人才的急需,这一现象也随着20世纪50年代院系调整的结束而终止。

实际上,20世纪90年代院系调整之后我国高等教育步入大众化发展阶段,大众化发展对于高校的教学质量、人才培养质量都是严峻的考验,也因此各高校与改革调整同步,实施了全方位的教学改革工作。20世纪90年代院系调整为适应社会主义市场经济体制改革发展的需要,也针对20世纪50年代院系调整中逐步暴露出的人才培养方面问题进行了改革调整。

[①] 高教部刘皑风副部长在江苏省高等学校座谈会上的讲话(记录稿)[A].江苏省档案馆,档案号:4013-002-0641.
[②] 同上。

第七章　两轮院系调整对江苏高校的影响与启示

首先,改变了专才培养思路,转为培养综合化人才,拓宽了人才培养口径,增强了人才的社会适应力。其次,通过院校系科合并、合作,促进专业学科之间的交叉融合和教学改革,提升了学生的综合素质和创新意识,提高了人才培养质量。再次,通过招生就业政策的变革,保障生源质量的同时,提升了人才的发展活力。两轮院系调整都伴随着教学方面的改革工作,特别是20世纪90年代的院系调整,教学改革工作贯穿了调整的整个过程之中。

五、提升了江苏高校的社会贡献力

中华人民共和国成立前,江苏高等教育处于混乱的政治局面和战争不断的环境当中,与国家建设发展的直接关联性体现得不是很明显。伴随着院系调整工作的布局和开展,高校服务于国家建设发展的作用愈发显著,江苏高校的社会贡献力也明显提升。

江苏高校在院系调整过程中就体现出牺牲小我,服从全国高等教育发展大局的意识。

首先通过一系列的高校支援,充分彰显了江苏高校对于我国高等教育发展和社会发展的贡献力。江苏高等教育在20世纪50年代院系调整过程中对于外省的支援主要是在院校、系科的外迁,以及毕业生和师资的支援等方面得以体现。国立东方语文专科学校并入北京大学,国立戏剧专科学校并入中央戏剧学院,国立音乐院并入中央音乐学院,华东航空学院并入西北工业大学等。南京大学法学院的政治系、法律系、经济系、哲学系,东吴大学的法学院,南通学院的纺织科,南京工学院的无线电工程系等江苏原本的优势系科也纷纷外迁。毕业生方面,我国东北地区为重工业的重点发展区域,江苏不少高校的毕业生在新中国成立初期毕业后直接分配至东北工作。师资方面,自解放以来至20世纪50年代院系调整结束,江苏从在职教师中抽调出来支援兄弟省市的师资共计2025人,其中大学教师418人。1953至1957年,支援兄弟省市的高师毕业生为1736人,占本省高师毕业生总数3471人的48.7%。[1] 江苏高等教育对于外省的支援,不但提升了其对于社会发展的贡献力,也从另一方面印证了江苏高等教育的雄厚实力。20世纪50

---

[1] 江苏省教育工作的回顾与今后规划意见(初稿)[A].江苏省档案馆,档案号:4013-002-0590.

年代院系调整期间,江苏对外省市的高等教育方面的支援,主要通过四个渠道展开。

1. 以院校迁出合并、协助他校办学的方式进行支援

院系调整中,江苏先后迁出省外的院校有7所。分别为:国立音乐院、国立戏剧专科学校、国立东方语文专科学校、国立边疆学校、中国人民解放军第五军医大学、省立苏州工业专科学校(苏南工业专科学校)、华东航空学院。而外省迁入的为3所,且都为接管时期迁入,并入南京大学师范学院。加上本部停办、迁至省外分部办学的私立重辉商业专科学校和私立南京工业专科学校,江苏在院系调整期间迁至省外的高校多达9所。其中,中国人民解放军第五军医大学于1954年迁往外省,苏南工业专科学校和华东航空学院是在院系调整的局部调整阶段迁至西安,其他则在接管阶段即迁出江苏。迁出的学校除移至分部办学的两所私立院校办学实力较弱以外,其余均为公立院校,发展水平较高,例如国立音乐院、华东航空学院等经合并、发展成为今天的中央音乐学院、西北工业大学等名校。

当然,院校迁出支援对于江苏高校的发展也提出诸多挑战。例如,林业部曾下令要求南京林学院支援浙江、福建、江西、湖北办林学院。突如其来的命令使原本对口支援浙江一个省的南京林学院措手不及。[①] 再如,苏南工业专科学校的西迁,致使苏南地区的工业类高校缺失。

2. 以系科外迁的方式进行支援

据不完全统计,在20世纪50年代院系调整期间由江苏迁至外省的系科和专业有:东吴大学的法学院(沪校)、化工系、社会学、经济系、工业管理系,南京大学法学院的政治系、法律系、经济系、哲学系,南通学院的纺织科,江南大学的化工系,苏州美术专科学校的动画科,苏南文教学院的电化教育专修科,金陵大学的电影播音专修科,南京工学院的无线电工程系,苏南蚕丝专科学校的专科系科等。档案资料上的数据显示调出的为21个,而调进的为16个。[②] 其中不乏江苏各高校优势学科的迁出,包括接管前居于强势地位的政治、法律、经济等系科,以及一些与江苏当地工农产业紧密联系的系科。

---

① 江苏省现有15所高等学校的情况[A].江苏省档案馆,档案号:4013-002-0628.
② 江苏省教育工作的回顾与今后规划意见(初稿)[A].江苏省档案馆,档案号:4013-002-0590.

第七章　两轮院系调整对江苏高校的影响与启示

3. 以调动、抽调师资的方式进行支援

随着新中国成立初期院系调整的开展,江苏不少高校被拆分,牵涉到大量师资的调配工作。根据对档案资料的整理统计,仅1952年的统一调动中,调往外省高校任职的教师人数多达41人,其中教授和副教授为25人,占据了被调整的教授和副教授人数的50%以上。这一数据表明,在院系调整中,调至省外的教授职称的师资占据了多数,无形中削弱了江苏本土的师资力量。除了院系调整中的师资统一调动之外,中央教育工作会议还规定江苏以抽调师资的形式支援兄弟省市高校的建设。一些省外高校也主动要求江苏支援教师。自解放以来,江苏从在职教师中抽调出来支援兄弟省市的师资共计2025人,其中大学教师418人。[①]

4. 以分配毕业生的方式进行支援

政府统筹安排和分配高校毕业生的工作始于1950年,中央成立高校毕业生工作分配委员会,毕业生的分配计划以大行政区为单位制定、执行,直到1953年实行全国统一的毕业分配计划,工作分配中个人利益需服从国家的集体利益。1950年,华东区共6400余名毕业生,分配给中央500—800名毕业生,分配给东北区2500—3000名毕业生。1951年全国共17000名毕业生,从华北、华东、中南、西南各大行政区抽调6000余人,分配至东北、西北及中央各有关业务部门。[②]东北、西北的高等教育较为落后,毕业生人数较少,再加之东北区为重工业的重点建设、发展区域,因此,在毕业生统一分配安排的过程中,大幅向这些地区倾斜。除此之外,江苏省从1953至1957年间,共支援外省市高师毕业生1736人,占本省高师毕业生总数的48.7%。[③]江苏在毕业生的支援工作中做出了重要的贡献。

其次,两轮院系调整在一定程度上协助维护了国家政治环境的稳定和社会经济的建设与发展。江苏的高等教育在党中央集中统一领导下,实施了一系列的接管和调整工作。从取缔与国民政府直接关联的高校,到分步骤地接管教会大学,都维护了新旧教育过渡的稳定。贯穿于院系调整工作始终的思想改造及后续的思想教育工作等,统一了知识分子群体的教育认知和思想意识。在抗日

[①] 江苏省教育工作的回顾与今后规划意见(初稿)[A].江苏省档案馆,档案号:4013-002-0590.
[②] [日]大塚丰.现代中国高等教育的形成[M].黄福涛,译.北京:北京师范大学出版社,1998:278-281.
[③] 江苏省教育工作的回顾与今后规划意见(初稿)[A].江苏省档案馆,档案号:4013-002-0590.

民主根据地,虽然战争不断、时局不稳,但共产党仍在苏皖边区建立了8所高校,学校覆盖工业、农业、艺术、新闻等系科。这些院校的设置要与战争时期舆论的导向、士气的鼓舞,以及工农生产需要结合起来。

两轮院系调整从人才培养和知识输出方面满足了国家建设发展的需要。20世纪50年代院系调整实现了院校、学科专业与现实需要的对口设置,江苏由之前以综合性质高校、专科高校居多的高校格局,以及以政法、财经、语文等系科专业居多的学科布局,转变为以专门学院和工业类专业居多的格局。院校和系科专业与国家建设发展紧密联系起来,极大满足了新中国经济恢复和社会发展对知识和人才的需求。

50年代院系调整中统一的招生和毕业政策,降低了高等学校的门槛,拓宽了高校生源的身份构成,增加了学生数量,尤其是工科学生的数量,并且根据实际需求安排人才去向。教育类型的多样化发展,以及对教学资源的整合、配置,又加快了人才的输出速度。而20世纪90年代院系调整则从综合化改革发展的角度,解决了上一轮院系调整后逐步暴露出的人才培养口径较窄、人才社会适应力较差、学科壁垒不利于学科交叉融合基础上的知识创新等问题,通过院校系科合并、校际合作、人事制度改革等举措,强化了高校专业学科的交叉融合发展,拓宽了人才培养口径,提高了教师的教学科研质量,满足了社会现代化建设时期对于综合性、复合型人才和知识创新的需求。其间《国家教委关于加强高等学校为经济社会发展服务的意见》等相关文件的出台,要求高校遵循需求导向和技术推动相结合、培养人才与研究开发相结合、创新与推广应用相结合等原则,大力加强科技成果转化工作,[1]进一步发展和提升了高校服务社会建设发展的能力与贡献力。此外,高校也在调整与合并中实现了资源共享、优势互补,改善了办学条件,扩大了办学规模,提升了办学效益,增强了学校的综合实力和竞争力。高校的规模发展效应在一定程度上也增强了高校对于区域发展的支撑力和贡献力。

---

[1] 何东昌.中华人民共和国重要教育文献(1991—1997)[M].海口:海南出版社,1998:4037-4039.

第七章　两轮院系调整对江苏高校的影响与启示

六、改善了江苏高校区域发展不均衡的现象

江苏的高等教育在20世纪50年代院系调整前呈现出高校发展不均衡、系科分布不均衡、区域分布不均衡等现象。新中国接管前，江苏的高等学校发展水平参差不齐，有些可以进入国内一流大学之列，而有些则办学能力低下，师资水平和教学质量较差，经费不足，难以为继。江苏地区的高等教育虽然有一定的基础，但除了少数例如中央大学、金陵大学、金陵女子文理学院、东吴大学、江苏医学院初具规模以外，其他很多大学的规模较差，系科设置不完备，学生人数很少。[①] 在此轮院系调整的前奏阶段，经过梳理、接管、改造等工作后，一些办学水平差的高校被停办、整顿或并入其他学校。剩余的高校多数都在院系调整工作中涉及调整，或拆分或新建或合并或撤销，只有少部分维持原状。随着此次院系调整工作的全面开展，江苏地区发展水平较高的综合性大学纷纷被拆分、合并。不论是调整的高校，还是原有高校，都在国家的统一领导和管理之下，确保了高校的办学水平和人才培养质量。因此，院系调整后江苏地区高校之间发展水平的差异被缩小，不再如接管前那般明显，发展水平相对均衡起来。

区域分布上，接管调整前江苏的高校主要集中于南京和苏南地区，苏北地区的高等教育相对较为薄弱。早在苏皖边区根据地时期，苏北地区曾先后成立8所高校，但随着战争的胜利，这些高校在中华人民共和国成立前基本停办，只留下一所华中新闻专科学校（此校也于1950年停办）。20世纪50年代院系调整前，江苏地区的高校分布情况为：南京12所，苏南10所，苏北2所。在此轮调整启动之初，随着院校的停办、拆迁、合并，南京的高校数量一度减少至4所。至全面调整阶段，由于综合大学的拆分，南京高校的数量又增加至10所。而此时，苏南高校5所，苏北高校3所。从学校数量上看，高校的分布情况较接管前的不均衡状态有所改善，特别是苏北地区的高等教育实力得以增强。以学科类型分类的高校布局在这一调整阶段也较之前更加均衡起来。虽说工业类的高校主要集中于南京，但南京、苏南和苏北都分别设有农业、医学、师范类高校。系科分布

[①] 省人代会一届六次大会上高等教育局吴桢副局长的发言[A].江苏省档案馆，档案号：4013-002-0637.

院系调整与江苏高校的发展

上,接管调整前江苏高校多以政法、语文等文科类居多,而工业类、农林类相对较少。经历全面调整阶段以后,江苏高校的工业类、师范类等系科得以明显加强,农、林、医等系科也随之发展起来,相较而言,文科却步入"下坡路"。但总体看来,江苏高校各系科的发展更趋于均衡。

然而,随着 20 世纪 50 年代全国性战略转移调整即局部院系调整的开始,江苏的高等教育发展服从于全国的大局利益,对西部地区进行支援,一些院校和系科西迁,江苏内部也进行了部分转移、调整,江苏高等教育地域布局不均衡的问题再度显现出来。主要体现在以下两方面:

1. 高校数量区域分布有待进一步优化

接管前,江苏地区高校的分布情况为:南京 12 所,苏南 10 所,苏北 2 所。苏北地区的高等教育相对较为落后,全面调整阶段之后,苏北的高校数量增至 3 所。此时江苏地区高校区域分布为:南京 10 所,苏南 5 所,苏北 3 所。与接管前相比,院系调整的全面调整阶段结束之后,江苏地区高校分布差异是有所缩小的。但到了局部调整阶段,江苏高校的分布情况变为了:南京 10 所,苏南 3 所,苏北 2 所。苏南和苏北之间的数量差异进一步缩小了,但苏南、苏北与南京地区高校的数量差距却变得更为明显。南京的高校数量是苏南与苏北高校数量总和的两倍。南京的高校数量调整前后的变化不大,但其间其实也经历了大幅波动,接管前有 12 所,而 1951 年初步调整之后则只剩 4 所,后经全面调整后又恢复到调整前的数量。但其中多数高校都是从原中央大学等校拆分、组建而来。苏南地区原先的高校数量较多,但经过院系调整之后数量锐减,苏北地区则基本一直处于相对欠发达状态。

2. 高校学科区域分布有待进一步优化

20 世纪 50 年代院系调整也一度关注了江苏地区学科分布的不均衡问题。在经过了全面调整之后,南京、苏南和苏北地区均设有农、医、师范类高校。但在全国上下都大力发展工业类学科专业的院系调整期间,苏南地区和苏北地区的工业类院校、工业类学科专业的发展却未见起色。苏南地区只保留了一所工业类高校:苏南工业专科学校。苏北地区则一所工业类高校都没有。苏北地区原南通学院设有纺织类学科,属于工业类范畴,但在全面调整阶段并入华东纺织学院。后经局部调整,江苏部分高校、系科专业外迁支援,地区内部也将重点专业进行了整合调整。学科的不均衡问题又再次暴露出来。苏南工业专科学校于

1956年迁至西安，并入西安交通大学。在其原址筹建的苏州航空工业专科学校，也在此阶段并入南京航空学院。苏北医学院于1957年8月迁往苏州，改名为苏州医学院。江苏医学院于1957年由镇江迁至南京，改名南京医学院。南京工学院的无线电工程系于1955年西迁成都，与交通大学、华南工学院相关系科共同组建成都电讯工程学院。至此，苏南地区仅有的一所工业类高校也被外迁。这也就意味着随着院系调整的落幕，苏南、苏北地区的工业类学科也进入了空白状态，苏南和苏北地区只保留了师范、医、农、艺术四类学科。

中华人民共和国成立初期的高等教育改革，以发展单科性专门院校，特别是工业类高校为重点，这一重点工作在南京体现得较为明显，而相反，苏南、苏北地区则只是发展了医、农等类的专门院校，而重中之重的工业类学科却处于没有发展，甚至于倒退的局面。苏南、苏北地区新中国成立初期的产业结构中以农业和轻工业为主，而国家大力发展的是重工业，且将重点发展区域定位在东北地区，因此，江苏地区高等教育的工业类学科的发展自然也相对较为弱势。此外，苏南地区的农业发展相对较为发达，尤其蚕桑养殖及相关的缫丝业有着悠久的历史和发展基础。但在院系调整之后，苏南地区和农业相关的高校也销声匿迹，唯一与此相关的苏南蚕丝专科学校也降格为中等技术学校，其专科部分并入浙江农学院。这样的高等教育发展布局，在高等人才的培养和科研支撑等方面削弱了相关地区、相关产业的可持续发展能力。

到了20世纪90年代院系调整时期，江苏也在致力于调节和解决高校区域分布不均衡的问题。经过新建、合并、升格等一系列改革调整举措之后，2001年，江苏省南京市高校为31所、苏南21所、苏中10所、苏北16所。对比20世纪50年代院系调整后南京10所、苏南3所、苏北2所的数据，江苏高校的分布均衡度有了很大改善；从高校类别和学科来看，也显得更为均匀。此外，从高校发展的质量来看，苏南、苏北地区均有"211工程"建设重点高校。也就是说，经过两轮院系调整之后，江苏省整体的高校分布与发展的均衡度得到了很大程度的改善和提升。

七、相关思考

经过对两轮院系调整对于江苏高校发展短期影响的梳理分析，我们有了一

院系调整与江苏高校的发展

些关于高校改革发展的思考。第一,不能简单评判两轮院系调整的影响。两轮院系调整引起的效应与影响都在短期内显现出来,从总体来看,正面影响要远远大于负面影响。虽然院系调整过程中暴露出一些问题,但也是改革发展尝试中不可避免的现象,并且一些问题通过调整、弥补等方式进行了解决。从江苏的调整情况及其影响来看,短期内正负影响交织,对于地方高等教育而言确实存在一定负面影响。特别是国家统一开展的 20 世纪 50 年代院系调整,江苏高校和院系拆分、迁出等,从全国"一盘棋"的角度来看,对我国高等教育事业发展是具有积极影响的,但对于江苏地区的高等教育发展产生了一定负面影响。

随着时间的推移,江苏高校在经历了后续的改革发展之后,不少问题和缺憾得以弥补,如今也依旧在全国高校中具有强势表现与地位。从这一过程中我们可以发现,一些短期内显现出的负面影响,随着高等教育的发展会逐渐被修复与弥补。同时,也有一些短期内的正面影响,却随着时间推移逐渐暴露出一些与社会发展不相适应的问题。例如,20 世纪 50 年代院系调整中建立起的专才培养模式极大适应了当时计划经济体制下社会对于专业建设人才的需求,但随着社会主义市场经济体制的建立与发展,其弊端逐步显现出来。因此,我们不能简单去评判院系调整的正负影响,站在不同的视角、不同的时间来看,这些影响的大小和方向可能是不一样的。

第二,两轮调整都围绕着人才培养这一中心工作实施改革举措,外部调整、组织调整过程中,都穿插着教学改革这条主线,足可见教学工作、人才培养工作才是高等教育发展的重中之重。无论是 20 世纪 50 年代院系调整还是 20 世纪 90 年代院系调整,都是通过管理体制改革,院校、系科、专业等方面的调整,推动实现人才培养方向和方式的改变,以使得人才培养更加符合社会发展需要和国家经济建设需求。20 世纪 50 年代高等教育实行集中统一领导,拆分院系,鼓励建设专门学院,特别强调工科与师范院校建设,目的是加快培养当时社会发展急需的专业技术人才。

而 20 世纪 90 年代院系调整则实现了中央、地方共同管理高校的领导格局,逐步下放高校自主管理权限,通过院校合并、院系专业调整拓宽人才培养口径,提升人才的综合素质和社会适应力,培养适应社会主义市场经济体制发展需要的综合性、复合型人才。我国高等教育历史上两轮重要的改革调整历程告诉我们,人才培养工作才是高校改革发展都绕不开的中心工作,无论在哪个时期,高校发展的哪个阶段,任何的改革创新和发展举措都应该围绕这一中心,服务于这一中心。

第三,两轮院系调整都显示出了学科在高校的改革发展中的重要地位。20世纪50年代综合性大学被拆分,只剩文理基础学科,综合大学实则成为文理学院,综合大学的发展在那一时期是受到阻滞的。而工、农、林、医、师范等专门学院则得到了大力发展,相关学科也在专门性院校中获得了突出的地位,得到了快速发展。随着时间的推移,大家逐渐发现,专门学院的主要学科逐渐成为特色学科,但脱离基础学科支撑的特色学科,并不具备可持续发展性,同时也认识到只有文理学科的综合大学是名不符实的。

因此,在20世纪90年代院系调整中,推进学科融合就成了一种高校发展的内在共识。在院校合并中通过学科群等途径打破不同院校学科之间的壁垒,实现学科交叉融合,从而推动院校真正合并。学科融合包括基础学科与专业学科、相关学科之间,以及优势特色学科与其他学科等相互渗透、交叉,对于学科群、特色学科发展都具有重要作用。

第四,高校自主权的增强使得我国高校的发展更加富有活力。两轮院系调整期间我国高校的自主权呈现逐渐下放的状态。20世纪50年代院系调整后我国高等教育领域从高度集权统一的领导体制,过渡到20世纪90年代中央、地方两级管理的格局。高校在内部管理、专业设置、人才引进、招生等方面都拥有越来越多的自主权。20世纪90年代院系调整本身就具有自上而下和自下而上的双向动力,自下而上的动力就来源于高校。这种动力来源在院校合并、学校层次升格、专业调整等改革方面均有体现。也正是源于高校自主管理、发展权限的放大,才促成了这轮双向动力的院系调整工作。随着高校自主权的逐步加大,我国高校的内部治理更有活力,发展创新也更有活力。

第五,两轮围绕高校人才培养的院系调整改革工作,其目的都是指向高校社会服务能力和贡献力的提升。在20世纪50年代院系调整中,通过高校拆分、搬迁,调整了区域分布的均衡度,增加了高校对于地方经济建设发展的服务力;通过专门院校的建立,提升了专业人才培养、专业性研究对于产业发展和社会建设的贡献力。20世纪90年代院系调整中,通过调整人才培养口径,促进高校学科的交叉融合,提升人才的社会适应力和高校的科研创新力。两轮院系调整中都通过招生政策的改革调整,进一步扩大了高校的招生规模,为社会建设发展输送了大量人才;通过高校内部体制改革,激活高校发展的自主动力、创新性,提升包括社会服务在内的各项能力。也就是说两轮院系调整中人才培养改革是中心，而其目的都是为了促进高校社会服务力和贡献力的提高，达到高校建设与国家、社会发展相互交融、相互促进的和谐状态。

两轮院系调整的影响在短期内就显现出来，有些影响随着时间推移和高等教育的发展会发生变化，但其中不变的是人才培养、学科发展、社会服务和高校自主权等对于高校发展的重要影响与作用。人才培养是高等教育发展亘古不变的中心，任何高等教育的改革发展都离不开人才培养工作，任何高等教育的改革发展也都是为了促进高校人才培养质量的提升。学科发展是高校发展的关键，对于人才培养、科学研究、社会服务等高校职能的发挥都具有决定性的作用。通过院系调整我们发现，高校学科发展呈现从专业化逐步过渡到综合化的发展态势，学科之间消除壁垒，实现交叉融合，成为学科发展的必然趋势。社会服务是连接高校与社会的重要渠道，高校通过向社会输送人才，对接产业需求开展相关科研合作等方式，实现自身的社会服务功能。从院系调整中我们也发现，高等教育发展与社会发展始终呈现出相互影响的关系，两轮院系调整的最终目标都是指向高校社会服务能力的提升，服务能力提升离不开高校的内涵发展，服务能力提升对于任何高校而言都是改革发展的重点工作。

第二节　持续影响与启示

两轮院系调整的重要性和影响力至今仍在延续。1951年，20世纪50年代院系调整开始，我国高等教育与国家政治和社会发展的相互促进关系从此建立，高等教育与国家的发展紧密联系起来。高等教育的专业划分依据社会经济产业结构，人才的供给也根据市场的需求。高等教育从那个时候起对普通的社会大众敞开大门，不再是权贵独享的"精英"教育，到了90年代的院系调整之后，更是逐步向大众化方向迈进。第一轮院系调整开启了行政权力干预学术权力的先河，而在第二轮调整中则通过内外部管理体制改革来减弱外部干预，增加高校的管理自主权。高校"去行政化"直到当前仍是热门话题。增强高校基层学术权利的活力，提升高校治理能力也成为当今高等教育发展的必然趋势。这些是两轮院系调整遗留到今天的共性影响，也有部分影响带有明显的江苏印记。

第七章　两轮院系调整对江苏高校的影响与启示

一、总体影响与相关思考

两轮院系调整对于当下江苏高等教育的持续影响表现在发展格局、发展结构、发展布局及发展影响力等诸多方面,更重要的是调整过程中的一些有效做法和经验警示值得我们深思。

(一) 奠定了江苏高等教育的基本发展格局

江苏在经历了 20 世纪 50 年代院系的新建、撤销、迁出合并等调整之后,共有 15 所高等院校,分别是南京大学、南京工学院、南京农学院、南京林学院、华东水利学院、华东药学院、南京师范学院、南京医学院、南京航空学院、苏南师范学院、苏州医学院、苏北农学院、华东艺术专科学校、苏北师范专科学校和南京化工学院(筹建)。

从高校的层次结构看,本科层次所占比例由调整前的 50% 增加至 80%,专科层次的比例则由调整前的 50% 减少至 20%,本科层次教育的重视程度从数量的变化中彰显出来。本科层次教育的快速发展也为当今的江苏本科教育奠定了良好的基础。

从高校的类型结构来看,综合大学一所、工业院校 4 所、师范院校 2 所、农林院校 3 所、医药院校 3 所、艺术院校 2 所,其中,专门学院 11 所,专科学校 3 所。专门学院占据了学校总数的 73.3%,工业类则又占据了总数的 1/3。高等院校的形式结构也突破了固有的模式,成人教育、业余教育等从此兴盛起来。

从高等院校的区域结构的布局来看,江苏的高校在调整前南京与苏南地区旗鼓相当,而调整后,南京的高校数量异军突起。从系科专业方面看,文科从曾经的主导地位转变为从属地位,政法、财经、语文等专业在调整中集体"消失",而工科类的专业则发展迅速。江苏高等院校的层次结构、类型结构、形式结构、区域结构,以及系科专业在院系调整中产生的变化,奠定了江苏高等教育的基本格局,这一发展格局也一直延续至今。

(二) 重塑了江苏高校的社会影响力

20 世纪 50 年代院校调整之前,江苏高等教育的影响力不容小觑。特别是

院系调整与江苏高校的发展

解放前接管前,中央大学、东吴大学、金陵大学、江南大学和南通学院是当时国内影响力较大的综合性高校,其中,国立中央大学更是位列亚洲第一。"中国最好的教会大学""农林教育先导""最早创办农业、医学和纺织业""第一所女子大学"等具有标志性的高校均诞生于此。这说明院校调整之前江苏地区的高等教育不仅有着良好的基础,且有着不俗的水平,也有不少"大家"曾就读于此,或再次执教。

但随着院系调整工作的推进,江苏的高等院校经历了搬迁、拆分,师资力量也被整合、迁移,江苏高等教育的实力受到了较大影响。首先是综合大学被拆分。综合大学在院系调整中被拆分成文理学院,其实力的普遍下降在院系调整中成为一种常态,但在江苏的综合大学中体现得尤为明显。调整前江苏地区的五所综合类院校仅存南京大学,且遭到了拆分,成为文理学院性质的综合大学,曾经超越日本东京大学,位列亚洲第一的优势地位不复存在,直到今日也再难复得亚洲第一的殊荣。2024年泰晤士世界大学排名中,北京大学位列第31位,南京大学位列第73位,而东京大学的排名是在第29位。南京大学的排位和历史鼎盛时期相去甚远。

其次,江苏三所影响力和发展水平颇高的私立院校在20世纪50年代调整中被收归国有。私立院校具有较强的办学自主性和能动性,是高等教育活力的体现。中华人民共和国成立前,江苏地区的私立院校分为国人自办和接受美国教会津贴两种。国人自办的高等院校办学水平参差不齐,其中南通学院、江南大学的实力较强。教会大学的办学水平都相对较高。当时全国有十四所教会大学,江苏有三所。在院系调整中,私立院校全部收归国有,教会大学则都被撤销,高水平私立院校和教会大学在20世纪50年代院系调整中消失。由于基础、资源等问题的限制,江苏的私立、民办院校难以恢复当年的影响力。

再次,调整中江苏院校、系科的迁出数量大于迁入数量,局部调整时期对于内地的支援等都造成了江苏高等教育的折损,国立音乐院、苏南工业专科学校、华东航空学院等校,特别是文科类的院校、系科的迁出,对江苏而言,至今都是一种遗憾。

经历了一段时期的恢复发展,特别是20世纪90年代院校调整之后,江苏高校的社会影响力得以重塑,具体表现在:一是综合性大学实力提升。江苏的综合性大学在合并、升格,以及地方化的发展过程中,学科发展、综合实力都得到了显著提升。南京大学、苏州大学、江南大学等都是江苏综合性大学的代表,扬州大学也是伴随着20世纪90年代院系调整浪潮合并组建的综合大学。这些综合性高校在全国都具有一定的知名度和影响力。

二是高校特色得以彰显。20世纪50年代院系调整中出现的专门学院奠定了学校学科发展上的特色,在经历了90年代合并、升格等浪潮以后,学科之间交叉融合,又进一步促进了学校特色的发展。例如苏州蚕桑专科学校、苏州丝绸工学院并入苏州大学,学校延续并发扬了这一学科特色,组建了丝绸学院。河海大学的水利工程、南京信息工程大学的大气科学、南京邮电大学的通信工程、徐州医科大学的麻醉学等专业也都成为具有一定社会影响力的特色品牌专业。

三是进行民办高校的创新性尝试。20世纪90年代院校调整中,民办高校开始重新萌芽,江苏省也是率先进行民办高校办学尝试的省份,三江学院不仅是江苏省首家民办本科高校,也是全国最早的四所民办本科高校之一,并且江苏也率先在公办高校中引入民办机制,进行独立学院办学尝试。这些适应社会主义市场经济体制的办学新模式,为全国民办高等教育的发展提供了先行经验。

(三) 开启了江苏高校高质量发展的序幕

20世纪50年代院系调整虽然在短期内影响了江苏高校的发展,但也奠定了江苏高校发展的格局与基础。从高校的数量和实力上看,南京的高等教育优势仍旧明显,工业类院校的数量和地位也十分显著,而文科类院校却难以寻觅。调整后15所高等院校的存在和延续也为江苏的高等教育高质量发展打下了坚实的基础,现有的985、211高校多是产生于其中,江苏省现有的普通本科高校中也不乏南京林业大学、南京师范学院、中国药科大学等众多专门院校。

20世纪90年代院系调整期间开始的"211工程"揭开了江苏高校高质量发展的序幕。1994年省委、省政府在《关于〈中国教育改革和发展纲要〉实施意见》中明确提出,"为实施《中国教育改革和发展纲要》提出的集中力量办好100所左右重点大学和一批重点学科的要求,全省要重点加强两三所省属高校建设,同时在江苏高校中重点建设80个学科专业点。"[①]1995年江苏省拟订《关于江苏省普

---

① 江苏省地方志编纂委员会编.江苏省志·教育志(1978—2008)[M].南京:江苏凤凰教育出版社,2017:160.

通高校争进"211工程"的建设规划和实施意见》,提出到20世纪末,争取江苏有10所左右高校和80个左右重点学科进入"211工程",并且这些学校的教育质量、科研水平等方面要达到国内、本行业、全省先进水平,具有一定的国际影响力等建设目标。"九五"期间,江苏财政投入15亿元以上用于"211工程"高校的专项建设。包括之后"985工程"启动以后,江苏支持南京大学、东南大学争创世界一流大学的协议签订等一系列对于重点大学的建设投入和发展支持,为江苏高校的高质量发展提供了政策保障和经费支持。

(四) 相关思考

研究中华人民共和国成立后的两轮院系调整对江苏高等教育的持续性的总体影响,我们可以发现两次调整具有的不同特征,调整之中也出现了一些特殊现象与问题,从中我们可以总结出高等教育改革发展的相关经验与反思。

第一,高等教育改革最好具备自上而下和自下而上的双向动力。20世纪50年代院系调整是自上而下进行的,经历了比较长时间的酝酿和铺垫,但全面调整阶段却历时短、规模大,江苏地区的全面调整只历时不到两个月,涉及全部高校。虽然改革调整的周期短、强度大,但却在短短的几年内完成了改革任务,重塑了我国高等教育的管理体制、培养理念和培养方式等。

20世纪50年代院系调整是中华人民共和国成立初期,特殊历史背景下的特殊产物,我们在肯定其积极影响的同时,也不可回避其暴露出的一些问题。调整过程中出现了教学设备、仪器损耗和教学秩序混乱等现象,调整之后也逐步暴露出专业口径窄、人才适应力差、学校自主权较弱等问题。其中不少问题的出现与自上而下的调整动力机制是相关的。

20世纪90年代院校调整则采用了自上而下和自下而上双重动力机制,因此,我们可以发现,虽然调整的节奏和步伐没有第一轮那么高效、整齐,但调整过程之中高校自身的主动性、积极性则明显高于第一轮。未来更多的高等教育改革应该把当下需要与长远发展相结合,充分权衡调整的利弊及可能带来的影响,充分发挥好双向动力机制的协同作用。

第二,高等教育改革需要在借鉴学习的基础上结合实际。20世纪50年代院系调整以苏联高等教育作为模板,从高校类别、专业设置到教学内容、教学方式等进行全面模仿,甚至于教学计划、教科书都采用苏联高校的版本。而20世纪 90 年代院系调整则是主要借鉴欧美高等教育模式,我们可以在综合性大学、高校组织建制等方面看到欧美高校的影子。但这轮调整中又结合了部分我国的实际,开始了借鉴加融合的改革调整模式。高等教育的改革多是源于借鉴、模仿,但纯粹的模仿并不能够达到理想的效果。高等教育的改革必须结合国家教育发展的实际情况和社会发展的客观事实,既要满足社会发展需要,也要符合我国高等教育发展的基础与现状。借鉴学习基础上充分结合实际才是未来高等教育改革应该采用的模式。

第三,高等教育改革是建立在遵循高等教育发展规律基础之上的。高等教育与政治、经济发展之间有着千丝万缕的联系,政治、经济发展水平的变化直接决定了教育水平和教育实力的变化,高等教育发展也要服务于政治、经济发展。高等教育改革需要平衡好政治、经济与教育之间的关系,也需要平衡好高校发展的内外部关系,既要满足高等教育服务国家发展的需要,也要遵循高等教育发展的客观规律。

20 世纪 50 年代院系调整开启了我国高校中行政权力直接干预学术权力的先河,高校学术权利、高校的自主权一度被弱化,高校招生人数激增,专业口径过窄,重工轻文,降低了人才培养质量。20 世纪 90 年代院系调整中高校合并、升格的浪潮也使得有些高校出现融合矛盾、教育质量下降等问题;教育体制的改革,使得民办高校如雨后春笋般出现,但因论证不足、基础薄弱等原因,也出现例如江苏培尔职业技术学院的失败办学案例,以及独立学院发展中出现的瓶颈问题等。不可否认高等教育之于政治、经济发展的服务功能,但高等教育改革是建立在尊重和正视教育地位的基础之上的,高等教育的社会服务功能也需在遵循教育发展规律,重视高等教育的其他基本功能的基础之上才能彰显出来。

第四,高等教育改革是需要容许试错与调整的。院系调整的目标之一是提升教育弱势地区的教育发展水平,使之带动当地经济的发展,确保建设人才的供给。从某些角度来看,20 世纪 50 年代院系调整牺牲和削弱了江苏地区的教育实力,当然这种现象在当年的调整中并不是独此一家,例如浙江等地在调整中其高等教育实力也有所减弱。此轮调整使得有些地区、有些高校的元气大伤。再如,在 20 世纪 50 年代院系调整短短几年的调整期间,江苏苏北地区经历了高等教育得到加强又削弱的过程,这给苏北地区高等教育发展的冲击是明显的,产生的负面影响是一时之间难以弥补的。从某些角度看,20世纪90年代院系调整也可视为50年代院系调整的延续和递进,高等教育改革多少会带有"试验"的性质,其中会有反复与偏差的出现。

二、院系调整对"双一流"建设的影响与启示[①]

在"双一流"建设的今天,截至2023年江苏省已在全国率先进行16所"双一流"高校的省部共建,28所高校的26个学科进入ESI前1%,数量跃居全国首位;360个专业通过工程教育专业认证,数量也位居全国第一。我国历史上两轮院系调整奠定了江苏高等教育的发展基础和格局,其后续效应仍然存在。20世纪50年代的院系调整过程的"关键词"我们可以总结为拆分、组建、搬迁,20世纪90年代的院系调整过程则可总结为合并、重组、升格。两次改革重新布局和调配了全国的高等教育资源,影响范围涉及高校、系科、专业、师资、学生、办学设备和图书,甚至于高等教育的管理体制、学生的培养制度和院校的运行方式。

(一) 对当下高校"双一流"建设的影响

1. 高校的社会服务功能增强,人才培养回归理性

高校的社会服务功能通过中华人民共和国成立初期的高等教育体制改革得到了最大化、最直接的彰显。20世纪50年代院系调整中单科性专门学院的发展,为不少专业特别是工科专业的发展打下了良好而坚实的基础,使得大学的社会服务功能得以充分显现,专业设置与行业布局和地方经济发展紧密结合起来。从政治角度看,中华人民共和国成立初期的改革维护了当时教育的稳定、促进了思想的统一,为国家政治环境的稳固奠定了坚实的基础。从经济角度看,院系设置与社会需求相适应,从人才培养和知识输出方面极大满足了国家建设的需要。

同样,20世纪90年代的改革是高等教育无法适应社会发展需要所做出的必然调整。市场经济体制既需要开放性、竞争性的高等教育,也需要综合性、适应力强的人才。高等教育直接参与经济建设、发展生产力,为社会主义现代化建设服务的职能定位并未改变。从社会服务功能这个视角来看,两次改革调整实

[①] 王瑜.我国高等教育体制改革对高校"双一流"建设的影响与启示[J].江苏高教,2021(2):38-42.

第七章　两轮院系调整对江苏高校的影响与启示

质是一脉相承的。高校发展配合社会发展的需要,其社会服务能力也是当下高等教育发展的重要方面,成为衡量高校发展水平的重要指标。我国高等教育的人才培养也在改革中经历了理性回归的过程。

不可否认,20世纪50年代院系调整为部分高校的工科专业发展奠定了较为良好的基础,但当时专门学院的发展也出现了一些弊端,比如:重理轻文,缺乏文理基础、文理贯通的高校结构布局也使得不少学校的发展走了弯路。负面影响在人才培养方面表现得尤为突出:招生人数激增,导致培养质量下降;专业划分过细,导致人才适应力差;重理轻文现象突出,导致人才发展后劲不足;速成式的教育政策导致人才基础薄弱。20世纪90年代的院系调整致使我国高等教育从精英教育阶段跨越发展到大众化教育阶段,在人才培养方面逐步回归理性,开始尊重人才培养规律,注重人的全面发展,关注文理基础和学科之间的交流和渗透,培养适合市场经济发展需要的适应力强的综合性人才。

2. 单科性综合性辩证前行,一流高校发展一度受到阻滞

中华人民共和国成立以来,对于高等教育的改革和调整也是单科性和综合性发展辩证前行的过程。20世纪50年代院系调整按照当时政务院提出的"以培养工业建设人才和师资为重点,发展专门学院,整顿和加强综合性大学"[①]的方针,从全面调整阶段开始,单科性的工科类院校得到了重点的扶持和发展。全国范围内的综合大学也只有北京大学、复旦大学等少数几所得以保留,其他都遭到了拆分。当时所谓的综合性大学也是效仿苏联,实则为文理大学,中央也明确指出要控制高校的发展规模。20世纪90年代的改革则以发展综合性大学为重心,追求学校的规模和学科门类的齐全,培养综合型、复合型人才。放眼世界一流大学,多数都是综合性大学。2019年US. NEWS、QS、TIMES等排名中出现在前十名的哈佛大学、斯坦福大学、牛津大学、剑桥大学等都是综合性大学,而国内处于各类榜单前几位的北京大学、浙江大学、复旦大学等也都是老牌的综合性大学。20世纪50年代调整后保留的综合性大学虽然综合实力受挫,但深厚的历史根基,加上90年代的重组、合并,使得它们基本出现在了当今的"双一流"建设高校行列,成为"双一流"建设进程的"助推器"。

---

① 高等教育部关于高等学校院系调整计划、改订高等学校领导关系和加强高等学校及中等技术学校学生生产实习工作的报告[R].江苏省档案馆,档案号:4013-002-0138.

但不可否认的是,中华人民共和国成立初期的院系调整阻滞了部分高校的一流建设之路。中华人民共和国成立前,全国的高校中以国立中央大学的实力最强,规模和影响力最大。1948年的普林斯顿大学的世界大学排名中,国立中央大学超过日本东京帝国大学(现东京大学),位列亚洲第一。1949年5月,国立中央大学被接管后更名为国立南京大学。国立南京大学在院系调整中遭到了"无情"的拆分,除文、理学院外,其余院系均被迁出。经历了拆分以后,南京大学的实力大不如前。虽说南京大学现在仍在世界一流大学建设高校行列,但再也难复国立中央大学当年位列亚洲第一的辉煌。南京大学只是当时受到改革影响的众多高校的一个典型代表,从中我们不难判断我国的高等教育体制改革也以牺牲部分高校的发展为代价,在一定程度上阻碍了我国世界一流高校的发展进程。

3. 政府主导权增强,高校逐步走向多元化、自主化发展

中华人民共和国成立后,中央集权化的政治制度和计划经济体制,使我国的高等教育趋向集中统一化。1950年政务院通过的《关于高等学校领导关系的决定》中规定,中央人民政府教育部对全国高等学校(军事学校除外)均负有领导的责任,综合性大学及与几个业务部门有关的专门学院,归中央或大行政区教育部直接领导。1957年《关于高等教育事业体制的初步方案》中又对高等学校的领导关系做了进一步修订,综合大学与工学院校一律由高等教育部负责直接领导,部分高校由省、自治区、直辖市直接管理。[①] 可见,国家政府对高等教育具有绝对的领导权。

与此同时,高校内部的管理体制也发生了巨大的变化,取消大学行政组织院一级建制,变为"校—系"二级建制,中央的管理可以直接渗透到高校最小的分子——教研室(组)之上。20世纪50年代院系调整政府是具有绝对主导权的"操盘手",正是在国家的统一调配之下,如此史无前例的大规模调整才得以生成。站在时代发展的视角上来看,我们不能否认当时特殊的历史时期,高等教育发展高度契合了国家发展需求,满足了当时社会的特定需要,但也不能回避其造成的弊端,其中,高校发展趋于单一化,高校自主权缺失就成为调整造成的"后遗症"。私立院校是高等教育多元化发展的产物,也是极具办学自主性和灵活性的

---

① 高等教育部办公厅.高等教育文献法令汇编(1949—1952年)[Z].1958:31-32,50-59.

代表。院系调整中原有的私立院校全部改为公立,私立院校的办学优势和影响力也自此消失。

随着高校自主权缺失弊端的显现,国家陆续出台了相关政策,逐步放权。1993年,《中国教育改革和发展纲要》指出,要逐步建立"政府宏观管理,学校面向社会、自主办学的体制"。20世纪90年代的院系调整正是发生在这样的背景之下,"条块"管理的模式被打破,高校归属教育部或地方主管。1998年《中华人民共和国高等教育法》中明确规定了我国高等教育实行中央和地方政府二级管理,以地方管理为主。中央政府主导权仍在,而管理权逐步收缩,高校依法治校的自主权逐渐放大,逐渐增强了高校的办学活力和积极性,但实际高校自主权在运用过程中仍存在阻力和预期差距。此外,民办高校重回我们的视野,我国的高等教育又走上多元化的发展道路,但其地位仍有待提升。

(二) 相关启示

两轮院系调整奠定了江苏高等教育发展基础和格局的同时,也在一定程度上制约和影响着当下江苏高校的建设与发展。梳理分析其对江苏高等教育持续影响的同时,我们也可以总结出两轮调整给当下江苏高校的建设发展留下的启示。

1. 学科发展突出地方优势和行业特色

2017年教育部公布的首批"双一流"建设高校名单中,江苏上榜一流大学建设A类高校2所,为南京大学和东南大学;一流学科建设高校13所。2022年,南京医科大学又进入"双一流"一流学科建设高校行列,江苏"双一流"高校的数量位列全国第二位。目前,南京大学拥有一流学科16个,东南大学12个,南京航空航天大学3个,河海大学、江南大学、中国矿业大学、南京农业大学各两个,剩余9个"双一流"高校一流学科一个。[①] 从"211工程"开始的重点高校建设计划就强调学科建设,"双一流"建设更是突出了学科建设的重要性。一流大学和一流学科建设相互支撑,相辅相成。一流学科是一流大学建设的核心和基础,一流大学又对一流学科的发展具有引领和带动作用。高等教育的发展与地域的发

---

① 教育部财政部国家发展改革委关于公布世界一流大学和一流学科建设高校及建设学科名单的通知(教研函〔2017〕2号)[Z].2017-09-21.教育部财政部国家发展改革委关于公布第二轮"双一流"建设高校及建设学科名单的通知(教研函〔2022〕1号)[Z].2022-02-11.

展始终是分割不开的,经济发达的地区其高等教育也相对发达,而高等教育的发展又带动着地区经济的发展。国家"一五"计划所发展的重工业项目主要围绕苏联援建的重工业和军工项目进行,这些项目主要分布在东北地区和中部地区,高校的区域布局和调整也和当时工业基地的建设紧密结合起来。

随着改革开放,高等教育的区域布局也不再一味强调均衡化,而是从非均衡化逐步向协调化发展,特别是西部大开发以来,高等教育投入向西部地区倾斜。① 不仅高等学校的发展与地域发展的融合度高,学科发展与地域发展的关联也始终体现得非常明显。所谓"冷""热"专业,其实也都是地域经济发展需求导致的。中华人民共和国成立初期,院系拆分、新办,发展了一批以行业为导向的高校,特别是化工、机械等工科学科得到了迅速的发展。行业的需求是驱动高校诞生和发展的原动力,行业的需求也奠定了高校优势学科的发展基础。"双一流"战略需要每一所高校确立自身的定位和发展方向,当下的一流学科建设更加强调对经济社会发展的服务。② 高校想要在发展中占据地位,学科发展是其必经之路,而结合地方优势和行业特色又成为学科发展的突破口,也符合我国高等教育改革和发展的历史。立足于地域或是行业,深入分析地域经济发展的情况,综合研判行业发展的趋势,根据实际状况和未来走势,结合学校实际,做好学科发展规划,是高校面临的共同课题。

2. 教育质量提升注重师资建设与人才培养

20世纪50年代院系调整除了关注工科类学科的发展外,对于师资培养的重视程度也可见一斑。这期间,师资培养是改革的重点之一,国家大力发展师范教育,在学校的调整过程中师资的调动量巨大。在对当时苏南区东吴大学、江南大学、苏南文教学院三所高校师资调动的梳理中发现,1951年9月统一调动的师资就多达102人次,其中教授和副教授占总人数的50%。③ 以复旦大学为例,在调整中由以应用性学科为主的高校变为文理性质的综合大学,原应用性学科全部调出,并入了浙江大学的数学系、化学系、生物系,南京大学经济系等众多高

---

① 左兵. 我国区域发展政策调整与高等教育改革[J]. 高校教育管理,2008(1):47-52.
② 刘小强,蒋喜锋. 从自由的学科建设走向有组织的学科建设——知识转型背景下一流学科建设的转向[J]. 苏州大学学报(教育科学版),2020(2):32-40.
③ 参照苏南区高等学校院系师资调整名单及调整前后师生员工情况统计表等(1953)[A]. 江苏省档案馆,档案号:7014-003-0925.

校的基础性学科。更重要的是,众多知名教授的调入,使得复旦大学师资实现了重组和优化,为今后的发展奠定了坚实的师资基础。

人才培养问题是中华人民共和国成立以来高等教育体制改革都绕不开的一个核心问题,关系到高等教育的"初心"。在两轮院系调整过程中表现得最为明显的就是专才和通才之争,也是专才教育和通识教育之争。民国时期,我国的高等教育多崇尚通识教育。中华人民共和国成立以后,国家需要的是大量投身于经济建设中的专才,因此,这时的改革围绕着重点培养工科专门人才展开。逐渐地,人们发现这样的人才培养方式具有较大的局限性,并不能够适应社会的快速发展和市场经济体制的氛围。因此,在后来的改革中又回归到通才培养,或者说是通才基础上的专才培养。不论改革的初衷如何,最终都要回归到人才培养的本质问题上来。

《关于高等学校加快"双一流"建设的指导意见》中将建设高素质教师队伍和形成高水平人才培养体系作为基础性的三项工作之一,要求"育人为本,德育为先","把立德树人的成效作为检验学校一切工作的根本标准","探索建立政治过硬、行业急需、能力突出的高层次复合型人才培养新机制"。[1] 翻看我国高等教育改革调整的历史,师资队伍建设是高等教育一以贯之的基础性工作。人才培养方面虽有过争论,但却也一直作为根本任务,不断在学生发展与社会需求之间寻找平衡点,不断努力实现专才、通才的平衡和学生的全面发展。同样,人才培养与师资力量也是高校及其学科建设得以发展的基础和最为关键的着力点。

3. 管理体制发挥集中控制力和自主灵活性

我国高等教育管理体制改革需要在中央集权化与高校自主化中找寻平衡点。如今,"双一流"建设打破了传统的"211工程""985工程"造成的高校身份壁垒,努力营造一种在公平的环境中,自主办学、自主发展,形成办学特色,强化内涵发展的竞争氛围。目前,我国高校自主权的现状与"双一流"建设发展需要仍存在一定差距,我国的高等教育体制改革仍然任重道远。从历史的经验来看,我国教育高度集中的体制和强大的行政控制力又可以转化为我国高校在"双一流"

---

[1] 教育部,财政部,国家发展改革委.关于高等学校加快"双一流"建设的指导意见(教研〔2018〕5号)[EB/OL].(2018-08-08)[2018-08-20]http://www.moe.cn/srcsite/A22/moe_843/202808/t20180823_345987.html.

建设中的一种优势。① 充分发挥政府对高等教育集权化管理的优势,正确引导和控制"双一流"建设走向,合理调配建设资源,通过政策导向,使不同类型不同层次高校真正参与到"双一流"建设的竞争中来,营造"百舸争流"的建设状态,从而全面提升我国高等教育的质量和水平。此外,办学自主权的真正落实落地,也为高校的快速发展提供了必要的"养分",适当的灵活自主才能使非"双一流"高校实现"弯道超车",在高等教育体系中占据"一席之地"。

回顾新中国成立以来两次最为人瞩目的院系调整工作,其影响甚至延续到当今的"双一流"建设当中,不仅奠定了我国高等教育的基础和格局,也影响了高校"双一流"建设的进程和方向。在学科建设、人才培养、师资建设、管理体制等方面都为"双一流"建设提供了启示。从历史的角度看,院系调整采取的改革措施也许伴随着某些争议,或是以牺牲某些利益为代价,但我们不能否认两轮院系调整都有其时代烙印的意义,更不能忽视其对当代高等教育发展的启迪和警示。一轮院系调整的发生总是催生着另一轮改革的形成,高等教育的发展就是在一次次的改革调整中不断纠错,不断前行。

三、重点建设计划对地方高校发展的影响与启示②

我国最早的重点高校建设可以追溯到 1951 年,时值第一轮院系调整的全面调整阶段结束,教育部确定 6 所高校作为全国性的重点高校。"211 工程""985 工程"的提出则正处于第二轮院系调整过程之中。我国的重点高校建设发展也伴随着我国高等教育的改革调整过程,经过 70 多年的建设发展,重点高校不仅从规模上明显增加,而且内涵和建设方向也发生巨大变化。

梳理中华人民共和国成立初期至今的重点高校建设历程,有学者将其划分为两个发展阶段,分别是 20 世纪 50 年代至 20 世纪 80 年代的重点高校建设阶段和 20 世纪 80 年代至今的重点建设大学阶段,前者采用荣誉分配的政策,后者采用经济建设领域的重点建设工程政策。③ 也有学者根据历史制度主义关键节

---

① 眭依凡.关于"双一流建设"的理性思考[J].高等教育研究,2017(9):1-8.
② 王瑜.重点建设计划对普通地方高校同质化发展的影响及其对策[J].教育评论,2022(8):20-27.
③ 胡炳仙.我国重点大学建设的渐进模式[J].高等教育研究,2017(5):26-31.

第七章　两轮院系调整对江苏高校的影响与启示

点的概念,将我国重点高校建设划分为四个阶段:1954—1965 年,高度集权阶段;1978—1991 年,两级管理的恢复与权力过渡阶段;1992—2010 年,分权治理的深化阶段;2010 年迄今,力争上游的博弈阶段。[①]

(一) 重点高校建设影响下地方高校的"追赶"与"徘徊"

重点高校代表着国内的一流高校,其建设初衷是引领和带动整体的高等教育发展,而不只是片面追求个别学校或者同类型高校的一流发展。但在引领普通地方高校发展的同时,却引发了一场不可避免的同质化追赶和竞争。这种同质化主要表现为院校类型的一元化、发展重点及手段的单一化、竞争的内卷化和发展心态的趋同化。

1. 高校类型的一元化

通过对重点高校建设历程的梳理,发现建设过程中出现了单科性的专门学院和大规模的综合性大学两种单一类型高校先后主导的同质化发展倾向。中华人民共和国成立初期,出于社会经济恢复发展需要,涌现出大量单科性专门学院,综合大学的实力被大大削弱。1954 年首次确立的 6 所全国重点高校中,综合大学 2 所,理工科院校 2 所,农林类 1 所,医药类 1 所。1959 年先后设立的 20 所重点高校中,综合大学 3 所,理工科院校 11 所,医药类 3 所,师范类 2 所,农林类 1 所。1960—1963 年增补后的 68 所重点高校中,综合大学 12 所,理工类院校 37 所,医药类 6 所,农林类 4 所,政法财经类 3 所,师范类、外语类各 2 所,艺术类、体育类各 1 所。

从重点高校的名额配比中,可以发现专门学院中的工科院校占据明显优势,单科性的院校,特别是理工科院校占据重要位置。当重点高校建设进入第二个发展阶段时,由于各方面专项资金和资源的注入,重点高校的身份竞争愈演愈烈。主要抓住四个关键时间节点:

一是 1978 年,第一批恢复、增加重点高校 88 所,占据当时高校总数的 22%。[②] 其中,理工科院校就有 54 所。中华人民共和国成立初期国家处于经济恢复阶段,高等教育的重点也是配合国家建设,培养工业建设人才。因此,中华

[①] 李芬芳.我国重点建设大学的制度变迁——基于历史制度主义的分析[J].现代教育科学.2018(7):8-14.
[②] 《中国教育年鉴》编辑部.中国教育年鉴(1949—1981)[M].北京:中国大百科全书出版社,1984:803.

院系调整与江苏高校的发展

人民共和国成立初期通过院系调整、拆分,涌现出大量以工科为主、与行业相关的专门学院,而综合大学的地位和规模被大大削弱。

二是1984年,中华人民共和国成立以来国家首次列出专门经费用于重点大学的投资建设,其中受到5亿专项投资的7所"重中之重"高校中,综合大学2所、理工类4所、医药类一所。

三是1995年启动"211工程"。先后入选的112所高校中,综合类44所,理工类34所,农林类、师范类各8所,财经政法类7所,医药类5所,语言类3所,艺术类、体育类、民族类各1所。江苏于1995年首批进入的高校只有南京大学,之后东南大学于1996年加入,到1997年,江苏共有11所高校进入"211工程"行列,位列全国第二位。

四是1999年启动"985工程"。两期共入选39所高校,其中综合类23所,理工类11所,师范类、农林类各2所,民族类一所。江苏入选两所,数量少于北京、上海、湖南和陕西,南京大学为综合性大学,东南大学也是偏重工科的综合性大学。

从学科类型的变化来看,综合化发展浪潮显著,综合大学的地位明显提升,已然成为这一阶段高校的发展主流,不少理工科类院校通过重组、升格等途径成为综合性大学。追求学科综合性、偏重科学研究职能的综合性大学成为重点大学建设引领下普通地方高校的发展标杆,"地方""应用"等用词,似乎成为普通地方高校定位发展中急于摆脱的身份"枷锁",同质化现象至今明显。不同发展时期,对同一类型高校的追捧,加大了同质竞争,阻碍了其他类型高校的发展。

2. 发展路径的单一化

重点高校建设的每个发展时期都有其建设重点,这与不同阶段国家建设发展需要和高等教育自身的发展规律密不可分。不同阶段的发展重点和提供给其他高校的发展路径的选择各有不同。如,20世纪90年代院系调整中的合并、升格成为高校发展的"捷径",久而久之形成同质化的发展格局,不利于多元化高等教育体系的健康发展,这种"捷径"的影响一直持续到今日。"捷径"也意味着单一和狭窄。放眼当下,选择、研究、学习和赶超标杆,被很多普通地方高校视为快速发展的一种"捷径"选择。"双一流"建设打破高校的身份壁垒之后,各级各类高校都参与到竞争赛道之中,在不同层面上争创一流,想方设法"弯道超车",争取短时间内实现"逆袭"。他们采用的"捷径"就是充分研究各类排名的指标体系和标杆的相关数据,有的放矢地集聚资源、重点建设。在重点高校标杆效应的影响下,普通地方高校确实通过模仿、复制等方式尝到了快速发展的"甜头",包括国家重点高校建设计划在内的各类排名成为衡量高校发展措施是否得力的标尺。

与此同时,高校发展评价体系不完善,导致"五唯"顽瘴痼疾中的"唯文凭、唯论文、唯帽子"表现得较为明显。具体表现为人才引进、师资团队建设中注重文凭和"帽子",科研发展中注重论文发表、课题申报等指标化的显性成果,这些偏重也体现在高校发展重点的选择之上。因此,加剧了高校发展中的重科研、轻教学,重引进、轻培养等现象。发展路径的单一化,也成为普通地方高校发展同质化的重要表现,路径选择的相同导致了发展目标的雷同化和高等教育体系的单一化。

3. 排位竞争的内卷化

重点高校在引导带动普通地方高校发展的同时,使得普通地方高校日益重视各类大学排名,推动形成一种内卷化的竞争态势。高等教育内卷化,是内部不断地精细化和复杂化,但整体效益并未得到质的发展。[①] 高校的内卷式竞争是一种低效且无序的竞争,这种竞争并不能带动彼此实力和水平的真实提升,而只是在无效地消耗资源,进行同质化的重复发展,可以将其视为"零和竞争"和同质化竞争的结合体。

重点大学建设对普通地方高校之间的内卷式竞争具有直接的引导作用。我国进入综合化的通才培养时期,形成了重视一般技能的导向,具有品牌大学学历的人会获得更多收入,社会的贫富差距也因此更为突出,名牌大学、重点大学的入学竞争异常激烈。[②] 这也直接导致高校之间重点身份之争和排名之争。重点大学建设也可视为一种排名竞争,各类排行榜中高校的排位竞争长期处于此消彼长的状态,站在高等教育发展全局来看,这本就是一场无效竞争。排行榜与其说是排位之争不如说是数据之争,各种指标数据的综合决定着高校在大学排行榜中的排名。指标导向只是带动了高校部分发展要素的发展,但削弱和损耗了高校其他方面,特别是无法在指标项中显现,或是无法在短期内实现的方面。短

[①] 夏骏.高等教育内卷化增长探讨[J].教育评论,2012(3):12-14.
[②] [韩]河连燮.制度分析:理论与争议[M].李秀峰,柴宝勇,译.北京:中国人民大学出版社,2014:147-148.

期内集中于指标要素的发展替代了长期可持续的内涵式发展。特别是"双一流"计划实施以后,随着"双万计划"的推进,一流高校之争逐步细化为一流学科、一流专业,甚至是一流课程之争。学科发展本是一项复杂的工程,一流学科包含一流的师资、一流的学生、一流的研究成果及学科声誉,也包括一流的管理和氛围。① 而鲜明的指标导向下,学科建设的内涵被"碎片化"、单一化,其复杂性被忽视。以大学排名为导向,或者说以世界一流大学为导向的高等教育发展格局,最终导致的结果就是"平"。② 政府在实施重点建设计划的同时会受到政治因素的影响而保护处于弱势地位的高校,更加剧了这种"平"的结果,亦可视为一种同质化的发展倾向。

4. 发展心态的趋同化

同质化发展外部环境的变迁使得重点高校和普通地方高校的心态都发生微妙变化,但心态的发展在一定程度上也趋于相同。对于重点高校而言,在没有专项经费注入的时期,承载得更多的是一种服务国家建设和引领国家高等教育发展的使命担当。获得专项经费以后,再加之社会舆论的追崇,自然衍生出一种身份的"优越感"。这种优越感具体反映在资源和声誉之上,形成"光环效应"。对于普通地方高校而言,则会相应地趋向于"急功近利"的心态,将重点高校作为标杆,不断复制和模仿发展经验,力争下一轮进入重点高校建设名单。"认为在任何排名中都能够名列前茅就真的代表学校质量高,确实是一种危险的想法。"③以排名判别高校优劣的风气已然滋生蔓延,高校之间的竞争不免陷入"零和竞争"的状态,高校自身的发展也进入"重短期利益,轻长远利益"的不利局面。再加之外界过度的聚焦和曝光,以及随之产生的放大效应,让高校不得不在重负之下"小心翼翼"地前行,在一定程度上束缚了普通地方高校的创新发展,使其习惯"雷同式""追随式"的发展。

(二) 相关启示

全国教育大会提出要着重培养创新型、复合型、应用型人才。"双一流"建设当下,全面推进学科"四新"建设,国家对专业人才的渴求状态再次回归。中华人

---

① 周光礼. 世界一流学科的中国标准是什么[N]. 光明日报,2016-02-16(13).
② 王琪,程莹,刘念才. 世界一流大学:国家战略与大学实践[M]. 上海:上海交通大学出版社,2011:39.
③ 刘念才,Jan·Sadlak. 世界一流大学:战略·创新·改革[M]. 上海:上海交通大学出版社,2009:62.

第七章　两轮院系调整对江苏高校的影响与启示

民共和国成立初期,以培养工科人才和师资等专门人才为重点,当下则是以培养创新型的理工农医类专业人才为重点。同质化一元体系形成和建设并不代表着重点发展,各级各类高校的协同一体化发展才是支撑高等教育体系完善发展的前提,也是支撑国家可持续发展的基础。在国家重点高校建设计划的引领下,政府要从政策层面"强制性"引导高校的多元化发展,也要在资源投入层面向多元发展、特色发展倾斜;社会专业组织要不断研究完善科学、多元的评价体系,规范引导高校发展;普通地方高校则需要在理性回归和特色超越中寻求高质量发展。

1. 回归提高人才培养质量本源

高等教育的三大基础职能中,人才培养始终是首要职能,科研与社会服务都是围绕人才培养展开的,两轮院系调整的重点也都绕不开人才培养质量的提升和增强人才的社会服务能力。在我国重点高校发展历史中,重点高校的变化也与国家不同时期的人才需求直接挂钩。人才培养定位从以服务于工业建设和师资需求为重点的专门人才,发展到适应力强、全面发展的综合型人才。从某种意义上说,国家的人才需求定位和导向,决定了整个高等教育的发展格局,也是高校发展质量的根本。

国家重点高校之争随着各种评估和各类排行榜的盛行而愈演愈烈,科研这一较易通过发表论文、申报课题等量化指标显现和比较的职能被推到了突出位置。不少高校的重点工作都是围绕各类指标要求着力提升自身的科研实力,具体落实到每年引进多少人才、申报多少国家课题、发表多少高水平论文等细化任务之上,人才培养这一中心任务则被"边缘化"。2020年10月,国务院印发的《深化新时代教育评价改革总体方案》提出,要"扭转不科学的教育评价导向,坚决克服唯分数、唯升学、唯文凭、唯论文、唯帽子的顽瘴痼疾,提高教育治理能力和水平"。树立正确的评价导向,回归人才培养的中心任务,是我国高等教育发展的大势所趋。归根结底,高校的发展始终是以人才培养这一根本任务为中心,这也是高等教育发展的初心和使命。

2. 选择特色发展道路

20世纪50年代院系调整中大力发展的专门学院,具有自身与行业发展相关的特色专业和学科,对口培养人才的特色较为鲜明;而在20世纪90年代综合化改革的浪潮中,专门学院纷纷合并为多科性、综合性大学,原本鲜明的专业特色、人才培养特色等被逐渐稀释和湮没。首批"双一流"大学建设高校中,学科类型多元化,不再一味强调高校的综合化发展,或个别学校的一流发展,而是支持特色化、多元化的发展,重点高校建设带动整个高等教育体系高质量发展的思路显现出来。政府经费的投入从集中于某些重点高校的一流建设,逐步发展到引导不同层次、不同类型高校的共同发展。这些都是在向普通地方高校释放多元化发展和特色发展的强烈信号。如果说高校发展中有"捷径",普通地方高校的发展"捷径"就是特色发展。人才汇聚、资源丰富和治理规范,世界一流大学具有三个相辅相成的特征,规范高效的治理是高校快速发展和变革的关键。[①]

对于普通地方高校而言,特色发展体现在科学的办学定位、特色学科群建设、特色人才培养和特色社会服务等多个方面。其中,实现内部治理体系现代化是其特色的定位及发展的关键因素。我国重点高校建设的历史也是高校从被动式管理转向现代化内部治理的过程。借用经济学家威廉姆斯(Oliver E. Williamson)的观点,治理是"对契约风险的全部形式的辨定、阐释与缓解之道"[②],其目的是通过治理机制保证风险缓解,实现良序。国家重点高校引领作用的发挥,不仅体现在人才培养、科学研究、社会服务等职能水平上,还表现在自身的治理能力和治理水平上。当下重点高校建设的多元化导向,更加要求高校具有现代化的治理体系和治理能力,准确把握学校的定位和特色,有效化解问题和风险。从完善内部治理,提升治理效能开始,立足特色发展,推动学科、人才、师资、教学、科研、服务、文化等各个方面步入良性发展轨道,真正实现高质量发展。

四、从院系调整中行业特色型高校的起源发展看其职能变化与新时代定位[③]

20 世纪 50 年代大力发展的专门学院可以视为行业特色型高校的发展源头,在其起源发展阶段,以专门人才培养作为原始职能,但随着综合化、一流化建

[①] 王琪,程莹,刘念才.世界一流大学:共同的目标[M].上海:上海交通大学出版社,2013:15.
[②] [美]奥利弗 E.威廉姆森.治理机制[M].石烁,译.北京:机械工业出版社,2016:4.
[③] 王瑜.行业特色型大学职能的起源、发展及新时代定位[J].江苏科技大学学报(社会科学版).2021,(01):97-102.

设进程,行业特色型高校的职能也日益多元与丰富起来。通过历史起源的追溯,以及其职能变迁的梳理,我们可以重新审视新时代行业特色型高校的职能定位,为这类源于20世纪50年代院系调整的院校的高质量发展提供决策参考。

(一) 行业特色型高校的历史探源及发展

有学者将我国行业特色型高校的历史追溯到了清末实业学堂,[1]但多数人还是认为其起源于建国初期的院系大调整。行业特色型高校的发展经历了三个阶段:第一,中华人民共和国成立初期,师法苏联模式开展院系调整后的起源阶段;第二,20世纪90年代末,经历合并、重组后的综合化发展阶段;第三,"双一流"建设背景下,立足于行业特色的多元化发展阶段。

新中国成立初期的院系调整不仅奠定了我国高等教育的格局,也对当代高等教育的发展产生了深远影响。其中,最具影响力的调整发生于1952年。这一阶段的调整以"培养工业建设人才和师资为重点,发展专门学院,整顿和加强综合大学"为主要目的。专门学院是师法苏联建立的专业化学校,专门学院"比起技术学院来,更加专门化了"[2]。调整后,以综合性大学为主体的高等教育发展格局被打破,专门学院一跃成为高等教育体系中的主导,综合性大学则被拆分成文理学院。多数行业特色型高校就是在专门学院的基础上发展而来的。江苏在院系调整时期形成的行业特色型高校有南京信息工程大学、江苏科技大学、常州大学等,其中南京信息工程大学以大气科学、江苏科技大学以船舶制造、常州大学以石油石化作为其发展特色,并以此为基础形成特色专业和学科,继而形成学校的核心竞争力。

从发展起源不难看出,行业特色型高校的产生有其特殊的历史背景和原因,主要表现在三个方面:

一是政府权力的绝对主导。新中国成立初期,伴随着政治权力的变更,高等教育的发展路径也出现了重大变化,从效仿欧美模式转为师法苏联。政府主导在高等教育体制改革和调整中体现得尤为明显。所有的大学都被纳入国家统一的管理体制之下,所有的私立大学都被收归国有。全国的大学采取了"一盘棋"

---

[1] 陶羽,李健.行业高校及其特色学科的历史地位和存在价值[J].中国成人教育,2018(6):21-24.
[2] 程今吾.苏联高等教育情况介绍[J].人民教育,1951(22):21-24.

的调整战略,从上而下启动了涉及全国 2/3 大学的院系调整,国家的意志甚至渗透到大学教研室和具体的学科专业之中。政府推动是行业特色型高校产生的最大动因。

二是经济发展的需要。建国初期,百废待兴,为满足社会经济恢复和发展的需要,对口各行业的大量专业人才的输出成为当时高等教育的重点。据统计,20世纪 50 年代院系调整之后,我国工业类专门院校增加了 35.7%,农业类专门院校增加了 61.1%。工科学生人数由 1947 年学生总人数的 17.8% 增加到 1957 年的 37%[①],极大满足了新中国成立初期经济发展的需求。

三是高等教育观念的博弈。通才教育和专才教育之争成为中华人民共和国成立初期高等教育界关注和争论的焦点。在 1950 年召开的全国第一次高等教育会议上,教育部提出从通才教育模式向专才教育模式的转变思路,遭遇了与会大多数知识分子的强烈反对。在当时的两种教育观念的博弈中,显然专才教育占据了上风。回溯行业特色型高校的发展历史及产生背景,社会经济发展需要直接催生了行业特色型高校,为行业服务是推动这类大学形成和发展的直接动力。行业特色型高校最初的首要职能是为行业和社会直接培养和输出对口专业人才。

与此同时,其他两大职能也都显现出来。围绕行业进行学科设置、开展科研服务以及专业化的人才培养,成为这个群体共同的身份标识。不同类型、层次的大学在发展过程中的职能会各有侧重,行业特色型高校的职能在历史发展中也呈现出不断变化的状态。从行业特色型高校的历史发展来看,有学者认为其经历了"生成与发展——与行业关系的依附阶段、变革与调整——与行业关系的解构阶段、扩张与探索——与行业关系的重构阶段"[②]或者"行业化"到"去行业化"再到"再行业化"[③]的发展阶段。由此可知,将其分为行业化起源阶段、综合化发展阶段和立足行业特色的多元化发展阶段更为贴切。

(二) 行业特色型高校职能的原始定位与变化

在这三个阶段发展过程中,不仅我国高校的类型发生变化,行业特色型高校

---

① 《中国教育年鉴》编辑部. 中国教育年鉴(1949—1981)[M]. 北京:中国大百科出版社,1984:65.
② 吕斌. 行业高水平大学科学定位与特色发展研究[D]. 武汉:华中农业大学,2011.
③ 吴立保,管兆勇,郑有飞. 制度变迁视角下的行业特色型高校人才培养模式透析——以南京信息工程大学为例[J]. 黑龙江高教研究,2011(6):5-8.

第七章　两轮院系调整对江苏高校的影响与启示

的职能定位也相应地呈现出三个阶段的不同变化。

1. 起源阶段——以专门人才培养职能为重点的原始定位

行业特色型高校的诞生就是为新中国的社会经济建设发展服务,为各行各业输送专业人才。由于急需专业人才,从数量和地位上看,新中国成立初期的专门学院都要高于当时已划分为文理性质的综合大学。此外,新中国成立初期还开展了一系列的高等教育课程改革,要求高校与政府部委及行业企业建立密切联系,配合他们的工作、生产及科学研究,学生实习也被作为重要的教学内容。[①] 行业特色型高校起源时多隶属于国务院某部委,与行业之间的关系密切,直接以行业为服务对象,围绕行业设置学科和专业,开展相关科研,培养专门人才。

新中国成立初期,受政府权力的主导、社会经济发展以及专才培养观念的影响,其职能发挥主要是围绕培养专门人才展开,具体表现在根据行业及相关产业链开设的学科专业、统筹化的专才教育模式以及注重实践的培养方式上,从而达到服务行业发展和社会经济发展的目的。例如江苏科技大学源于1952年筹建的上海船舶工业学校,典型的工科专门院校,发展到今天的江苏科技大学,主要围绕船舶行业和产业全链条来培养行业人才。行业特色型高校在后续的变革发展中,其职能定位也呈现出多样化的发展趋势。

2. 综合化发展阶段——以科学研究职能为重点的发展定位

行业特色型高校的职能随着高等教育的改革发展出现变化,由以人才培养为主转移到以科学研究为主。这一阶段始于20世纪90年代末行业特色型高校的综合化发展时期。随着国家发展,原来对口行业过细、过时的专业划分已不能满足社会建设和行业发展的需求。时代、社会以及高等教育的发展重新唤起对"通才"的渴求。适应力强、专业覆盖面宽的人才更能适应瞬息万变的行业更新发展的需要,于是20世纪90年代又一次大规模的院系调整应运而生。在经历了以综合和升格为特征,以进一步调整我国高等教育管理体制和人才培养模式为目标的改革后,行业特色型高校迈入多科化、综合化的发展进程,人才培养方向也开始转向通才培养模式。随着与行业部委归属关系的调整,虽然行业特色

---

① 高等教育部办公厅.高等教育文献法令汇编(1949—1952年)[G].北京:中华人民共和国教育部,1958:59.

型高校与行业关系有所疏离,其学科特色与专门人才培养特色也被弱化,但其通过培养专业对口人才为行业和社会服务的优势依旧很鲜明。时至今日,各相关行业企业中的业务骨干仍来自行业对口学校。

同样,受政治、经济和教育观念的影响,行业特色型高校在综合化浪潮中开始追求升格并探讨一流发展问题,在追求综合化的同时,也越发重视科学研究。行业特色型高校的科研水平和实力得以大幅提升,大学职能在此阶段呈现向科研转移的倾向。由于这阶段行业特色的弱化和人才培养的通才化和综合化,人才培养职能呈现相对弱化的状态。此外,地方行业特色型高校在管理体制发生改变后,也面临与地方发展的协调和融合问题。因此,在这一发展阶段,行业特色型高校除了履行向行业输送人才的人才培养职能以外,更注重科研职能的发挥,即通过科研来服务和引领行业及相关产业发展。大学的科研职能逐步延伸至社会服务领域,校办企业、技术转让和校企联盟等成为科研职能向社会服务职能延伸的重要产物。

3. 多元化发展阶段——围绕社会服务职能的当代定位

在推进高校"双一流"建设的时代背景下,"双一流"建设政策打破了身份壁垒,特别是"双万计划"的实施,使所有不同类型和层次的大学都加入一流竞争的赛道之中。行业特色型高校职能呈现围绕社会服务的多元化发展趋势。随着社会多元化发展,一流大学建设和发展也演变为一流大学体系的建设和发展,"双一流"建设的实质就是一流大学体系的建设。在此背景下,行业特色型高校发展呈现多元化态势,尤其是群体间的发展差距较大。"双一流"建设名单中超过半数的高校是行业特色型高校,其中大多数又是教育部直属高校,多数地方高校的发展水平则相对较弱。行业特色型高校的发展重点、定位和目标等也相应出现多元化的发展趋势。

多元化的高等教育格局需要高校的多元化发展,其切入口就是通过各类政策,规范引导各级各类高校正确定位,在实现特色发展的基础上,分类推进"双一流"建设。新时代行业特色型高校的多元化发展也呼唤着大学职能的多元化,而其多元化发展的立足点是行业特色发展。特色发展成为保持行业特色型高校发展优势和实现发展突破的重要路径。大学职能可定位为以社会服务为中心的多元化发展,原因是长期以来与行业紧密联系的特色使得社会服务成为行业特色型高校突出的优势职能。行业特色型高校职能发展的第三个阶段也随之显现,即起始于"双一流"建设,并将持续至未来若干年,形成围绕社会服务职能的多元化发展趋势。

行业特色型高校的职能虽然经历了以人才培养和科学研究为主的发展阶段,但三个阶段的发展变化都以行业为服务面向,社会服务职能都占据了相对重要的地位。因此,行业特色型高校的特色发展也体现在社会服务职能优势的传承与发展上。传承是指紧密围绕行业,直接服务于行业。发展是指大学的教学、科研等职能延伸到社会服务领域,与行业和地区的发展融为一体,不断丰富社会培训、信息咨询和产学研等服务形式,构成多元化的社会服务体系。围绕社会服务职能的多元化发展同时也体现为人才培养和科学研究这两项基础职能的扎实推进和高质量发展。

(三) 行业特色型高校职能定位的新时代审视

我国大学有关社会服务职能的实践探索很早就已开始。中国的旧式教育崇尚"学而优则仕"。从1912年颁布《大学令》开始,规定大学"以教授高深学术,养成硕学闳材,应国家需要为宗旨"。虽然以蔡元培为代表的教育家们主张大学的独立性,提出"大学者,研究高深学问者也",但随着新中国成立后高等教育多次改革调整,大学除教学和科研的基本功能外,社会职能更为突出。行业特色型高校是我国高等教育体系中一个极具特征性的群体,以行业为服务面向的职能一直伴随其起源和发展,是其最为显著的特征和优势之一。行业特色高校合理定位自身职能,围绕以社会服务为中心的多元化发展方向,充分发挥其职能的传统和优势,是新时代推进学校一流发展和国家多元化高等教育体系形成的有效举措。

世界一流大学体系包含各类不同使命的高校,而不仅仅是研究型大学。[1] 中国要建立具有中国特色的一流大学体系,同样也应该包含具有不同使命职责的高校,包括以社会服务为中心职能的大学。高校社会职能的发挥也需要不同类型、不同层次的高校作为支撑。"高等学校服务社会,主要采取一种综合性、多科性、智能性和较高层次的方式,进行那种简单的、劳务低层次的服务,

---

[1] 刘念才,程莹,王琪.从声誉到绩效:世界一流大学的挑战[M].上海:上海交通大学出版社,2017:63.

实在是舍其长而取其短,也有悖高校服务社会的本意。"①社会服务职能的发挥需要不同层次高校的参与,对于具有社会服务传统和优势的行业特色型高校而言,应该始终保持服务社会经济建设发展的初心,理性对待目前外界的干扰,坚守自身的特色与优势,坚持围绕社会服务职能,推动国家、社会与学校的高质量发展。

围绕社会服务职能并不意味着要舍弃或弱化其他职能,而是应该不断提升教学和科研能力。人才培养和科学研究是学校实现社会服务职能的基础,围绕社会服务职能,同时强化其他两大职能的发展,才是行业特色型高校坚守使命职责、实现行业特色发展的理想状态。

中国式现代化江苏新实践也赋予行业特色型高校更高的发展要求和更大的发展机遇,江苏的行业特色型高校需要进一步紧紧围绕社会服务职能,确保培养人才和科学研究的基础职能稳步发展,在创新人才培养、行业科技突破、行业文化传承、行业产业及社会治理、对外合作交流方面持续发力,为江苏现代化建设提供坚实的人才支撑、智力支撑和创新支撑。

五、从院系调整中南京大学的变迁发展看我国一流大学建设

20 世纪 50 年代院系调整对于南京大学的影响是巨大的,伴随着调整过程,南京大学的综合实力下降明显。从其衰落的过程,以及当下南京大学的发展状况,我们可以梳理出学科建设、人才培养、办学氛围等三个关键要素。这三个要素决定了南京大学在院系调整中的衰落,也决定了其后续的恢复发展,成为其重回一流大学的关键,也为当下我国一流大学的建设提供了相关启示。

(一) 学科建设是一流大学建设的根基

20 世纪 50 年代院系调整期间,全国的高校都取消了院一级的建制,南京大学(原国立中央大学)的院系被拆分,保留了 13 个系和 2 个专修科,变为了实质为文理性质的综合大学。南京大学的其他院系被拆分后独立、迁出,使南京大学

---

① 龚放.在社会变革的大潮中把握自我——兼论我国大学职能的延伸[J].高等教育研究.1990(1):26-30.

也成了国内众多高校的共同源头。50年代院系调整中,多所高校与南京大学产生渊源,6所坐落在南京,其余都是省外高校。这也就有了2002年,南京大学与东南大学、南京师范大学、河海大学、南京工业大学、南京农业大学、南京林业大学、江苏大学、江南大学等九所大学共庆百年校庆的盛况。

新中国成立初期,南京大学除文、理学院外,法、工、农、医、师范等学院悉数迁出。原先国内规模最大、学科最全的大学,转身变为文理学院,其一流大学存在的学科根基被瓦解,其一流大学的地位必然受到影响,历史也确实证明了这一点。1954年12月,教育部确定的6所全国性的重点大学,以及1959年3月22日中央发出的《关于在高等学校中指定一批重点学校的决定》中均未见南京大学的身影。直至院系调整工作结束之后两年,南京大学都未被列入重点大学之内,足可见其地位大不如前。南京大学虽于1999年进入国家"985工程"首批重点建设的高水平大学行列,也位列了2017年公布的一流大学建设高校名单之列,但其实力、地位却仍不及当年的中央大学时期。2024年各类大学排行榜的数据也说明了这一点。国内的排行中,软科和校友会南京大学均位列第6;世界排名中,USnews其位列123位,QS其位列145位;泰晤士高等教育(THE)2024年亚洲大学排名中,南京大学位列第16位。究其原因,20世纪50年代院系调整中学科拆分对其学科根基造成的打击影响深远。

中央大学学科基础上的高校发展至今,不乏位列"双一流""985""211"行列的高校,从另一侧面又反映出扎实的、具有交叉性的、综合性强的学科基础,是一流大学存在和发展的根基所在。在当今的一流大学建设进程中,学科建设仍旧是重中之重,建设一个到多个一流学科才具备跨入一流大学行列的资格。

(二) 人才培养质量是一流大学建设的关键

人才培养质量决定了大学的发展水平,是一流大学建设的关键性因素。纵观南京大学的衰落,与其在一段时间内人才培养质量的下降,也有着莫大关联。20世纪50年代院系调整中,多重因素的综合作用导致了一段时间内高校人才培养质量的下降。

1. 国家人才培养举措的影响

伴随院系调整过程实施的包括改革招生政策、压缩学习年限、开办工农速中等举措,在一定程度上影响了高校的人才培养质量。新中国成立初期为了实现为工农服务,为生产建设服务的中心任务,政府出台了一系列的政策措施拉低入学门槛,加大人才产量,在一定时期内影响了高校的人才培养质量。

2. 师资的调整

调整期间全国高校的招生人数大幅增加,直接导致了师资短缺。虽然中央政府针对性地采取了例如放宽高校教师的要求,破格提拔讲师,留用相当数量的高校毕业生担任助教等措施,在一定程度上缓解了高校师资的缺失问题,但改变了高校师资结构的构成,助教和讲师的比重大幅增加,导致教师队伍整体水平下降。1941年,教育部第一批部聘教授共30人,中央大学有5人,分别是梁希、孙本文、艾伟、胡焕庸和蔡翘。经历了20世纪50年代院系调整后一直在本校任教的只有孙本文一人。由此可见,新中国成立初期高等教育的改革调整中师资的调整对当时中央大学师资实力还是存在一定程度的损伤的,而师资水平方面的下降则直接影响其人才培养水平。

3. 重工轻文的情况

中央大学在注重以国家建设为目的的实用技术学科建设的同时,也注重基础理论学科建设,同时也重视不同学科之间的渗透和联系。[①] 20世纪50年代院系调整的重点是培养大量的工业人才来配合中华人民共和国成立初期的经济生产的恢复和社会建设的发展。对于工科类高校、系科的重视程度远远高于文、理类,文科则退居从属地位。这对于此时已调整为文理性质的南京大学而言无疑又是一记重击。中央大学在调整前之所以能培养出大量高质量的人才,与其文理兼容、学科交叉渗透有着莫大的关系。调整后,显然无法满足这一点,必然带来人才培养质量的下降。

重视工科的发展,而忽视文科教育,从另一个侧面反映了当时高等教育在强调教育实用性的同时,弱化了学科交融和人才综合素养。此外,学生扩招也导致了教学资源方面的短缺。图书、仪器设备等教学资源跟不上学生人数增长速度。加之图书、教辅设备等在院系调整中也出现损耗,造成了资源浪费现象。教学资源在一定程度上也限制了学生培养水平的提升。

---

① 曲铁华,王丽娟.民国国立中央大学学科变革的历史考察(1928—1937)[J].现代大学教育,2016(5):55-61.

第七章　两轮院系调整对江苏高校的影响与启示

新中国成立初期,国家对于高校人才培养重新定位,此时的南京大学在人才培养方面也深受影响。招生数量的增加、师资实力的下降,以及对于文科人才的忽视和实用主义的人才培养政策方向,使南京大学的人才培养质量在一段时间内有所下降,也在一定程度上影响了南京大学的办学水平和社会影响力。对于当今的高校而言,同样也面临着学生数量庞大,学生的学历、生活背景迥异等情况,因材施教,提升人才培养的质量,是一流大学建设的关键。

(三) 自由、自主的氛围是一流大学发展的"土壤"

自由、自主的高等教育理念在适宜的土壤中生根发芽,且民国时期战争不断,国民政府自顾不暇,高等教育得以在局势混乱的环境中得到了自主发展的空间。中央大学也在这一时期发展成了亚洲排名第一的一流大学,可以说学术自由和办学自主的氛围为其一流大学的形成和发展提供了必备的"养分"。中华人民共和国成立后,国家进一步加强了对高等教育的统一领导,逐步增强了高校对国家政治、经济发展的服务能力,而高校自主、自由的氛围却在这一时期逐渐消散。

1. 思想上的统一化

为了顺利推进新中国成立初期的高等教育改革工作,国家开展了知识分子思想改造运动,在为教育改革打下坚实思想基础的同时,也影响了知识分子的思想,在短时间内统一了人们对于高等教育发展的认知和价值判断,使多数人的思想向统一的、标准化的方向转变。这种效应也导致了知识分子群体的思想僵化,一直延续到后来高校的教学育人和治学研究之中,校园中逐步丧失了学术自由的氛围,"大师"级学者的产生也失去了条件。

2. 管理上的统一化

统一化的管理致使高校逐步丧失了独立、自由的"气质"。高校自主权的丧失,不仅体现在高校的领导权、管理权的归属问题,也体现在高校的发展定位、人才培养标准的制定、招生、教师的聘任、教学计划和内容的安排等诸多方面。此外,对于苏联经验的"复刻",也促使高校发展的自主能动性逐渐衰弱。20世纪50年代院系调整采取"全国一盘棋"的调整战略,在全国的大局利益面前,江苏地区各高校纷纷牺牲个体利益,服从大局安排,南京大学的综合实力和自主管理能力也在此时期下降明显。

院系调整与江苏高校的发展

新中国成立后,高校学术自由和高校自主权的缺失,压制了高校独立、自主的发展能力,以及学术、人才的自由发展,间接削弱了南京大学的办学实力和一流大学的社会影响力。时代的进步、国家的发展,也让我们越发地认识到自由、自主对于大学发展的重要性,现代意义上的一流大学一定也是建立在自由、自主的氛围之上的。

中央大学在战争时期虽然经历了西迁等重创,但其真正的衰落是在更名为南京大学,经历了20世纪50年代的院系调整之后。学科的拆分使中央大学失去了一流大学的必要根基;人才培养方面的激进和人才培养质量的下降又使中央大学丢失了延续一流大学的关键要素;自由、自主氛围的缺失,则剥夺了一流大学成长的"土壤",使其失去发展的"养分"。从中央大学的衰落历程中,我们不难总结出学科建设、人才培养以及学术自由、高校自主等对于一流大学建设的重要意义,这也为当今一流大学的建设指明了方向。当今的一流大学相较半个多世纪前,有了更为完善的指标体系,更加丰富的内涵,但学科建设、人才培养以及学术自由、高校自主依然是建成和维护一流大学的基本必备条件。

结　语

江苏高等教育有着良好的发展基础，20世纪50年代院系调整开始前，江苏高校的发展是较为瞩目的，但也存在结构、质量、地域发展不均衡等问题。江苏高校的改革发展是兼具代表性和特殊性的，深入研究江苏高校在两轮院系调整中的变化，以及两轮院系调整对于江苏高校的发展影响，能够使得此类研究在全局研究之外，显得更为丰富化、多元化，也便于更好地理解把握我国高等教育改革的发展脉络。

本书对比分析两轮院系调整前后江苏高校、系科专业、教育理念、管理体制、师生情况、教学方法等方面的变化，并深入阐释这些变化对江苏高等教育发展产生的一系列短期与持续、共性与个性影响。通过对变化及其影响的分析，我们可以更为全面地认识、评价两轮院系调整，正确对待其留给当代及未来中国高等教育的启迪和警示。本书的创新之处主要表现在三个方面。

一是对两轮院系调整中江苏高校的发展历史进行梳理，丰富了江苏高等教育历史的相关研究。目前尚未有相关书籍对20世纪50年代和90年代两轮院系调整中江苏高校的发展变化进行专门研究，相关历史资料也都散落在相关的历史档案之中。本书致力于搜集和整合相关历史资料，细致还原两轮院系调整中江苏高校改革发展的历史过程，为江苏高等教育发展历史的梳理完善做出有效补充。

二是厘清两轮院系调整的特征与相互关系，将两轮院系调整纳入研究框架之中。目前的相关研究多聚焦于20世纪50年代院系调整，或是聚焦两轮院系调整的区别，很少有研究将两轮院系调整纳入一个研究框架之中。本书系统探

院系调整与江苏高校的发展

究两轮院系调整中江苏高校的改革变迁,能够更为全面掌握江苏高等教育改革发展的过程,有助于厘清江苏高校建设发展的脉络,透过江苏高校的视角找到影响高校发展的关键因素,有助于理解历史、启示当下,展望未来高等教育的发展。

三是从不同视角挖掘两轮院系调整对江苏高校发展的影响,使得研究分析更为多元化。本书深入分析两轮院系调整对江苏高校的短期影响与持续影响,并选择与院系调整相关的不同视角来探讨其对于高校建设发展的影响与启示,使得相关启示的分析更为立体和多元。

20世纪50年代院系调整起始于解放后对于高等教育的接管时期,出于维护政治稳定、经济发展的前提,此轮调整采取了自上而下、步调一致的改革路径。从解放后对高等教育的接管和初步改造时期就开始酝酿和准备,经历了1951年的初步调整阶段、1952至1953年的全面展开阶段和1955至1957年的局部调整阶段,以培养工业建设人才和师资为重点,以发展专门学院,整顿和加强综合大学为主要任务,并对内地高校建设进行了支援,其一系列改革举措奠定了江苏高等教育的现代化发展格局。经历第一轮院系调整之后,江苏省的高校在层次结构、类型结构、形式结构、区域结构等方面都发生了巨大的变化。院校层次方面,江苏本科层次院校的数量增加,同时专科层次院校的数量减少,出现专修科、业余教育等短期教育补充形式;院校类型方面,综合大学的实力被削弱,综合大学实质变为文理性质学院,专门学院迅速发展,其中以工科性专门学院为最,私立高校全部收归国有;院校办学形式方面,进一步向工农大众开门,出现了工农速成中学这一特殊历史时期的特殊现象;院校区域布局方面,江苏高校区域分布不均衡现象有所改善。

随着专业概念的引入,江苏高校发生了系科调整基础上的院校新建,以及一系列的系科调整变化,调整之后,江苏以单科性的工业院校居多,系科分布的失衡现象在此时体现得较为明显。20世纪50年代的院系调整可以说是一次基于教育理念变革的调整,因此,调整前后关于高等教育的教育思想的转变是巨大的,特别是专才教育思想的形成与发展,引导和贯穿此轮院系调整全过程。这次调整过程也伴随着我国高校内外部管理体制改革,高等教育逐步趋向集中统一管理,取消高校院系一级建制,加强高校管理的直接性,这一举措也促使高校自主权日趋弱化。此外,此轮调整之中,江苏高校的学生人数明显增加,学生身份构成更为多元化,全国开始实行统一的招生考试制度和分配制度;随着高校搬

结 语

迁，教师的流动性在这一期间明显加大，教师群体中具有共产党员身份的比例越来越高。同时，教学方面更加注重思想政治教育，更加注重理论与实践的结合。

从某种角度看，20世纪90年代院系调整则可视为前一轮调整的延续和递进，遵循着"共建、调整、合作、合并"的基本改革思路，在办学体制、管理体制、院校合并、招生就业制度、校内管理体制等方面实施了一系列改革举措，揭开了江苏高校高质量发展的新篇章。

在这轮调整中，江苏形成了以地方高校为主的高校结构类型，综合性大学的综合属性增强，民办高等教育和高等职业教育在这一时期得到了快速发展；从高校的发展数量和发展质量两方面看，江苏高校的区域结构布局都得到明显改善；调整中不少院校通过合并、撤销、更名等途径实现了从学校到学院、从学院到大学的办学层次跃升；高校的学科专业方面，随着专业口径与专业适应力的拓宽，强化了交叉融合，江苏高校的学科实力得到明显提高；教师和学生方面，随着学生数量的大幅增加，教师队伍建设力度的加强，江苏高等教育跨入大众化发展阶段，高等教育质量得以稳步提升。

此轮院系调整中，管理体制改革是重头戏，外部管理体制改革方面，高校由原先的国家直接管理转变为由国家、地方两级管理，充分调动了地方和高校办学的自主性，也促成了高校类型由专门院校向多科性、综合性高校发展的改革浪潮，以及催动了高校内部管理体制的改革。高校内部管理体制改革主要聚焦学校管理机构、用人、分配、职务职称等重要制度，以及后勤、资产等管理体制方面的改革，这一系列改革举措缩小了管理跨度，降低了管理重心，激活了基层治理活力。此外，这轮院系调整也同样伴随教学方面的改革，从培养目标、课程体系、教学内容、教学方法等方面进行了全方位改革；根据不同学科特点，实施了不同学科领域的教学改革工作。同时，在教学改革中进一步加强高校的理论思想教育和文化素质教育。

两轮院系调整虽然时隔40年，但具有社会发展的承接性。20世纪50年代院校调整发生于中华人民共和国成立初期，也正值计划经济体制发展初期，有计划、高度集中统一的改革调整有效适应了当时中国社会政治、经济的发展需要。而20世纪90年代院系调整则是发生于改革开放以后，国家社会主义市场经济体制快速发展时期，因此，此时发生的高等教育领域的院系调整也是顺应社会发展需要的产物，并且这轮调整对上轮调整后逐步暴露出的一些高等教育与社会

院系调整与江苏高校的发展

发展不相适应的问题进行了调整和修正，是基于第一轮院系调整基础之上，具有承接性和延续性。这两轮院系调整对于我国高等教育事业的发展可谓意义重大，通过江苏地区两轮院系调整的过程，以及江苏高校在两轮院系调整中发生的变化，我们可以窥见其对于高校建设发展的影响，而这些影响不仅仅在短期内显现，有些甚至于延续至今。对这些影响的梳理和分析可以帮助我们找到制约和影响高校发展的关键因素，从而为当下以及未来江苏乃至全国高校的建设和发展提供指引。

从短期影响来看，两轮院系调整实现了江苏高校的平稳过渡，推动了江苏高等教育的平民化和大众化发展，有效激活了江苏高校的自主办学活力，也提高了江苏高校的人才培养质量、办学效益，以及社会贡献力和社会服务能力，同时，也改善了江苏高校区域发展不均衡现象。从持续影响来看，两轮院系调整奠定了江苏高等教育的基本发展格局，重塑了江苏高校的社会影响力，也开启了江苏高校高质量发展的序幕。

总体影响之外，我们也通过"双一流"建设、重点高校建设计划、行业特色型高校职能定位与发展，以及南京大学变迁发展案例等多视角、多维度来观察两轮院系调整对于不同类型高校的影响。我们发现，在两轮院系调整之中，高校的社会服务功能增强，人才培养回归理性；单科性、综合性辩证前行，一流高校发展一度受到阻滞；政府主导权增强，高校逐步走向多元化、自主化发展。因此，当下江苏高校的建设与发展应该在学科方面更加突出地方优势和行业特色，更加注重师资建设、人才培养和教育质量提升，更加发挥好高校管理的集中控制力和自主灵活性。

从重点高校建设计划来看，地方高校在竞争中容易表现出类型的一元化、发展重点及手段的单一化、竞争的内卷化和发展心态的趋同化等现象，地方高校需要进一步回归提高人才培养质量的本源，选择特色发展道路作为快速发展的"捷径"。从行业特色型高校的起源发展及其职能变化来看，在两轮调整中行业特色型高校起源发展，其职能定位经历了从以专门人才培养为重点到以科学研究为重点的转变，而当下行业特色型高校则需要彰显围绕社会服务职能的当代定位，才能更好地投入地方现代化建设与发展之中。从南京大学在两轮院系调整中变迁发展的案例分析来看，学科是一流大学建设的根基，人才培养质量是一流大学建设的关键，自由、自主的氛围则是一流大学发展的"土壤"。

结 语

两轮院校调整作为中国历史上规模最大、影响力最大的高等教育改革，对于我国未来高等教育的改革工作也提供了相关经验与启示。高等教育领域的改革最好是具备自上而下和自下而上双向动力的，需要在借鉴学习的基础上结合实际，是建立在遵循高等教育发展规律基础之上的，是需要容许试错与调整的。对两轮院系调整中江苏高校的变化进行梳理，也为其建设与发展提供了依据和指引。我们可以从中发现影响和制约高校建设发展的关键因素。

一、学校定位

从高等教育健康发展的角度来看，也需要不同类型、不同定位高校的多元化发展，从而呈现出不同类型层次、不同特色定位高校的百花齐放状态。试想，如果多数高校都为了追逐单一评价导向，而热衷于层次提升和研究型、综合性发展方向，则是不利于高等教育发展生态的。从社会发展需求来看，需要擅长基础研究的高校，也需要服务于产业需求发展的高校；需要培养高端研究型人才的高校，也需要培养技能服务型人才的高校。高校多元化的办学定位才能适应社会快速发展的多元需求。从单个高校的发展来看，一所高校的高质量发展取决于其正确的办学定位。从两轮院系调整的历史梳理过程中我们发现，在改革调整中，高校的发展定位或因为外力影响而出现改变，也容易因为从众心理而出现偏移。20世纪50年代院系调整采取集中统一的调整方式，高校处于被动调整状态，由于拆分、迁移等影响，学校的办学定位发生落差和改变。这一过程中影响较大的综合性大学的拆分，导致综合性大学的办学定位实质变为基础文理学院。20世纪90年代院系调整中，高校的自主权逐渐增强，不少单科性高校主动转向多科性、综合性高校发展，且在综合化发展中弱化了自身的特色定位；也有不少高校追求办学层次的升格，导致办学定位模糊不清。

总的来看高校容易出现定位不清的问题，主要表现为以下三种情形。一是追逐研究型、综合性类型发展定位。在当下的高校评价标准当中，一流大学多是研究型、综合性大学，经历了20世纪90年代综合化改革浪潮之后，本科院校开始追逐向大而全发展，向综合性大学看齐；以教学为重心的高校还开始更加注重科研，力争向研究型大学转型。二是办学特色定位逐步丢失。例如，行业特色型高校这一特殊类型高校由于外部管理体制的改革，与行业的关系逐渐疏离，与地方的关系也未能及时建立,其特色在发展中逐渐丧失优势,特色发展定位也最终发生偏移。三是追求更高办学层次。具体表现为本科院校追求博硕士学科点扩张,更加重视研究生培养工作;专科院校一直处于升格本科的办学定位与追求之中。这三种办学发展定位的问题又会连带产生高校重规模扩张、轻特色传承,重层次提升、轻内涵质量,重科学研究、轻本科教学等一系列问题,最终导致高校出现同质化发展现象,出现千校一面的情况。从两轮院系调整的经验和警示之中可以发现,高校定位是影响高校发展的重要因素,高校定位要根据时代需要、国家建设需要,更重要的是要结合自身发展基础与实际,而不是盲目跟风。特别是高校具有高度自主权的当下,学校的办学定位、方向,取决于学校领导班子的集体决策,需要具有前瞻性、长远性和可持续性,但也需要细致研判各方需求,在学校发展基础、特色之上做到及时微调。

二、人才培养

人才培养是高等教育的中心工作,也是高等教育的基础职能,高校的科研、服务、国际交流、文化传承等工作都是围绕人才培养工作来开展的。因此,我们可以发现两轮院系调整也是围绕着当时的人才培养理念来开展的。20世纪50年代院系调整围绕专才培养理念对高等院校进行改革调整,通过建设专门学院,加强专业建设,改变教学理念与教学方式等途径,进行专才模式高等教育体系的塑造,目的是促使高等教育向普通大众开门,并能及时为社会培养输送大量对口的专业建设人才。

一方面在专才培养模式引导下,综合性院校被拆分,支持建立专门院校,工、农、医、师范等一大批专业类院校大量出现,专业门类也被细化。这一时期高校的人才培养满足了社会建设发展对专业人才的急需,但经过一段时间的发展之后,专业口径窄、文理基础与专业学习脱节等使得人才综合素养较弱、社会适应性较差等问题逐渐显现出来。

另一方面,专才培养理念下,高校重视应用型人才培养,因此工科类院校得到了迅速发展,而文科教育则被边缘化。重工轻文的现象使得人才培养的理论基础薄弱,人才的可持续发展能力不强。此外,在此轮院系调整中为了遵循高等教育向工农大众开门的理念,在招生、培养和毕业等方面进行了一系列尝试性举措,对符合要求的工农出身考生放宽高考要求,创办向高校对口输送学生的工农速成中学,对于社会急需人才采取压缩学生修学年限方式等。这些面向大众化的人才培养模式是特定历史背景下的特定产物,在一定程度上影响了高校的人才培养质量。

20世纪90年代院系调整则主要围绕通才培养理念展开。综合化的改革路径,院校之间的合并,学科之间的交融,加之专业改造,极大提升了高校人才培养的综合性、复合性和社会适应力。通、专才培养理念之争一直伴随着两轮院系调整的过程,但显然在经历改革开放以后,社会主义市场经济发展背景之下,对于人才的综合能力、灵活性和适应性的要求与日俱增,通才的培养理念更适合于我国高等教育的发展和社会的需要。因此,我们发现在此轮院系调整之中,一方面,高校对于专业设置的自主权增大,可以根据社会需求和市场需求来开设相应专业。另一方面,高校开始注重人文社会学科的发展,以及基础理论课程的学习。综合性人才培养模式也逐渐建立,这一时期高校都在致力于拓宽人才培养口径,增强人才的综合素养和社会适应力。

但与此同时,我们应该特别注意人才培养重点与特色的延续,也就是说不同类型的高校应该具有不同的人才培养定位和特色,而不是一味追求人才的综合素养。高校需要清醒认识的是,要根据社会需要、产业需要,也要结合学校自身的建设基础来设置专业,不同高校应该实施不同的教育内容与教学方法,来培养不同层次、不同类型的,但是具有良好社会适应力和服务力的多元人才梯队。

三、学科建设

很多高校在建设发展中将学科建设作为龙头和重中之重,学科建设关系到高校人才培养、科学研究和社会服务的方方面面。"双一流"建设将一流大学与一流学科建设联系在一起也充分说明学科对于高校发展的基础作用。当下,很多高校将高水平学科发展与高水平科研能力挂钩,容易形成重科研轻教学的情况,撇开人才培养单谈科研,自然无法形成良好的学科发展基础。高校之中的学科与专业、科研与教学是相辅相成、相互成就的。从两轮院系调整的过程可以发现学科对于高校建设发展的重要性,并且总结出有关学科建设发展的经验启示。20世纪50年代院系调整中,由于院校、院系的拆分,高校的学科呈现孤立发展的态势。综合性大学重点发展基础文理学科,工科院校发展工学,农科院校发展农学,不同类型的专门学院都"术业有专攻",在各自不同学科领域深耕、发展。虽然专业化的学科发展有助于集中力量办好相关学科,但长此以往,学科的单一化会形成学科壁垒,阻碍学科的高质量、一流发展。

因此,到了 20 世纪 90 年代的院系调整,我们就发现不少改革举措都在促进学科之间的交叉融合,让学科在交流、互补中相互支撑、共同发展。例如院校的合并融合就以充实和重组学科作为切入口,使得合并学校能够更快更好地融入新的学校环境与氛围之中。苏州大学在原苏州蚕桑专科学校、苏州丝绸工学院并入之后,组建成立了丝绸学院;扬州大学通过组建学科群的形式来促进和推动学科之间的交叉融合;南京大学也提出了学科联合、学科群建设的思路。1994 年南京大学就围绕"211 工程"建设,确定了 11 个学科群作为重点扶持对象,其中以"微结构物理及其应用"学科群最具代表性,也最为成功。这一学科群促进了凝聚态物理学、材料科学和凝聚态化学等学科之间的交叉,并衍生出生物物理、计算机物理、光电子学等专业方向。[①] 学科群发展的成功案例向我们揭示了打破学科壁垒,实现学科交叉融合的重要性。

学科之间的融合交流可以有效支撑和促进学校特色优势学科的发展。一方面,任何学科的发展都离不开基础学科的支撑,特别是科技创新日新月异的当下社会,基础学科对于高校而言就如同基石一般,是其他应用型学科高质量发展的坚实基础。另一方面,相近学科之间交叉互补,共同提升学校特色品牌学科的显示度。学科之间的交叉融合,也可以有效引领和带动弱势学科的发展,使高校形成特色学科彰显,其他学科多元、融合发展的态势。我们需要注意的是,要谨防重科研轻教学、重学科发展轻专业发展的倾向,学科发展也需要教学、科研、社会服务等职能的合力,在此基础上才能充分发挥出学科的引领作用,推动整个学校走向高质量、高水平发展道路。

四、教学工作

第教学工作一直是高校发展的生命线,直接关系到人才培养质量,是高校高

[①] 王德滋,龚放,冒荣.南京大学百年史[M].南京:南京大学出版社,2002:456.

结　语

质量发展的根本要素。然而，由于受到评价体系、竞争模仿等因素影响，当下的高校花费了更多的精力在短期能有成果显示度的科研论文、项目、获奖等工作之上，对于需要长期花费时间和精力，且难以在短期之内看到实际效果的工作，例如教学、基础科研等，则容易忽视，甚至于边缘化。2018年全国召开本科教育工作会议，会上提出"以本为本""四个回归"，要建设高水平的本科教育。高校也逐步开始回归重视本科教学工作。

但在如今的校园之中，潜心教学工作的教师仍旧较少。究其原因，一方面来自高校外部的评价压力，每年的高校综合考核评价、大学排名等指标体系中能实质反映教学质量的指标元素偏少，往往以学生科研、竞赛获奖等替代。另一方面原因来自校内，在教师绩效评价、职称晋升等相关制度的"指挥棒"效应之下，教师只能花费更多的时间和精力在科研项目申请和科研论文写作之上。教学工作量的体现，除了课堂授课以外，更多的则是学生竞赛项目指导，只因为指导学生获奖与年底绩效和职称条件直接挂钩。而真正的教学质量评价则是一个长期的过程，需要用人单位、社会来评价。但是教学工作才是真正检验高校发展质量的根本标尺，抛开教学，科研、服务等工作根本没有开展的根基。

在两轮院系调整中我们能够很清晰地发现，教学工作一直是高等教育改革工作的生命线。在20世纪50年代院系调整中，高校教学内容除了加强思想政治教育以外，还特别注重教学方面学用结合的改革。理论与实践相结合的教学方法，早在中国共产党抗日民主根据地高校办学实践中就有所尝试。对于当时在调整改革中占据主导地位的工科类院校而言，学用结合、学以致用就显得尤为重要。到了20世纪90年代的院系调整期间，教育工作就摆在了更为重要的位置，开展分层分类的教学改革工作，一直贯穿整个调整过程。区分不同学科，从教学内容、课程体系到课程教材等，全面开展面向21世纪的更大层次、更深范围的教学改革工程，切实提升高校的教学质量、师资队伍建设水平和人才培养能力。

从两轮院系调整中，我们不难看出教学工作的重要性，大规模的高等教育改革工作中教学工作改革也是其中必要的一环。无论高等教育处在发展的哪个环节，教学工作永远都是其立足之本。任何类型高校的高质量发展都无法脱离教学工作这一根本工作，只有在重视教学工作，特别是本科教学工作的基础上，高等教育的其他职能才有施展和发挥的空间，高校的高质量建设、发展才有立足的根本。

五、社会服务

从对两轮院系调整过程的梳理中我们发现，提升高校的服务力和贡献力是两轮院系调整围绕的最终目标。社会服务是高等教育的三大基础职能之一，高等教育的发展改革都是以人才培养为中心，通过人才培养、科学研究等来实现社会服务。因此，高校的社会服务能力和社会贡献力直接与其人才培养定位、质量挂钩，也与高校科研能力、产学研合作能力等相挂钩。也就是说高校社会服务能力的体现形式是多样的，既可以通过培训、咨询服务等形式来体现，也可以通过人才培养、科研等其他职能形式来体现。

20世纪50年代院系调整的目的是使高等教育适应与满足计划经济体制发展需求，维护政治环境稳定和加快恢复社会经济发展。因此采取调整外部领导体制，实现集中统一领导；拆分院校，建设专门学院；缩小专业口径，培养产业急需对口人才；降低入学门槛，推动高等教育平民化发展，迅速增加人才培养质量等举措，在短时间内加强了国家对高等教育的集中统一领导，高效完成各项改革调整任务，培养出大量对口的建设人才，满足了新中国成立后一段时期内国家对于专业化人才和各项专项研究的需求，增强了高校对于社会经济恢复发展和重点产业加速发展的支撑力。

20世纪90年代院系调整的目的是为适应市场经济体制的发展，加快提升高等教育质量和水平，全面提高高校对社会发展的服务能力。在此轮调整中也相应采取了众多举措例如：改革高校外部领导体制、办学体制，逐步下放高校自主权，激发高校的自主办学活力；通过院校合并、院系调整等，促进学科交叉融合，提升高校的综合发展实力；拓宽人才培养口径，实施教学改革，提高高校教学质量和人才的社会适应力；开展以人事、分配为主体的内部管理体制改革，加强高校教师队伍建设等，推动高校的综合化发展和内涵发展，从提升办学质量、各项职能发展质量的角度入手，从根本上提升高校的社会服务能力。

作为高等教育三大职能之一的社会服务是考量高校高质量发展水平的重要标尺，高校的发展一直都不是封闭的"象牙塔"，国家、社会、高校之间呈现出螺旋关系，相互作用、相互促进。高校想要实现高质量发展，内涵建设是基础，而内涵建设又必须通过与外界的互动、联系体现出来,才能实现高等教育的社会价值。因此,当下高校的高质量发展,也必须注重社会服务能力的提升,重点关注人才培养与社会需求是否匹配,科学研究是否解决产业急需难题,社会服务是否真正助力了地方经济建设与发展。

六、内部管理

高校的内部管理能力和管理水平直接关系到高校建设质量和发展水平的高低,这些内部管理包括高校内部的组织建构、制度体系及运行机制等。适应外部管理体制的内部组织结构是高校内部管理的硬件基础。两轮院系调整的重要内容之一就是我国高等教育管理体制改革。20世纪50年代院系调整实现了国家对于高校的集中统一领导,规定了不同类型高校的领导关系,其中综合性大学和多数多科性工业院校由教育部直接管理,单科性高校则委托相关业务部门管理。到了此轮院系调整的局部调整阶段,高校的领导管理权逐渐下放,部分高校开始交由地方政府直接管理。总的来看,在第一轮院系调整之中,我国高校的外部管理体制体现出了高度集中统一领导的状态。在这一外部管理体制背景下,高校内部的组织结构也对应进行了改革调整,取消院一级建制,高校内部实现扁平化管理,上级的政策可以更为直接地传递到高校内部的最基层。

此时,高校自身的管理自主权是相对薄弱的。20世纪90年代院系调整则是更进一步地下放高校管理权限,增加高校自主权,这也与两轮调整身处不同的经济体制发展背景相关。在第二轮院系调整之中,高校由集中统一领导,逐步变为由国家、地方两级管理的体制,管理重心下移,也催生了与之相对应的内部组织结构的调整。原先被取消的院一级建制又重新回归,高校的管理重心也随之下移,管理自主权得以增强。

完善的制度体系和管理运行机制是高校的内部管理能力和水平的内核。在20世纪90年代院系调整之中,高校内部组织结构改革的同时,也开展了以人事制度改革为重点的内部管理体制改革工作。通过人事制度改革,创设平等竞争、择优上岗的人事制度,激励教师干事创业的积极性,促进教师队伍的优化和有序流动。此轮院系调整中的内部管理体制改革还包括内部分配制度改革、高校后勤改革、资产管理体制改革等。改革以人事、分配制度改革为主线,涵盖了支撑

院系调整与江苏高校的发展

和保障高校内部运行的相关制度体系与运行机制的重构,目的是要建立起与社会主义市场经济体制相适应,与外部管理体制相匹配的内部管理制度体系与运行机制。完善的制度体系和管理运行机制,不仅可以保障高校各项职能的正常运行,还能够激发教师、学生学习、创业的动力,营造和谐、向上的校园文化氛围。在高校竞逐一流和力争高质量发展的当下,内部管理能力和水平是考量高校高质量发展和高水平建设的重要方面。我国高校要贯彻好党委领导下的校长负责制,充分发挥领导班子的集体决策作用,充分调动基层教师参与学校管理的积极性,重点提升内部组织结构的完善性、合理性,制度体系的完整性、有效性,以及管理运行机制的顺畅性和高效性。

中华人民共和国成立后两轮大规模的院系调整,对江苏高校的建设和发展影响不局限于短期影响,其深远影响更是延续至今。两轮院系调整对于我国高等教育发展的正面和负面影响一直是社会争论与关注的重点。其实站在当下的角度来看,两轮调整都有其特殊的历史背景和历史渊源,也都在特定的历史时期,完成了自身的使命任务。两轮院系调整中的经验、启示才是历史留给当代高等教育发展的重要财富。通过梳理两轮调整中江苏高校的变迁过程,我们可以找到学校定位、人才培养、学科建设、教学工作、社会服务和内部管理等对于高校建设发展极其重要的影响因素。高校想要真正迈入高质量发展进程,正确的办学定位是关键,人才培养是中心工作,学科建设是重点,教学工作是生命线,内部管理是基础和保障。这些要素之间相互作用、相辅相成,共同支撑和推动高校的高质量发展。

参考文献

一、档案资料

[1] 苏南人民行署文教处1951年上半年工作综合报告.江苏省档案馆,档案号:4013-002-0637.

[2] 苏北教育概况(1949).江苏省档案馆,档案号:7011-001-0092.

[3] 中央人民政府政务院关于处理接受美国津贴文化教育救济机关及宗教团体的方针的决定.江苏省档案馆,档案号:7014-002-0860.

[4] 华东文教概况(1951).华东区公私立专科以上学校校数(二).江苏省档案馆,档案号:7014-003-0881.

[5] 1950年上半年苏南教育工作概况.江苏省档案馆,档案号:4013-002-0637.

[6] 华东军政委员会教育部通知.江苏省档案馆,档案号:7014-003-0931.

[7] 关于全国工学院调整方案的报告.中央华东苏北行署关于高教工作的指示(1952年1月至同年8月).江苏省档案馆,档案号:7011-003-0450.

[8] 苏南区高等学校院系调整工作总结(未定稿).江苏省档案馆,档案号:4013-002-0637.

[9] 中央华东苏北行署关于高教工作的指示(一九五二年一月至同年八月).江苏省档案馆,档案号:7011-003-0450.

[10] 华东区公私立专科以上学校学生数.华东文教概况(1951).江苏省档案馆,档案号:7014-003-0881.

[11] 1951年华东高等学校院系调整工作总结.江苏省档案馆,档案号:7014-

002-0892.

[12] 高等教育部关于高等学校院系调整计划、改订高等学校领导关系和加强高等学校及中等技术学校学生生产实习工作的报告. 江苏省档案馆, 档案号: 4013-002-0138.

[13] 本省教育事业概况(一九五二年十二月十一日至一九五三年五月). 江苏省档案馆, 档案号: 4012-001-0002.

[14] 中央人民政府高等教育部关于一九五三年全国高等学校院系调整的计划. 江苏省档案馆, 档案号: 4013-002-0138.

[15] 江苏省教育工作的回顾与今后规划意见(初稿). 江苏省档案馆, 档案号: 4013-002-0590.

[16] 中华人民共和国高等教育部1956年工作计划要点. 江苏省档案馆, 档案号: 4013-002-0425.

[17] 关于编制1957年度高等教育计划(草案)的通知. 江苏省档案馆, 档案号: 4013-008-0055.

[18] 对你校发展方向、专业设置、发展规模及师资设备、基建等有关问题的批复. 江苏省档案馆, 档案号: 4013-002-0252.

[19] 关于高等教育事业体制的初步方案(草稿). 江苏省档案馆, 档案号: 4013-007-0012.

[20] 高教部刘皑风副部长在江苏省高等学校座谈会上的讲话(记采稿). 江苏省档案馆, 档案号: 4013-002-0641.

[21] 1957年3月至1958年2月高等教育工作计划要点(草稿). 江苏省档案馆, 档案号: 4013-007-0014.

[22] 苏南人民行政公署教育处一九五二年上半年工作报告. 江苏省档案馆, 档案号: 4013-002-0637.

[23] 工农速中毕业生直升高等学校的规定及往来文书. 江苏省档案馆, 档案号: 4013-008-0029.

[24] 苏南区高等学校院系师资调整名单及调整前后师生员工情况统计表等(1953). 江苏省档案馆, 档案号: 7014-003-0925.

[25] 江苏省现有15所高等学校的情况. 江苏省档案馆, 档案号: 4013-002-0628.

[26] 高校党委关于高等学校组织概况统计表和党员统计表(1953).江苏省档案馆,档案号:3024-002-0001.

[27] 省人代会一届六次大会上高等教育局吴桢副局长的发言.江苏省档案馆,档案号:4013-002-0637.

[28] 一九五三——一九五七年度华东区教育事业建设计划.江苏省档案馆,档案号:4013-002-0073.

[29] 江苏省高等学校座谈会关于高等教育培养工农干部的意见.江苏省档案馆,档案号:4013-002-0641.

[30] 华东区高等学校毕业生统一分配委员会通知.江苏省档案馆,档案号:7011-003-0450.

[31] 中央人民政府高等教育部华东高等教育管理局 华东行政委员会教育局(联合通知).江苏省档案馆,档案号:4013-002-0082.

[32] 五年来的教育工作估价及对今后工作的意见及本省教育建设第一个五年计划执行中的主要经验和问题及第二个五年计划的方针任务.江苏省档案馆,档案号:4013-001-0067.

[33] 江苏省高等教育座谈会关于高等学校勤俭办学的意见.江苏省档案馆,档案号:4013-002-0641.

[34] 江苏省高等学校座谈会关于整改情况和对高教部的意见.江苏省档案馆,档案号:4013-002-0641.

[35] 关于颁发1957年全国高等学校人员编制控制数的通知.江苏省档案馆,档案号:4013-007-0021.

[36] 五年来的教育工作估价及对今后工作的意见及本省教育建设第一个五年计划执行中的主要经验和问题及第二个五年计划的方针任务.江苏省档案馆,档案号:4013-001-0067.

[37] 关于院系调整及迁校中工作人员车船费、旅馆费、途中伙食补助费的开支办法(57).江苏省档案馆,档案号:4013-007-0039.

[38] 本省一九五三年教育工作总结及苏南、苏北教育一九五二年教育工作总结.江苏省档案馆,档案号:4013-001-0003.

[39] 江苏省人民政府教育厅关于高校经费的指示通知.江苏省档案馆,档案号:4013-002-0082.

[40] 苏北区一九五二年教育工作基本总结. 江苏省档案馆,档案号:4013-002-0637.

[41] 江苏省教育厅江苏省一九五四年教育建设计划(草案). 江苏省档案馆,档案号:4013-002-0246.

[42] 1953年教育支出预算执行情况和节约计划. 江苏省档案馆,档案号:4013-002-0089.

[43] 江苏省一九五三—五七年教育事业发展计划. 江苏省档案馆,档案号:4013-002-0068.

[44] 本厅报送"二五"计划(草案). 江苏省档案馆,档案号:4013-002-0697.

[45] 中央高教部教育部关于基本建设工作的通报、通知等(1955). 江苏省档案馆,档案号:4013-002-0385.

[46] 苏北人民行政公署文教处教育工作总结报告(草稿)(1949). 江苏省档案馆,档案号:7011-001-0091.

[47] 中央、华东教育部关于教职员工资福利待遇的规定通知以及本厅核定工资等级的批复(1953). 江苏省档案馆,档案号:4013-002-0022.

[48] 关于高等学校人员调配的意见和对各直属高校人员编制的备案报告(1957). 江苏省档案馆,档案号:4013-007-0021.

[49] 关于各省(市)高等教育局(厅)的职权范围的规定(草案)和"我们对高教事业体制的几点建议"(1957). 江苏省档案馆,档案号:4013-007-0012.

[50] 我部对各高等学校在整改工作中处理若干问题的初步意见(草稿)(1957). 江苏省档案馆,档案号:4013-007-0014.

[51] 暑期大学校长参加学习进行思想改造的名单(1952). 江苏省档案馆,档案号:7014-003-0931.

[52] 华东区高校院系调整委员会苏北分会成立的报告及苏北农学院成立建校委员会的通知(一九五二年九月九日). 江苏省档案馆,档案号:7011-003-0451.

二、图书

[1] 胡建华. 现代中国大学制度的原点:50年代初期的大学改革[M]. 南京:南京师范大学出版社,2001.

[2] 宋旭峰. 地方高等教育发展轨迹——江苏高等教育结构演变实证研究

[M].南京:南京师范大学出版社,2008.

[3] 王红岩.20 世纪 50 年代中国高等学校院系调整的历史考察[M].北京:高等教育出版社,2004.

[4] 谢雪峰.从全面学苏到自主选择——中国高等教育与苏联模式[M].武汉:华中科技大学出版社,2004.

[5] 潘懋元.高等教育学讲座[M].北京:人民教育出版社,1993.

[6] 周川,黄旭.百年之功(中国近代大学校长的教育家精神)[M].福州:福建教育出版社,2005.

[7] [美]约翰·S.布鲁贝克.高等教育哲学[M].王承绪,等译.杭州:浙江教育出版社,2001.

[8] [美]哈斯金斯.大学的兴起[M].王建妮,译.上海:上海人民出版社,2007.

[9] 陈洪捷.德国古典大学观及其对中国的影响[M].北京:北京大学出版社,2006.

[10] [美]劳伦斯·维赛.美国现代大学的崛起[M].栾鸾,译.北京:北京大学出版社,2011.

[11] 曲士培.中国大学教育发展史[M].北京:北京大学出版社,2006.

[12] [美]伯顿·R.克拉克.高等教育系统——学术组织的跨国研究[M].王承绪,等译.杭州:杭州大学出版社,1994.

[13] [法]P.布尔迪厄.国家精英——名牌大学与群体精神[M].杨亚平,译.北京:商务印书馆出版社,2004.

[14] [英]马尔科姆·泰勒.高等教育研究进展与方法[M].侯定凯,译.北京:北京大学出版社,2007.

[15] 陈向明.质的研究与社会科学方法[M].美国西雅图:科学教育出版社,2000.

[16] [美]伯顿·克拉克.高等教育新论——多学科的研究[M].王承绪,等译.杭州:浙江教育出版社,2001.

[17] [英]约翰·亨利·纽曼.大学的理想[M].徐辉,等译.杭州:浙江教育出版社,2006.

[18] [美]亚伯拉罕·弗莱克斯纳.现代大学论[M].徐辉,等译.杭州:浙江教育出版社,2001.

[19] [美]克拉克·克尔.大学的功用[M].陈学飞,译.南昌:江西教育出版社,1993.

[20] [加]约翰·范德格拉夫.学术权力——七国高等教育管理体制比较[M].王承绪,等译.杭州:浙江教育出版社,2001.

[21] [德]马克斯·韦伯.韦伯论大学[M].孙传钊,译.南京:江苏人民出版社,2006.

[22] [美]罗伯特·G.欧文斯.教育组织行为学[M].窦卫霖,等译.上海:华东师范大学出版社,2001.

[23] [日]大塚丰.现代中国高等教育的形成[M].黄福涛,译.北京:北京师范大学出版社,1998.

[24] [加]许美德.中国大学 1895—1995:一个文化冲突的世纪[M].许洁英,译.北京:教育科学出版社,2000.

[25] 张楚廷.高等教育哲学[M].长沙:湖南教育出版社,2004.

[26] 阎光才.识读大学——组织文化的视角[M].北京:教育科学出版社,2002.

[27] [法]爱弥尔·涂尔干.教育思想的演进[M].李康,译.上海:上海人民出版社,2006.

[28] 周川.中国近现代高等教育人物辞典[M].福州:福建教育出版社,2012.

[29] 潘懋元.多学科观点的高等教育研究[M].上海:上海教育出版社,2007.

[30] 叶澜.教育学原理[M].北京:人民教育出版社,2007.

[31] 吴康宁.教育社会学[M].北京:人民教育出版社,1998.

[32] 胡建华,陈列,周川,龚放.高等教育学新论[M].南京:江苏教育出版社,2006.

[33] 李秉德主编.教育科学研究方法[M].北京:人民教育出版社,2001.

[34] [美]迈克尔·W.阿普尔.教育与权力(第二版)[M].曲囡囡,刘明堂,译.上海:华东师范大学出版社,2008.

[35] [美]威廉·维尔斯曼.教育研究方法导论[M].袁振国,译.北京:教育科学出版社,1997.

[36] [美]梅瑞迪斯·高尔,乔伊斯·高尔,沃尔特·博格.教育研究方法(第六版)[M].徐文彬,侯定凯,范皑皑,等译.北京:北京大学出版社,2007.

[37] 刘问岫.教育科学研究方法与应用[M].北京:北京大学出版社,1993.

[38] 裴娣娜.教育研究方法导论[M].合肥:安徽教育出版社,1997.

[39] [美]梅雷迪斯·D.高尔,沃尔特·R.博格,乔伊斯·P.高尔.教育研究方法导论[M].许庆豫,等译.南京:江苏教育出版社,2002.

[40] [美]E.马克·汉森.教育管理与组织行为[M].冯大鸣,译.上海:上海教育出版社,2005.

[41] [美]珍妮·H.巴兰坦,弗洛伊德·M.海默克.教育社会学——系统的分析[M].熊耕,等译.北京:中国人民大学出版社,2011.

[42] 陆有铨.现代西方教育哲学[M].北京大学出版社,2012.

[43] [美]弗朗西斯·C.福勒.教育政策学导论[M].许庆豫,译.南京:江苏教育出版社,2007.

[44] 江勃.马叙伦[M].沈阳:辽宁教育出版社,1987.

[45] 金一鸣.中国社会主义教育的轨迹[M].上海:华东师范大学出版社,2000.

[46] 杜勤,睢行严.北京大学学制沿革(1949—1998)[M].北京:北京大学出版社,2000.

[47] 高奇.新中国教育历程[M].石家庄:河北教育出版社,1996.

[48] 黄启兵.中国高校设置变迁的制度分析[M].福州:福建教育出版社,2007.

[49] 中国大百科全书出版社编辑部.中国大百科全书(教育卷)[M].北京:中国大百科全书出版社,1985.

[50] 马洪武.中国革命史[M].南京:南京大学出版社,1990.

[51] 徐达深.中华人民共和国实录第一卷(上)[M].长春:吉林人民出版社,1994.

[52] 华东师范大学中国当代史研究中心.中国当代史研究(一)[M].北京:九州出版社,2011.

[53] 中共中央文献编辑委员会.毛泽东著作选读(下册)[M].北京:人民出版社,1986.

[54] 周恩来.周恩来选集(下卷)[M].北京:人民出版社,1984.

[55] 毛泽东.毛泽东文集(第7卷)[M].北京:人民出版社,1991.

[56] 马克思,恩格斯.马克思恩格斯选集(第二卷)[M]北京:人民出版社,1972.

[57] 林尚立.当代中国政治形态研究[M].天津:天津人民出版社,2000.

[58] 中国教育年鉴编辑部编.中国教育年鉴(1949—1981)[M].北京:中国大百

科出版社,1984.

[59] 郝维谦,龙正中,张晋峰. 中华人民共和国高等教育史[M]. 北京:新世界出版社,2011.

[60] 余立. 中国高等教育史(下册)[M]. 上海:华东师范大学出版社,1994.

[61] 中央教育科学研究所. 中国现代教育大事记[M]. 北京:教育科学出版社,1988.

[62] 孙培青. 中国教育史[M]. 上海:华东师范大学出版社,2009.

[63] 郭齐家. 中国教育史[M]. 北京:人民教育出版社,2015.

[64] 涂又光. 中国高等教育史论(第3版)[M]. 武汉:华中科技大学出版社,2014.

[65] 中国教育学会教育史分会. 教育史研究与评论(第一辑)[M]. 北京:人民教育出版社,2014.

[66] 金忠明. 中外教育史汇通[M]. 上海:上海教育出版社,2006.

[67] 曲铁华. 中国教育史[M]. 武汉:武汉大学出版社,2011.

[68] 陈青之. 中国教育史[M]. 北京:中国社会科学出版社,2009.

[69] 黄福涛. 外国高等教育史(第二版)[M]. 上海:上海教育出版社,2009.

[70] 刘新科. 国外教育发展史纲[M]. 北京:中国人民大学出版社,2007.

[71] 蒋纬国. 抗日御辱(第2卷)[M]. 台北:台湾黎明文化事业公司,1978.

[72] 薛光前. 八年对日抗战中之国民政府[M]. 台北:台湾商务印书馆,1978.

[73] 蔡元培. 我在北京大学的经历:改变那个世纪的人和事[M]. 武汉:湖北人民出版社,2003.

[74] 舒新城. 近代中国教育思想史[M]. 福州:福建教育出版社,2007.

[75] 周川. 简明高等教育学[M]. 南京:河海大学出版社,2006.

[76] 丁致聘. 中国近七十年来教育记事[M]. 南京:国立编译馆,1935.

[77] 杨颖奇. 江苏通史(中华人民共和国卷1949—1978)[M]. 南京:凤凰出版社,2012.

[78] 孙宅巍,王卫星,崔巍. 江苏通史(中华民国卷)[M]. 南京:凤凰出版社,2012.

[79] 陈乃林,周新国. 江苏教育史[M]. 南京:江苏人民出版社,2007.

[80] 江苏省地方志编纂委员会. 江苏省志·教育志(上)[M]. 南京:江苏古籍出

版社,2000.

[81] 中共江苏省党史工委,江苏省档案馆编.苏南行政区(1949—1952)[M].北京:中共党史出版社,1993.

[82] 赵如珩.江苏省鉴(上册)(下册)[M].新中国建设学会,1935.

[83] 江苏省教育志编委会.江苏高校变迁[M].内部印制.

[84] 江苏省教育志编纂委员会.教育大事记1949—1988[M].南京:江苏教育出版社,1989.

[85] 徐传德.南京教育史[M].北京:商务印书馆,2006.

[86] 王德滋,龚放,冒荣.南京大学百年史[M].南京:南京大学出版社,2002.

[87] 南京大学校庆办公室校史资料编辑组,学报编辑部.南京大学校史资料选辑(内部发行)[M].南京:南京大学,1984.

[88] 张宪文,张生,申晓云,等.金陵大学史[M].南京:南京大学出版社,2002.

[89] 金一虹,杨笛,吴琼.吴贻芳的教育思想与实践[M].南京:江苏人民出版社,2005.

[90] 南京大学高教研究所.金陵大学史料集[M].南京:南京大学出版社,1989.

[91] 王国平,朱秀林.东吴大学简史[M].苏州:苏州大学出版社,2009.

[92] 王国平.博习天赐庄:东吴大学[M].石家庄:河北教育出版社,2003.

[93] 中华人民共和国教育部办公厅.教育文献法令汇编(1949—1952)[G].北京:高等教育部办公厅,1958.

[94] 中央人民政府高等教育部办公厅.高等教育文献法令汇编(1949—1952)[G].北京:高等教育部办公厅,1958.

[95] 中央人民政府高等教育部办公厅.高等教育文献法令汇编(第一辑)[G].北京:高等教育部办公厅,1954.

[96] 中央人民政府高等教育部办公厅.高等教育文献法令汇编(第二辑)[G].北京:高等教育部办公厅,1955.

[97] 中央人民政府高等教育部办公厅.高等教育文献法令汇编(第三辑)[G].北京:高等教育部办公厅,1956.

[98] 《中国教育年鉴》编辑部.中国教育年鉴(1990)[M].北京:人民教育出版社,1991.

[99]《中国教育年鉴》编辑部.中国教育年鉴(1991)[M].北京:人民教育出版社,1992.

[100]《中国教育年鉴》编辑部.中国教育年鉴(1992)[M].北京:人民教育出版社,1993.

[101]《中国教育年鉴》编辑部.中国教育年鉴(1993)[M].北京:人民教育出版社,1994.

[102]《中国教育年鉴》编辑部.中国教育年鉴(1994)[M].北京:人民教育出版社,1995.

[103]《中国教育年鉴》编辑部.中国教育年鉴(1995)[M].北京:人民教育出版社,1995.

[104]《中国教育年鉴》编辑部.中国教育年鉴(1996)[M].北京:人民教育出版社,1997.

[105]《中国教育年鉴》编辑部.中国教育年鉴(1997)[M].北京:人民教育出版社,1997.

[106]《中国教育年鉴》编辑部.中国教育年鉴(1998)[M].北京:人民教育出版社,1999.

[107]《中国教育年鉴》编辑部.中国教育年鉴(1999)[M].北京:人民教育出版社,1999.

[108]《中国教育年鉴》编辑部.中国教育年鉴(2000)[M].北京:人民教育出版社,2000.

[109]《中国教育年鉴》编辑部.中国教育年鉴(2001)[M].北京:人民教育出版社,2001.

[110]《中国教育年鉴》编辑部.中国教育年鉴(2002)[M].北京:人民教育出版社,2002.

三、期刊

[1] 王久长.50年代院系调整的得与失[J].辽宁高等教育研究,1995(2):22-26.

[2] 陈黎.论五十年代的院系调整[A].纪念《教育史研究》创刊二十周年论文集(9)——中华人民共和国教育史研究[C].2009:146-152.

[3] 陈冰.新中国成立后两次高等学校院系调整及其哲学分析[J].高等农业教

育,2005(11):24-27.

[4] 李江源.略论我国五十年代的院系调整[J].机械工业高教研究,1999(1):15-18,69.

[5] 卢立菊,付启元.1990年代以来关于五十年代高校院系调整研究综述[J].南京社会科学,2003(12):65-68.

[6] 包丹丹.1952年院系调整再解读[J].教育学报,2013,9(02):113-120.

[7] 董美英,董龙祥.对中国20世纪50年代院系调整的异域审视[J].河北师范大学学报(教育科学版),2008(8):88-90.

[8] 段丽华,韩国海.略论我国50年代院系调整[J].辽宁教育学院学报,1999(6):51-53.

[9] 李杨.五十年代的院系调整与社会变迁——院系调整研究之一[J].开放时代,2004(5):15-30.

[10] 薛天祥,沈玉顺.50年代院系调整与90年代联合办学比较分析[J].上海高教研究,1997(8):11-13.

[11] 郑璐.建国初期高校院系调整的评价与反思[J].中国成人教育,2012(3):20-22.

[12] 庞守兴.20世纪50年代初我国高校院系调整的几点辩证[J].河北师范大学学报(教育科学版),2012,14(1):35-40.

[13] 苏渭昌.五十年代的院系调整[J].高等教育学报,1989(4):9-19.

[14] 曲铁华,梁清.我国50年代院系调整及其反思[J].邢台职业技术学院学报,2002(3):28-31.

[15] 王璞.对我国50年代高校院系调整得失分析[J].建材高教理论与实践,2001(6):7-10.

[16] 王云峰,吴晓蓉.反思我国20世纪50年代高校院系调整[J].长春工业大学学报(高教研究版),2009,30(1):55-57.

[17] 江沛,王洪学.50年代高校院系调整述评[J].当代中国史研究,1998(3):65-70.

[18] 郑刚,余子侠.20世纪50年代湖北省高校院系调整及其影响[J].高等教育研究,2005(6):83-87.

[19] 朱轸.1952年江苏高校院系调整简况[J].江苏高教,1989(1):73-74.

[20] 叶哲铭.20世纪50年代浙江普通高校"院系调整"研究[J].杭州师范大学学报(社会科学版),2009,31(3):110-115.

[21] 熊明安.我国高等学校几次重大调整的回顾与评价[J].高等教育研究,1995(4):48-55.

[22] 吴连海.建国初十年高校院系调整对我国工科教育的积极影响[J].航海教育研究,2005(2):15-19.

[23] 严玲霞.建国初期复旦大学的院系调整[J].世纪桥,2008(8):50-52,62.

[24] 管致中.从五十年代院系调整中的遗留问题谈高校改革[J].江苏高教,1988(2):2-6.

[25] 李刚.大学的终结——1950年代初期的"院系调整"[J].中国改革,2003(8):36-37.

[26] 李先明,李春玲.高等教育院系调整的人文视角[J].中国成人教育,2007(20):34-35.

[27] 王红岩.20世纪50年代院系调整中的浙江大学[J].丽水学院学报 2007(3):73-75,85.

[28] 朱九思.历史的回顾[J].高等教育研究,1993(4):1-13.

[29] 李涛.关于建国初期中国高等学校院系调整的综合述评[J].北京航空航天大学学报(社会科学版),2004(4):74-80.

[30] 李琦.建国初期全国高等学校院系调整述评[J].党的文献,2002(6):71-77.

[31] 焦金波.建国初期我国高校院系调整的历史启示[J].学术界(双月刊),2005(5):140-144.

[32] 李赐平.我国百年高教的转折:对"院系调整"的新审视[J].乐山师范学院学报,2004(4):57-59.

[33] 张烨.重读五十年代的院系调整——基于教育政策借鉴理论的视角[J].华东师范大学学报(教育科学版),2007(2):87-96.

[34] 孙时映.建国以来我国纵向行政权力的几次调整及其变动趋向[J].思想战线,1995(4):21-27.

[35] 陈晋.毛泽东与文化的社会主义转变[J].中共党史研究,2002(2):32-37.

[36] 徐东.毛泽东与建国初期我国高等学校院系调整[J].毛泽东思想研究,

2006(4):16-20.

[37] 曲铁华,王丽娟.民国国立中央大学学科变革的历史考察(1928—1937)[J].现代大学教育,2016(5):55-61.

[38] 石鸥.中国教会大学——东吴大学[J].书屋,2009(1):1.

[39] 周萍,金其桢.私立江南大学的办学特色[J].高等工程教育研究,2004(1):70-72.

[40] 季震,秦玉清.中国近代私立技术大学的代表——南通大学[J].江苏高教,2002(2):126-127.

[41] 高鹏程.民国私立高校的地方性及其超越——以民国南通大学为例[J].高教探索,2016(9):98-103.

[42] 祖丁远.曹书田力保南通医学院[J].钟山风雨,2007(6):51.

[43] 钱俊瑞.当前教育建设的方针[J].人民教育,1950(1):10-16.

[44] 马叙伦.第一次全国高等教育会议开幕词[J].人民教育,1950(3):11-14.

[45] 钱俊瑞.培养国家高级建设人才而奋斗团结一致,为贯彻新高等教育的方针——一九五〇年六月九日在全国高等教育会议上的结论[J].人民教育,1950(8):8-14.

[46] 纪晓.全国接受外国津贴的高等学校的概况[J].人民教育,1951(2):60-61.

[47] 马叙伦.处理接受外国津贴的高等学校会议的开幕词(代社论)[J].人民教育,1951(2):5-6.

[48] 程今吾.苏联高等教育情况介绍[J].人民教育,1951(2):24-28.

[49] 张宗麟.改革高等工业教育的开端[J].人民教育,1952(1):9-12.

[50] 钱俊瑞.高等教育改革的关键[J].人民教育,1951(12):6-7.

[51] 曾昭抡.高等学校的"专业"设置问题[J].人民教育,1952(9):6-9.

[52] 曾昭抡.三年来高等教育的改造[J].人民教育,1953(1):14.

[53] 私立高等学校管理暂行办法[J].人民教育,1950(5):71.

[54] 关于高等学校领导关系的决定[J].人民教育,1950(5):67.

[55] 高等学校暂行规程[J].人民教育,1950(5):68.

[56] 一九五二年全国教育工作的基本任务(社论)[J].人民教育,1952(1):4-6.

[57] 邱雁.关于一九五二年的高等学校院系调整问题[J].天津师院学报,1982(2):19-25.

[58] 建国初期全国高等学校院系调整文献选载(一九五一年——一九五三年)[J].党的文献,2002(6):59-71.

[59] 周川.新一轮院系调整的特征与问题[J].高等教育研究,1998(2):25-28.

[60] 王建华.重申高等教育体制改革[J].教育发展研究,2018(1):1-6.

[61] 胡建华.50年代与90年代大学体制改革之比较[J].江苏高教,2000(4):17-21.

[62] 王根顺.新中国成立后两次高等教育管理体制改革的理性反思[J].高等理科教育,2006(6):1-4.

[63] 周川.从管理体制改革到治理现代化:中国高等教育的时代命题[J].高等教育研究,2022(7):22-28.

[64] 褚照锋,蔡亮.20世纪80年代以来我国大学院系领域的改革历程及其反思[J].大学教育科学,2002(6):117-123.

[65] 邬大光.不辍的弦歌:中国大学百年迁徙回眸[J].高等教育研究,2023(3):74-87.

四、学位论文

[1] 宋旭峰.建国以来江苏高等教育结构发展分析[D].南京:南京师范大学,2005.

[2] 郑利霞.我国高等教育布局结构及其逻辑研究[D].上海:华中科技大学,2009.

[3] 曹宇.新中国对教会大学的接收与改造——以东吴大学为例[D].苏州:苏州大学,2016.

[4] 贾明慧.1949年中国教育财政投入的演变[D].杭州:浙江大学,2009.

图书在版编目（CIP）数据

院系调整与江苏高校的发展 / 王瑜著. -- 上海：上海社会科学院出版社，2025. -- ISBN 978 - 7 - 5520 - 4682 - 3

Ⅰ. G648.4

中国国家版本馆 CIP 数据核字第 2025UN5913 号

院系调整与江苏高校的发展

著　　者：	王　瑜
责任编辑：	路　晓
封面设计：	徐　蓉
出版发行：	上海社会科学院出版社
	上海顺昌路 622 号　邮编 200025
	电话总机 021 - 63315947　销售热线 021 - 53063735
	https://cbs.sass.org.cn　E-mail：sassp@sassp.cn
照　　排：	南京前锦排版服务有限公司
印　　刷：	上海万卷印刷股份有限公司
开　　本：	710 毫米×1000 毫米　1/16
印　　张：	15.75
字　　数：	262 千
版　　次：	2025 年 6 月第 1 版　2025 年 6 月第 1 次印刷

ISBN 978 - 7 - 5520 - 4682 - 3/G·1410　　　　定价：78.00 元

版权所有　翻印必究